PSICANÁLISE AFORA

Blucher

PSICANÁLISE AFORA

Percurso e clínica de psicanalistas brasileiros no estrangeiro

Organizadoras

Eliana dos Reis Betancourt

Mariana Rodrigues Anconi

Psicanálise afora: percurso e clínica de psicanalistas brasileiros no estrangeiro
© 2021 Eliana dos Reis Betancourt e Mariana Rodrigues Anconi (orgs.)
Editora Edgard Blücher Ltda.

Imagem da capa: Come and Go, por Jesse Stone (Stonecollages)

Publisher Edgard Blücher
Editor Eduardo Blücher
Coordenação editorial Jonatas Eliakim
Produção editorial Bárbara Waida
Preparação de texto Andréa Stahel
Diagramação Negrito Produção Editorial
Revisão de texto Beatriz Carneiro
Capa Leandro Cunha

Blucher

Rua Pedroso Alvarenga, 1245, 4º andar
04531-934 – São Paulo – SP – Brasil
Tel.: 55 11 3078-5366
contato@blucher.com.br
www.blucher.com.br

Segundo o Novo Acordo Ortográfico, conforme
5. ed. do *Vocabulário Ortográfico da Língua
Portuguesa*, Academia Brasileira de Letras,
março de 2009.

Dados Internacionais de Catalogação
na Publicação (CIP)
Angélica Ilacqua CRB-8/7057

Psicanálise afora : percurso e clínica de psicanalistas brasileiros no estrangeiro / organizadoras: Mariana Rodrigues Anconi, Eliana dos Reis
Betancourt. – São Paulo : Blucher, 2021.
304 p.

Bibliografia
ISBN 978-65-5506-276-2 (impresso)
ISBN 978-65-5506-274-8 (eletrônico)

1. Psicanálise. 2. Migração – Aspectos psico-
lógicos. 3. Psicologia clínica. 4. Estrangeiridade.
I. Anconi, Mariana Rodrigues. II. Betancourt,
Eliana dos Reis.

21-0721   CDD 150.195

Índices para catálogo sistemático:
1. Psicanálise

Conteúdo

sentir-se ou não em casa. Um espaço de reflexão desses analistas brasileiros que não só atravessaram fronteiras físicas, mas se deixaram atravessar pelos inesperados efeitos das migrações.

O leitor tem em mãos um material que percorre aspectos atuais a respeito da prática da psicanálise em pelos menos sete países diferentes. Partimos da hipótese de que a clínica do psicanalista estrangeiro é marcada pelas vicissitudes em relação à cultura, à língua e às políticas entre territórios. Encontramos nas próximas páginas relatos sobre os efeitos produzidos por esse estrangeiro que se concretiza, que toca no real, seja na língua outra, seja nesse eu do outrem que inevitavelmente causa desconforto.

Assim, colocamos nossa primeira pergunta que guiará as dezoito produções deste livro: Quais os efeitos na prática analítica quando consideramos as fronteiras geográficas, linguísticas, políticas e culturais? Em um segundo momento, teremos como pergunta: Quem é esse sujeito migrante que fala e esse sujeito migrante que escuta?

Em busca de alguns caminhos para essas perguntas, tivemos como metodologia para composição do livro a realização de entrevistas com os autores convidados, psicanalistas brasileiros, que moram (ou moraram por um período) e clinicam fora do Brasil. As entrevistas tiveram como objetivo principal oferecer um espaço de fala a esses psicanalistas a respeito de sua experiência de escuta enquanto analistas estrangeiros. Também visaram fornecer conteúdo para que cada autor pudesse elaborar seu texto e, por conseguinte, pudesse em sua escrita tocar os temas propostos. As entrevistas foram gravadas com o consentimento dos autores e publicadas em formato de episódios para o podcast *Psicanálise Afora*.

O exercício da psicanálise sempre foi (especialmente nas linhas freudiana e lacaniana) muito atento à língua materna – podemos verificar a atenção que Freud sempre colocou nas palavras ditas e sonhadas, tomando o cuidado de considerar as nuances da língua materna caso o paciente fosse estrangeiro. Freud ainda nos inspira em algumas questões, como: estivesse o paciente estrangeiro em seu país, o mesmo sonho, o mesmo ato falho teriam ocorrido? Como o deslocamento geográfico atravessa o que se produz em análise?

Temos, neste livro, a honra de contar com um grupo de autores psicanalistas que, em sintonia com as nossas questões, apostam nesse projeto como uma forma de viabilizar uma espécie de documentação de cada percurso e história com a marca da psicanálise.

Podemos imaginariamente acreditar que formamos um grupo de psicanalistas pelo mundo afora, porém, ao entrar em contato com as narrativas do livro, nos questionamos se essa seria uma hipótese correta, haja vista as particularidades do percurso de cada analista em terra estrangeira, o que nos coloca em contato com a especificidade do trabalho e do estilo de cada atravessado pela psicanálise.

Estamos de acordo que o analista opera de uma posição estrangeira em sua função na clínica. No entanto, consideramos que esse lugar está atravessado pelas marcas da cultura do lugar que habita. Nesse sentido, essa função não se reduz apenas a uma estrangeiridade em relação ao outro.

Além da questão do estrangeiro, outros aspectos foram investigados. Os textos são um produto da articulação do que os autores pensam sobre: o lugar da psicanálise nos diferentes países; o modo como os pacientes têm chegado aos consultórios; espaço da psicanálise nas políticas públicas de saúde; planos de saúde; o uso de tecnologias para atendimentos a distância; produção e teoria em outra língua; atender pacientes em outra língua que não seja a materna; fazer análise em outra língua; o aspecto da felicidade na migração etc.

Alguns dos temas que o leitor navegará por estas páginas falam sobre o desenraizamento; o atendimento com crianças estrangeiras; o luto da perda da cidade ideal; a noção de pertencimento; o lugar do divã em determinada cultura; a língua em que se faz uma análise; o percurso de formação do analista estrangeiro; entre outros. Não pretendemos que este livro responda a todas as questões. Ainda, é bem possível que muitas outras investigações pudessem ter sido feitas. Mas esperamos que a curiosidade e o interesse instigados pelos textos sobre esse sujeito migrante que leva consigo o ofício da psicanálise produza ainda mais perguntas sobre esses deslocamentos.

Também se faz importante mencionar que as entrevistas ao podcast foram realizadas antes da pandemia de 2020, porém o período de confecção dos textos pelos autores foi atravessado por ela, provocando devastação e sofrimento em níveis jamais imaginados por nós. Assim, alguns autores teceram comentários sobre esse contexto.

Usando uma bela expressão de Pablo Neruda, vamos ao longo do livro escrevendo, escutando nossos pacientes e a nós mesmos, perguntando se as "raízes de meu sonho" podem ser transplantadas. É possível que esse intenso movimento humano provoque mudanças subjetivas naquele sujeito que logra migrar seus sonhos e habitar novas terras sem que a nostalgia e a saudade sejam efeitos inevitáveis.

Queremos com este projeto documentar as ideias deste grupo que contemporaneamente exerce a "psicanálise (a)fora" e deixar marcas para as novas gerações de psicanalistas migrantes.

Eliana dos Reis Betancourt e Mariana Rodrigues Anconi

Um país chamado psicanálise

Eliana dos Reis Betancourt

Todos vamos pasando y el tiempo con nosostros:
pasa el mar, se despide la rosa,
pasa la tierra por la sombra y por la luz,
y ustedes y nosostros pasamos, pasajeros.

Pablo Neruda, "El barco"

A partida

A blusa azulada que deveria chegar em Nova York bonitinha estava molhada e enrugada pelas insistentes lágrimas do meu filho de 11 anos. Eu trazia uma criança embrulhada nos meus braços, chorando a dor da despedida. Na partida, seus amigos da escola se reuniram no aeroporto e sentaram em um grande círculo, como se ainda estivessem fazendo um trabalho em grupo. Tratava-se de um ritual tribal de separação, dor e processo dessa perda para sempre. Às vezes penso que ele sabia que não haveria volta. Fez seu luto nesse primeiro trajeto. No entanto, eu e seu irmão mais velho pensávamos que se tratava de uma grande aventura. Como todas as aventuras, possivelmente passageira.

Em que momento decidimos deixar tudo para trás e enfrentar o novo, desconhecido e quase impossível? Freud (1925/1976) fala que existem três impossíveis: educar, governar e curar. Será que poderíamos hoje incluir um quarto impossível, que seria migrar? Gostaria de pensar neste escrito em algumas impossibilidades da migração. Ao mesmo tempo, refletir sobre aquilo que, no clinicar no estrangeiro, no escutar dos que concretamente tornam-se estrangeiros, entendemos como a necessidade da migração. Proponho a migração como um movimento que se situa entre o impossível e o necessário. O necessário sendo aqui o inevitável para a sobrevivência e sanidade do sujeito. No referente à sobrevivência, lembremos que sair de sua terra, em casos extremos, é o que permite que alguém não morra, que mantenha sua sanidade física. Enquanto em outros casos, e não são excludentes, sair significa a manutenção da sobrevivência psíquica.

Em 1995 subimos naquele avião esquecendo ou talvez não sabendo que migrar significa perder, deixar para trás, ganhar, aprender tudo, quase tudo novamente. Migrar significa reescrever o que desde o nascimento foi se acumulando em nosso balaio da experiência do mundo.

Quando partimos desse berço inicial, toda a trama dos vários fios que formam a frase "esta é minha cidade" se desfaz. Essa trama construída por mapas diversos, desenhados em nossas memórias por linhas às vezes reais e, na grande maioria, imaginárias. O lugar de origem está inscrito e reinscrito em nossa mente como um enredo formado de sons, cheiros, paisagens, texturas, temperos e silêncios. Todos esses elementos, minuciosamente embalados por nossa língua materna. A trama se desfaz, não significa que desapareça. Os caminhos simbólicos da nossa terra grudaram na pele e, de maneiras diferenciadas para cada sujeito, serão nossa bússola para a construção do novo entrelaçamento, no próximo espaço, no próximo mapa.

Elena Ferrante, autora italiana, escreveu colunas semanais para o *The Guardian* durante o ano de 2018. Essas colunas foram reunidas em um livro intitulado *Incidental inventions* (Ferrante, 2019). Numa dessas colunas ela explica que ama seu país, mas que não possui espírito patriótico, por exemplo, que não come pizza e que fala baixo. Ela escreve: "Características nacionais são simplificações que deveriam ser contestadas. Ser italiana, para mim, começa e termina com o fato de que eu falo e escrevo na língua italiana" (Ferrante, 2019, p. 23, trad. minha).

Ferrante parece ser um exemplo do sujeito que nasce, segue vivendo e mais ainda escreve literatura na língua que desenha os contornos da sua terra de origem. Na mesma coluna, ela faz um elogio aos tradutores: "meus únicos heróis são os tradutores . . . Tradução é a nossa salvação: nos retira do poço no qual, inteiramente por acaso, nascemos" (Ferrante, 2019, p. 24, trad. minha).

Ferrante traz nas suas palavras a fantasia de que habitando outra língua entramos também naquele outro mundo, país, cidade. Provavelmente, refere-se ao fato de que (imagino) a própria autora, circulando do dialeto napolitano ao italiano, passou a viver em outro mundo, a ter outra vida. Mas será que a troca de país nos permite trocar a embalagem do nosso mapa inicial? Ou seja, algum dia seremos parte desse novo mapa que construímos quando migramos? Ou é possível que esse mapa não passe de uma reinscrição, então traduzida, do nosso velho papiro?

É bem conhecida a entrevista que Hannah Arendt concedeu a Gunter Gaus para a televisão alemã em 1964.[1] Fala da língua

---

1 Traduzida para o português e publicada sob o título "Só permanece a língua

alemã como formadora do seu pensamento. Como do lugar onde procura alento. G. Gaus pergunta a H. Arendt se ela sente falta da Alemanha pré-hitleriana. Ela responde: "A Europa do período pré-Hitler? Eu não posso dizer que não tenho nenhuma nostalgia. O que permanece? A língua permanece" (Arendt, 1994, p. 12, trad. minha).

Fala da língua alemã como o que a define, assim como Ferrante se define italiana pela língua que fala. Ferrante e Arendt definem seu pertencimento ao mundo, e às identificações, em termos de língua. Não se definem em relação ao território habitado. Por mais que, norteados pela teoria psicanalítica, privilegiemos o estatuto da língua, penso que há algo do concreto da terra, que se expressa na língua falada, que é potencializado por esse efeito extremo chamado nostalgia.

Barbara Cassin (2016) traz de forma clara e poética o conceito de nostalgia, utiliza-se das palavras de Ulisses respondendo ao pedido de Calipso, que lhe oferece amor, poder e imortalidade:

> Nostalgia é o que faz alguém querer ir para casa, mesmo que signifique lá encontrar um tempo que passa, morte – e pior, idade avançada – em vez de imortalidade. Tal é o peso do desejo de retornar.

> Ulisses responde . . .:

> "Deusa e rainha, não fique brava comigo. Eu mesmo sei que tudo que dizes é verdade e que a circunspecta Penélope nunca poderá se comparar a sua beleza e posição. No fim das contas ela é mortal, e você é imortal

---

materna" na coletânea de textos de Hannah Arendt *A dignidade da política* (Relume Dumará, 1993).

e eterna. Mesmo assim, o que eu quero e todos os meus dias anseio é voltar para minha casa e assistir meu dia da chegada." (Cassin, 2016, p. 12, trad. minha)

O descolamento da terra natal produz também as fantasias de encontro com um novo que se assemelham de forma intrigante com as fantasias produzidas pelo retorno (Ulisses) ou com o desejo de retorno a essa mesma terra. Inevitável que o migrante sonhe com o retorno e a chegada a sua terra. Imagina as calorosas festas de recepção que encontrará. Inevitavelmente, de volta ao seu divã, lamenta não ter encontrado o que sonhou. A terra já não é sua. Na verdade a terra nunca foi sua, mas o deslocamento migratório produz esse estado onírico de um pertencimento que o sujeito tinha, mas perdeu.

Esse deslocamento entre mares inicialmente produz a fantasia de que o famoso sentimento oceânico de Freud (1927-1929), a sensação primitiva de que entre o eu e o mundo não há separação, existiu, existe e poderá ser retomado. Chegando ao novo país sentamos no incrível poço onde o personagem de Murakami (1998) buscava abrigo para pensar. Atravessamos a toca do coelho onde Alice entrou. Como ela, começamos a fazer mil perguntas, bem como a tomar mil cuidados:

"Por favor, minha senhora, aqui é a Nova Zelândia ou é a Austrália?" (e tentou fazer uma mesura enquanto falava – imaginem fazer uma mesura enquanto se está caindo! Vocês conseguiriam?). "E que menina ignorante ela vai pensar que sou, por perguntar isso! Não, melhor não perguntar nada: quem sabe eu veja escrito em algum lugar.". (Carroll, 2016, p. 9, trad. minha)

Alice descreve nesse trecho a imensa sensação de inadequação que a entrada nesse mundo outro desencadeia.

Seguir viagem

No texto "Romances familiares", Freud (1906-1908/1969) nos lembra de uma fantasia muitas vezes encontrada na clínica psicanalítica: *eu não pertenço a essa família.*

> *O sentimento de estar sendo negligenciado constitui obviamente o cerne de tais pretextos... ou que não está recebendo todo amor dos pais, e principalmente em que lamenta ter de compartilhar esse amor com seus irmãos e irmãs. Sua sensação de que sua afeição não está sendo retribuída encontra abrigo na ideia, mais tarde lembrada conscientemente a partir da infância inicial, de que é uma criança adotada, ou de que o pai ou a mãe não passam de um padrasto ou de uma madrasta. (p. 243)*

Atravessamos, segundo Freud (1908/1969), os espaços psíquicos entre uma possível idealização dos pais da primeira infância, passando por uma decepção, e chegando provavelmente à criação da fantasia de não pertencer, de não fazer parte daquele grupo nuclear que tão pouco tem a oferecer. Seja a criança, seja o púbere imaginando-se como adotado ou enteado. Esta seria então a tentativa de engendrar novos significantes em sua cadeia de pertencimentos: pais mais inteligentes, mais belos, mais ricos e bem-sucedidos. Enfim, o devaneio requer pais mais bem-nascidos e de "melhor linhagem".

No entanto, esse escrito de Freud apresenta uma resolução psíquica bastante terna:

> Se examinarmos em detalhes o mais comum destes romances imaginativos, a substituição dos pais, ou só do pai, por pessoas de melhor situação, veremos que criança atribui a esses novos e aristocráticos pais qualidades que se originaram das recordações reais dos pais mais humildes e verdadeiros. Dessa forma a criança não está se descartando do pai, mas enaltecendo-o. (Freud, 1908/1969, p. 246)

Enfim, a busca desses novos progenitores imaginários tenta cumprir a função de tamponamento das faltas e falhas que a castração, ao entrar em atividade, aponta não só para a criança como para seus pais. Parece, se seguirmos a proposta freudiana, que ainda existe uma última oportunidade de tentar burlar a castração caso se descubra uma nova e mais valorosa filiação. Uma nova filiação que jogue o sujeito de volta aos tempos em que os pais de origem eram perfeitos e o paraíso ainda não se perdera.

Será que quando decidimos ou ainda sonhamos em mudar de país ou mesmo de cidade existe esta busca por país (ou pais) que cumpririam a função dos pais aristocratas de Freud?

Uma jovem que migrou por volta dos 27 anos e construiu uma carreira bem-sucedida em Nova York me diz: "A melhor decisão que tomei em minha vida foi mudar de cidade, mudar de país, pois eu pude comprovar que as coisas também funcionam comigo em outro lugar".

Para essa mulher, o laço simbólico que seu país de origem oferece não parece ser suficiente para lhe devolver o olhar de confirmação de que "as coisas funcionam". Um novo país, um novo detalhamento significante e, por consequência, simbólico, lhe retornou (imaginariamente) como uma nova filiação bem-sucedida. Ocorre que aqui me convém deveras apoiar-me nas observações do texto freudiano. O que a jovem espreita como uma filiação "mais bem-sucedida" não passa de um enaltecimento de uma já bem estabelecida função paterna. Sem a estrutura psíquica que veio dentro da sua mala de mão, o sucesso alhures não haveria ocorrido.

Se a aproximação com o texto freudiano que proponho é defensável, teríamos apenas uma nova variável no que concerne à migração. O novo país seria a nova família aristocrática. Como no romance familiar, o migrante reconstruiria, no seu imaginário, o país de origem, sempre com o elemento da nostalgia melancólica como tempero dessa reconstrução. A nova variável é que o migrante precisa também criar o novo país. Parece uma convergência impossível, mas que acaba sendo a construção narrativa de cada migração. Aqui o impossível do migrar se impõe.

E agora, pertencer...

Em "Psicologia de grupo e análise do ego", Freud (1921/1996) situa nossas origens no grupo, manifestado pela primeira vez como a horda. Para Freud, a civilização leva progressivamente os indivíduos a se estabelecerem como separados, capazes de se opor à psicologia de grupo que ameaça aprisioná-los e deixá-los impotentes. Os grupos são carregados de eros, que ao mesmo tempo nos une e nos separa. Quanto mais desejamos pertencer ao grupo, mais forte é a regressão que nos liga a ele. Freud traduz nosso desejo de pertencer como expressão de necessidades infantis voltadas para um líder a quem nos submetemos e, portanto, que sempre incorporará uma fantasia sobre o pai primordial que amamos e assassinamos.

A partir dessa leitura, pertencer para Freud não passa de um deslocamento de necessidades narcísicas para a fantasia de um grupo, um desejo de unidade ou uma fuga da solidão da separação em direção contrária à unidade oceânica. Algo impossível. Agora, como migrar e não reativar, nem mesmo sustentar, essa fantasia de pertencimento?

Aqui, um fragmento clínico para pensarmos nesse impossível chamado pertencer.

George[2] é um rapaz de 29 anos, educado nas melhores instituições de ensino do mundo. Culto e herdeiro de uma família extremamente religiosa e com valores morais tradicionais. Nasceu e cresceu numa região bastante reclusa do interior do seu país. A chegada em análise traz uma questão: "não sei se gosto de mulheres ou de homens". Ele deixa muito claro que, por mais que eu tente, jamais vou entender de onde ele vem, "namorar um homem é absolutamente impossível para mim". Certa vez pergunta: "será que a atração por homem é tão forte assim que tenho que jogar tudo para o alto?".

George explica que sua mãe é muito ligada à própria mãe, irmãos e irmãs: "ela na verdade nunca saiu da casa da mãe". Em sequência a essas lembranças, questiona: "se tudo desse errado na minha vida eu perderia esse porto? O amor dos meus pais, a compreensão deles?". Ele justifica esse sentimento com o fato de ter muitas raízes com sua cultura e de os pais terem feito um bom trabalho na sua educação. Nesse momento do tratamento, "tudo dar errado" era a frase que recobria a ideia (desejo?) de não casar com uma mulher. Conforme George vai desenvolvendo laços na e com a nova cidade, suas palavras de permissão e autorização se dirigem a esse lugar que ele começa a chamar de seu; "essa cidade

---

2   Nome e referências importantes sobre o paciente foram modificadas.

é legal, aqui não tem arbitragem". Ele teme fazer escolhas que "não me permitam voltar atrás".

Seu trabalho em análise segue de maneira corajosa e aos poucos ele se deixa apaixonar por um homem. Algo do amor começa a surgir e conjuntamente o ânimo de dividir com a família suas descobertas emocionais. Não foram poucos os momentos em que George questionou se gostaria ou não de viver nos Estados Unidos. Colocava defeitos no país, nos estadunidenses, na política e assim por diante. Viajava para seu país de origem e voltava também desprezando os mesmos traços.

Um dia determina: "Não tenho mais saúde para ter medo!". Resolve contar para os pais que está saindo com um homem. O pai reage calado e mãe chora muito e diz: "você já conseguiu uma vez, agora vai conseguir de novo". Aqui aprendemos, eu e meu paciente, que na sua infância a mãe o colocou em terapia porque havia suspeita de que era um menino afeminado.

Alguns dias após a conversa com os pais, George sonha que havia um barulho infernal na rua, uma mulher com uma escopeta está dominando a multidão. Ela tenta matá-lo várias vezes, mas não consegue, ele escapa. Ao analisar o sonho, ele o associa com sua luta contra uma possível morte / assassinato do seu desejo.

Por que resolvo trazer um exemplo que mescla mudança de país com busca do desejo? Quero aqui sugerir que essa fantasia de pertencimento que se confunde com agradar ao grupo é vivida seja no lugar de origem, seja no país para o qual se migrou. Ocorre que, de qualquer forma, como Freud nos adverte, estamos sob a espada dos perigos aprisionantes do grupo. A falta de arbitragem que George reconhece na sua nova cidade de escolha talvez se trate de sua separação, via análise, da arbitragem que sua família exerce sobre ele. O temor de perder o amor dos pais, esse "porto", nos fala desse lugar perdido e que possivelmente nunca existiu.

Sabemos que as identificações trazem boas pitadas de invenção e imaginação, sem as quais não poderíamos constituir nossas narrativas de vida. Não arriscamos nem ter certeza da existência dessa família tão unida, poderosa e segura que George diz existir e teme perder. De qualquer forma, ele está correto quando diz que "os pais fizeram um bom trabalho", e crê no poder dessas injunções familiares.

Em tempos que se misturam com escolha de país, de objeto amoroso e possível perda do paraíso perdido (família como porto seguro), George adquire seu direito de residência permanente nos Estados Unidos. Comenta: "Ser cidadão pleno de algum lugar é muito bom!".

De que plenitude estaria George nos falando? E sua análise continua... como continuam as procuras, parte da condição humana, impossíveis pela plenitude.

Freud, na virada do século XX, deixa clara essa fantasia subjacente de pertencimento, que continua a exercer seu poder um século depois. Pertencer é uma moeda corrente nos debates políticos contemporâneos. Apelam ao pertencimento como medida de solução para migração, exclusão, multiculturalismo, racismo, sexismo e todos os "ismos". Esse cenário político exemplifica o que a psicanálise tem apontado ao longo de um século – esse pertencimento existe no reino do desejo.

Se tomamos a sério o que Freud nos ensina, não se trata simplesmente de organizar uma oferta de pertencimento, talvez seja bem mais complicado do que se prega no discurso das políticas identitárias. Nesse eterno paradoxo de pertencer (no caso de George, seja ao grupo familiar, seja ao desejo aparentemente solitário e ligado à expulsão do paraíso), surge o desafio de encontrar maneiras de pertencer que nos deixam menos vulneráveis à dinâmica de grupo sobre a qual Freud adverte. Outra possibilidade seria sucumbir às ilusões e decepções implicadas no pertencimento.

Descubro a psicanálise muito cedo; aos 19 anos, fui escrevendo e reescrevendo esse mapa de forma persistente. No segundo ano de minha migração mudei para Boston, Massachusetts, e lá morei por sete anos. Ainda não clinicava e sentia a extrema angústia de ter perdido tudo. Andava pelas ruas buscando algo que não sabia ainda o que seria. Na porta de uma linda casa vitoriana li a palavra "*Psychoanalysis*". Literalmente, bati na porta. Era uma escola que ensinava uma psicanálise meio diferente da que eu conhecia, mas falávamos uma língua comum e o mapa da navegação era o mesmo: chamava-se inconsciente. "Pertenci" a esse grupo por muitos anos. Esbravejava, chorava e sofria por não poder expressar melhor, nessa nova língua, o que eu entendia por psicanálise, que diferia bastante do entendimento que eles tinham. Era um pertencimento frágil, imaginário, mas que me permitia "pensar que pertencia". Produzia-se uma nova falta, um novo túnel de Alice que criava perguntas e pensamentos.

De volta a Nova York, de novo andava e procurava. Também um grupo psicanalítico me acolheu; dessa vez, falávamos a mesma língua (estudavam Lacan). Sentia-me mais em "casa" e à vontade. Depois desse encontro amoroso bem-sucedido, impôs-se que eu estudasse quatro anos numa escola da International Psychoanalytical Association (IPA) para recolher as credenciais necessárias para a licença no estado de Nova York (a licença de Boston não me permitia trabalhar lá). Mais uma vez me afastei da minha língua tranquila da psicanálise freudo-lacaniana e tive de aprender Klein, Kohut, Kenberg, Fonnagy e assim por diante. A leitura em inglês já não constituía tanta barreira, mas eu estava permanentemente me traduzindo. Até que resolvi fazer uma análise em inglês e a língua resolveu em mim se hospedar.

De alguma forma, nessas décadas de migração, foi a psicanálise que me deu coragem de não pertencer e foi também a psicanálise que me deu o imaginário de pertencer. Foi a língua que nunca perdi, foi a terra que sempre existiu, foi a água em que sempre naveguei.

Se aceitarmos a palavra de Freud, teremos pouca esperança de que alguém possa pertencer sem acabar sendo tomado por armadilhas da própria dinâmica inconsciente. Se Freud nos deu a ciência e a solidão como suas soluções, resta-nos encontrar nossas próprias maneiras singulares de viver nesse paradoxo, especialmente em nosso encontro com a psicanálise.

Pertencer necessariamente implica nostalgia. Como migrantes, alguns de nós lutaremos para pertencer. Ocorre que, por termos deixado nosso primeiro país, imaginamos que a dor do pertencimento acontece porque "eu não sou daqui". Esquecemos, ou não sabemos, que nunca somos ou pertencemos a lugar algum. Vamos homenagear nossas origens e seguir caindo no buraco de Alice ou sentando no poço de Murakami. E os buracos se fazem e refazem, construindo novas tramas e nostalgias.

A *última casa*

A menina de 4 anos irrompe na sala de sua casa, gritando: "ele morreu, ele morreu!". O pai rapidamente a acode e pergunta: "quem morreu?". Menina: "ele, meu boneco", diz, olhando para seus braços estendidos, onde o boneco se apoia sem vida.

Trata-se do seu boneco de estimação, seu objeto transicional. O pai oferece para ajudar e pergunta o que devem fazer. Ela responde que precisavam fazê-lo ressuscitar. O pai prontamente se oferece para auxiliar no processo, ao que ela responde: "Não, eu faço!".

Volta para o quarto e, em seguida, vocifera: "Ele está vivo! Ele está vivo!".

Este texto está sendo escrito quando a morte, ao contrário do texto de Saramago (2005), não está sofrendo intermitências. Nesse livro, ele conta a fábula ocorrida em algum canto escondido no mundo onde a morte suspendeu suas atividades.

Em 2020, a morte resolveu trabalhar sem sossego em todos os lugares do planeta. A covid-19 se hospedou no mundo. Da criança de 4 anos aos idosos de muitos, o supremo medo, que se instala desde cedo na vida, perde a capacidade de se esconder. A morte é visível, palpável, birrenta. Escuta-se a morte nas insistentes sirenes voando pelas ruas de Nova York. Constantemente, receia-se a morte.

A menina processa a possibilidade mágica da ressurreição, precisa reconstruir o imaginário da não morte. Pede ao pai uma testemunha desse momento milagroso, de sua dor e de sua felicidade recuperada. O pai e sua voz suave e firme, funcionando nessa cena como o apoio simbólico necessário para transpor o medo da morte e das perdas. Senão, como seguir vivendo?

Stella foi uma de minhas primeiras pacientes nesse país. Ela não possuía documentos de migração, veio ao encontro do namorado, que havia migrado antes dela. Construíram toda uma vida em que couberam filhos, trabalho e amor. Apenas o documento de legalização não vinha. Trabalhávamos havia algum tempo e seu avô morreu. Caso Stella saísse do país, não poderia mais entrar. Um tempo depois sua avó morreu.

Seus pais eram divorciados. Após um ano da morte dos avós, sua mãe é diagnosticada com câncer. Stella sofre por não poder cuidar dela. Atravessamos esses tempos trabalhando o luto dos avós e o fato de ela não poder voltar ao Brasil. Sua mãe morre.

Como analista, apesar de tentar, como mandam as regras: não desejar nada para meu paciente, acabo pensando: "tá bom, agora basta, dona Morte!".

Depois de um ou dois anos, não estou segura do tempo entre os fatos, a mulher do pai de Stella, sua madrasta, mata o marido. O pai de minha paciente morre e a madrasta vai presa. Até hoje lembro da sua pergunta: "dra. Eliana, nunca me será permitido enterrar meus mortos?".

No primeiro capítulo de seu livro *Nostalgia* (2016), Barbara Cassin conta sobre o retorno ao lugar que considerava seu lar apesar de lá não ter nascido. Relata a ida a Córsega para enterrar o marido, seu amor: "É lá, ao lado dele, que tenho meu túmulo, que por agora ainda está vazio, num solo que não pertence – nosso, não nosso" (p. 3, trad. minha).

Cassin nos ensina sobre a hospitalidade da família corsa que, quando o túmulo do marido ainda não estava pronto, ofereceu-lhe que enterrasse o corpo do marido na tumba da família. Quanta generosidade em oferecer lugar de repouso entre seus mortos! Sem dúvida, foram os mesmos que ofereceram espaços entre os vivos e lhe abriram as portas de uma nova casa, de um novo lugar. Que fazer quando não podemos enterrar nossos mortos? Quando não podemos morrer na nossa casa?

No comovente filme *Moscou em Nova York* (1984), Robin Willians atua como um músico do circo russo que, ao vir apresentar-se em Nova York, resolve desertar e permanecer no país. O filme nos fala de várias idiossincrasias da migração. O encontro com a pobreza e as dificuldades não tão diferentes de sua abandonada União Soviética; a dificuldade em expressar-se na nova língua; a saudade da família. Entretanto, uma situação emblemática dessa distância se apresenta. Quando seu avô morre na União Soviética e ele não pode voltar, vai para um bar russo beber e chorar em russo, com os seus. Talvez a morte só possa ser chorada na língua materna.

Sempre gostei de cemitérios; quando visito uma nova cidade, procuro saber onde fica o cemitério. Creio que minha curiosidade se avizinha com a que se apresentou como um sintoma de infância. Cada vez que íamos à casa de alguém, onde antes eu nunca havia estado, eu sempre fazia questão de "precisar" ir ao banheiro. Logo descobri que se tratava de uma artimanha para adentrar nas casas desconhecidas e descobrir algo sobre a forma de habitar dessas novas pessoas. Como eram os quartos, os móveis, as cortinas, as fotos, os objetos. Provavelmente, quero saber como é essa última morada; com lápide, sem lápide, com foto, com flores.

Quando saímos de nossa terra, temos um longo tempo até decidirmos fazer desse outro lugar o nosso, e ali estabelecer a morada eterna. Aqui, outra perda, como comentava um paciente: "que graça tem viver toda a vida numa cidade e não poder ir ao enterro dos que se ama".

Talvez perder um país esteja muito próximo a perder um grande amor; depois de alguns anos só lembramos dos momentos felizes e lutamos contra a saudade. A nostalgia, essa dor do retorno, vai sempre nos assolar. Também muito tempo há que passar para que nessa nova terra possamos enterrar os que amamos. Podemos apostar em ter o pai da voz afetuosa que sustenta a filha perante o alarme da morte ou a psicanálise para nos navegar sem medo da solidão e da iminência da morte.

Neste momento, enfrentando a pandemia, trabalhando com brasileiros que vivem em Nova York, as sessões apresentam este aspecto da pergunta: o que estou fazendo aqui? Perco a vida no meu país e agora estou perdendo a morte também. Meus pais, irmãos, amigos, como faço para cuidar deles?

A atual morte sem intermitências tem abalado os lutos intermináveis feitos pelos migrantes. Tem deixado que todos sonhemos com a primeira frase de José Saramago (2005, p. 11):

No dia seguinte ninguém morreu.

Referências

Arendt, H. (1994). *Essays in Understanding. 1930-1954 – Formation, Exile and Totalitarianism.* New York: Schocken Books.

Carroll, L. (2016). *Alice in Wonderland Collection.* Los Angeles: Enhanced Media Publishing.

Cassin, B. (2016). *Nostalgia, when are we ever home?* (Pascale-Anne Brault, Trans.). New York: Fordham University Press.

Ferrante, E. (2019). *Incidental Inventions* (A. Goldstein, Trans.). New York: Europa Editions.

Freud, S. (1969). Romances familiares. In S. Freud, *Edição standard brasileira das obras completas de Sigmund Freud* (Vol. IX). Rio de Janeiro: Imago. (Publicado originalmente em 1906-1908).

Freud, S. (1976). Prefácio à juventude desorientada de Aichhorn. In S. Freud, *Edição standard brasileira das obras completas de Sigmund Freud* (Vol. IX). Rio de Janeiro: Imago. (Publicado originalmente em 1925).

Freud, S. (1996). Psicologia de grupo e a análise do ego. In S. Freud, *Edição standard brasileira das obras completas de Sigmund Freud* (Vol. XVIII). Rio de Janeiro: Imago. (Publicado originalmente em 1921).

Murakami, H. (1988). *The Wind-Up Bird Chronicle.* New York: Vintage.

Saramago, J. (2005). *As intermitências da morte*. São Paulo: Companhia das Letras.

Da cidade ideal à cidade barrada: o eu e o luto na migração

Mariana Rodrigues Anconi

> *Encontrei minha morada num território de fronteiras incertas, com as quais normalmente defino o país de minha imaginação.*
>
> Nuruddin Farah, *Refugiados*

Escrever a partir de uma psicanálise afora é tentar dar conta de um movimento de deslocamento entre países e cidades. Sair de São Paulo em janeiro de 2018, terra em que por vezes me vi estrangeira, em direção a Nova York fez com que, novamente, as poucas certezas a respeito da vida ficassem em suspenso no tempo.

O que esperar desse outro lugar que nunca me habitou? O outro lugar é sempre externo a nós? Essas foram algumas perguntas que construí ao longo desse percurso de deslocamento e que se renovam de tempos em tempos, como agora enquanto escrevo estas páginas.

A psicanálise afora se refere a uma topologia que a princípio nos conduz à lógica entre o dentro e o fora. Nesse caso, psicanalistas brasileiros que estão trabalhando e morando fora do Brasil. Nesse tempo de dois anos e meio em Nova York vou entendendo como um percurso composto de dialéticas e alguns paradoxos. Ao mesmo tempo que há um "recomeço", há também um resgate do que se tem de "bagagem psíquica", que serve como sustentação para lidar com a insistência dos desencontros, das perdas e com o diferente no outro lugar.

Em Nova York o percurso tem sido possível à medida que os laços com outros (colegas de trabalho e amigos de diversas nacionalidades) se constituem. A partir desses laços é possível ainda inventar uma realidade que tenha algo familiar no universo estrangeiro.

Se estamos no campo da psicanálise, cabe a pergunta: qual a possível relação desse dentro-fora da migração com o inconsciente?

Com Freud temos uma teoria sobre a subjetividade humana que não se limita ao eu, uma instância psíquica assim como isso e o supereu. Esse mesmo eu é apresentado por Freud como não mais o senhor de sua própria casa, ou seja, há uma estrangeiridade em jogo na subjetividade. O inconsciente se revela como uma teoria da alteridade, em que por meio do método psicanalítico é possível escutar esse outro desconhecido, estranho, mas que nos habita e nos permite ter acesso a seu conteúdo mediante as formações: sonhos, atos falhos, chistes etc.

Nessa lógica, poderíamos pensar que essa alteridade que constitui o sujeito está localizada internamente, delimitando assim um espaço interior em relação ao lado de fora. Porém, tais formações do inconsciente estão para além de um universo interior, ao serem também produto de uma relação com o mundo com o qual nos relacionamos a partir da linguagem.

Com Lacan (1966/2003a) foi possível, graças à topologia, mais especificamente à banda de Moebius, avançar nessa perspectiva "dentro-fora" de forma mais fluida. A topologia moebiana constitui o inconsciente como uma borda de significante em que não há lado interno e lado externo. Bonoris (2019) afirma que "em termos imaginários o inconsciente aparenta ser uma estrutura fechada, com um dentro e um fora, que contém representações no seu interior. . . . O inconsciente não tem dentro, nem fora, é uma borda significante" (p. 86).

Na nossa pesquisa de uma Psicanálise Afora entendo que a denominação de borda contribui para pensar os deslocamentos entre territórios e o atravessamento da cultura na produção de subjetividades no espaço privilegiado da "cidade nova". Há uma ambivalência de afetos com a cidade do país de origem. Morar em Outro lugar é como habitar uma borda em que o sujeito se constitui dividido. Às vezes mais para um lado, outras vezes mais para o outro.

Essa topologia remete também às bordas que delimitam fronteiras, um "entrelugares" em que o estrangeiro pode se reconhecer. As bordas entre cidades, estados, países, continentes e o que está para além disso produzem diferentes efeitos naqueles que migram, desde a angústia, passando pelo luto e, por vezes, por uma melancolia.

Migrar é um fenômeno global. A Organização Internacional para Migrações define *migração* como o "processo de atravessamento de uma fronteira internacional ou de um Estado. É um movimento populacional que compreende qualquer deslocação de pessoas, independentemente da extensão, da composição ou das causas" (OIM, 2009, p. 40). Porém, sabemos que essa concepção não abarca toda a complexidade do fenômeno que envolve aspectos relativos a um desamparo em diversos níveis, inclusive psíquico.

De acordo com Grigorieff e Macedo (2018):

> *a migração exigirá do sujeito não apenas um traba-*
> *lho corporal de movimento migratório, mas também o*
> *confrontará com suas próprias condições e recursos de*
> *elaboração de perdas e de atribuição de valor às no-*
> *vas experiências. Nesse sentido, ao sujeito é imposta a*
> *necessidade de administrar suas (im)possibilidades de*
> *(des)investimentos a partir dessa importante mudança*
> *em sua vida. Ao migrante cabe o desafio de dar sentido*
> *à sua experiência com vistas à elaboração, sob pena de*
> *ocorrer produção de intenso sofrimento diante de situ-*
> *ações frente às quais não encontre recursos de compre-*
> *ensão e/ou enfrentamento. (p. 480)*

Nessa via do que uma migração exige de "trabalho psíquico", me interessa investigar o campo das perdas, mais especificamente a perda das imagens que construímos em uma relação com o luto e a desidealização da "cidade nova". Porém, antes de avançarmos nessas questões, pretendo enveredar rapidamente pela migração no movimento psicanalítico desde Freud, que, inclusive, atendeu pacientes que vinham de outros países e cidades até seu consultório.

Freud também viveu uma "psicanálise afora" em relação a Viena quando, por exemplo, teve de migrar para Londres em 1938 para que não fosse vítima do extermínio nazista. Freud foi relutante à ideia de sair de Viena. Apenas se deu conta da necessidade quando sua filha Anna foi chamada pela Gestapo para um interrogatório (Jones, 1989). Migrar para Londres foi sua escolha forçada.

Outra viagem de Freud, não forçada e em 1909, foi aos Estados Unidos, quando foi a Worcester a convite de Stanley Hall, então diretor da Clark University. Mesmo não se configurando como migração, vale mencionar a importância desse deslocamento ao Novo Mundo.

Freud pôde ter contato com psicanalistas americanos e suas leituras e práticas da psicanálise naquele tempo. Mais que isso, seu contato com a comunidade de psicanalistas estrangeiros o tirou do que poderia ser um sonho delirante, pois sua teoria e prática lá já eram vistas com prestígio e reconhecimento: "A psicanálise já não era mais uma construção delirante, tornara-se, bem ao contrário, uma parte da realidade que tinha um seu valor" (Ricci, 2005, citado por Chinalli, 2010, p. 57).

Segundo Chinalli (2010), Freud havia preparado uma conferência em que falaria sobre sua teoria dos sonhos, mas a conselho de Jones decidiu oferecer informações mais generalizadas sobre a psicanálise. "Cinco lições de Psicanálise" (1910/1996a) é, ainda hoje, um dos textos mais bem estruturados sobre as bases de sua teoria. O fato de falar sobre a psicanálise para um público estrangeiro foi fundamental para que decidisse ensinar em cinco lições conceitos importantes de sua *práxis*.

Já Lacan não migrou, como Freud, nem fez uma escolha forçada, mas pôde também levar a "peste" ao Novo Mundo. Fez duas viagens aos Estados Unidos, e seu interesse pela cultura japonesa contribuiu muito para os estudos sobre a psicanálise em outras culturas.

Na primeira vez em que esteve nos Estados Unidos, no ano de 1966, fez uma conferência na cidade de Baltimore, quando elaborou o que considero a definição mais poética sobre o inconsciente: "O inconsciente é Baltimore ao amanhecer" (Lacan, 1966/1983, p. 92).

A partir do olhar do lugar de estrangeiro na cidade, Lacan quis aproximar e deixar sua plateia americana mais familiar à ideia do "inconsciente estruturado como linguagem". Naquele tempo, e talvez ainda hoje, a psicanálise de Freud nos Estados Unidos avançou por outros caminhos, talvez por ter justamente se tornado familiar demais, perdendo o lugar de infamiliar (estranho) na cultura.

Em uma palestra em Viena, Lacan comentou, a respeito da famosa frase de Freud "eles não sabem que estamos lhes trazendo a peste": "ele havia acreditado que a psicanálise seria uma revolução para a América, e, na realidade, a América é que tinha devorado sua doutrina" (Roudinesco & Plon, 1998, p. 195).

Em Baltimore, Lacan tornou o Inconsciente familiar a seus habitantes, como o amanhecer naquela cidade ou o letreiro em neon da Coca-Cola. Ali, ele pôde elaborar uma forma de falar do inconsciente a partir do que foi atravessado pelos signos e significantes na cidade de Baltimore.

A relação que estabelecemos com as cidades é parte importante que permeia este trabalho. Escrevo a partir do que pude escutar na clínica com os que migraram para Nova York. Por meio de um fragmento de caso clínico entraremos em contato com uma prática atravessada por narrativas que revelam as "paixões do ser" descritas por Lacan (1972/2011) como: amor, ódio e ignorância. Nessas paixões temos a proximidade (como faces da mesma moeda) de dois afetos, produzindo o amódio (Lacan, 1972). Localizamos na fala dos que migram esses afetos em relação à cidade nova.

Um exemplo que me ocorre ao pensar sobre o "amódio" em relação à cidade nova é o exílio de Caetano Veloso e Gilberto Gil no período da ditadura no Brasil. Suas produções musicais aparecem como fruto de um período em que estar longe de casa foi a escolha forçada, do tipo "ou a bolsa ou a vida" (Lacan, 1949/2003b). O "amódio" em relação à cidade de Londres, à língua e à cultura inglesa fez com que essa experiência contemplasse inúmeras ambivalências. Caetano Veloso (2008), em seu livro *Verdade tropical*, afirma que seu primeiro ano em Londres "foi como um sonho obscuro" (p. 413). Voltaremos a pensar sobre o "amódio" mais adiante.

A migração como movimento de deslocamento entre territórios coloca em jogo um movimento em nós. Nós, como pronome pessoal na primeira pessoa do plural, e nós, como o nó borromeano que enlaça os três registros que constituem o sujeito, a saber: Real, Simbólico e Imaginário. Desses três registros, veremos que o Imaginário tem um papel importante na constituição do eu e da cidade ideal.

Cidade ideal e o eu

Quando, na entrevista para o podcast *Psicanálise Afora*, Eliana Betancourt me perguntou sobre o luto da perda da cultura do país de origem (Brasil), me ocorreu pensar o luto por outra perspectiva: a perda da "cidade ideal", aquela para a qual se migra, ou a cidade nova. No entanto, antes de chegarmos na questão da perda é preciso entendermos a construção de uma imagem, tanto do Eu como da cidade. Há um investimento do eu em um objeto que se torna idealizado, antes mesmo de migrar. Esse investimento não deve ser pensado apenas como algo negativo, mesmo que ocorram frustrações depois. Ele é importante para a formação de uma narrativa a respeito do lugar desconhecido.

Antes de me mudar para Nova York busquei algumas leituras sobre a cidade e pude entrar em contato com muitas narrativas sobre esse lugar altamente investido pela mídia, pelas artes, literatura e ciências. Às vezes esquecemos, mas cada cidade não é só uma, é muitas em uma. E, para além de uma estrutura que as constitui, são formadas a partir de um imaginário, com a influência da cultura. Temos infinitos exemplos de produções cinematográficas que apresentam a cidade como personagem e, às vezes, até como protagonista.

Filmes como *Para Roma, com amor* (2012), *Meia-noite em Paris* (2011) e *Manhattan* (1979), de Woody Allen, convidam às cenas vividas nessas cidades. Além de filmes, as séries conseguem explorar muito bem um tipo de imagem que se deseja estabelecer. Séries como *Friends, Sex and the City* e *Seinfeld* até hoje são populares, e nos anos 1990/2000 contribuíram para que a imagem da cidade de Nova York se fixasse como lugar de oportunidade, centro cultural e, ainda, sinônimo de liberdade.

Liberdade. Palavra que circula bastante na cultura americana. O filósofo Sartre (2002) foi um dos que pensou sobre esse ideal na cidade de Nova York especificamente. Ele escreveu:

> *essas cidades leves, ainda tão semelhantes a Fontana, aos campos do extremo oeste, mostram o outro lado dos Estados Unidos: sua liberdade. Aqui todos são livres, não para criticar ou reformar costumes, mas para escapar deles, ir para o deserto ou para outra cidade. As cidades estão abertas. Abertas ao mundo, abertas ao futuro. (p. 31)*

Até hoje é possível escutar um ideal de liberdade que circula na cultura americana. Significantes como esse ganham consistência no imaginário popular e urbano. Alguns se alienam a eles e nutrem o desejo de viver nesse ideal.

É comum ouvir relatos de que o novo lugar corresponde a uma nova chance. Quem sabe até um "novo eu". Ou ainda, um lugar para poder ser "eu mesmo". E é assim que começamos a articular a ideia de outro lugar (cidade/país) ao conceito de eu – que, assim como a cidade, também se constitui por imagens.

Até mesmo antes de migrar é comum que se criem narrativas sobre o outro lugar. São formas de tornar o estranho um pouco mais familiar. Essa experiência de narrativas sobre as cidades é muito bem aproveitada pelo autor Italo Calvino em seu livro *Cidades invisíveis* (1990). Nele, Calvino conta a história do imperador Kublai Kan, que "conhece" seu próprio império graças às histórias que se contam das cidades visitadas por Marco Polo.

Com o exemplo do livro de Calvino, é possível considerar a capacidade que temos de habitar um lugar sem mesmo o ter visitado uma única vez, por exemplo, pelo olhar do outro. É possível construir uma imagem e viver nela até o momento de, quem sabe, poder estar lá e se deparar com os buracos das imagens. No entanto, não construímos essas imagens sozinhos, somos atravessados pelo discurso do outro, que pode ser encarnado pela mídia, pelas redes sociais e suas páginas de turismo, pelas artes, pela literatura, pelo cinema.

Esse investimento nas cidades, como Nova York, contribui para a formação de uma imagem atrelada a um ideal e a construção de fantasias a respeito do que se pode ser, na instância eu, na cidade-ideal. O que está em jogo aqui são as narrativas construídas sobre a cidade e que ganham estatuto de verdade. A respeito da verdade, considero aqui a noção trabalhada por Lacan da verdade estruturada como uma ficção.

Antes de abordarmos o aspecto da desidealização e o luto da perda da cidade ideal, trago um fragmento clínico que aponta a perspectiva da cidade atrelada ao eu-ideal.

Cidades das oportunidades

Fábio é um jovem adulto que se muda para Nova York em busca de oportunidades e, no meio do percurso, descobre que para atuar na sua área profissional precisa dar alguns passos atrás na carreira. O paciente se dá conta, ao chegar à cidade, que teria de abrir mão do cargo de destaque que ocupava no Brasil para ocupar um cargo de menos prestígio em Nova York, já que sua formação não estava de acordo com o que o mercado pedia. Ele fez várias entrevistas e não conseguia as vagas que almejava. Depois de algumas portas fechadas, foi tomado por um desânimo, um estado depressivo, a ponto de não conseguir mais manter sua rotina diária. Mergulhou em si e em uma constante autocrítica. Buscou atendimento com psiquiatra e começou o uso de medicamentos. Nesse contexto, entrou em contato comigo.

Nesses casos somos lançados à questão que envolve um investimento na cidade estrangeira antes mesmo que haja um deslocamento. Quando escrevo sobre a "cidade ideal" me refiro à cidade construída psiquicamente por aquele que vai migrar. Endo (2005) afirma:

> a cidade é o espelho, onde ele se vê, se exibe e se projeta. Desse modo, não há nada que pertença ao sujeito que não repercuta no contexto citadino onde ele vive. A cidade é o mata-borrão do sujeito, e suas ações, omissões, discursos, julgamentos ajudam a dar forma e conteúdo ao lugar onde ele habita. (p. 60)

Há uma projeção de si no espaço no qual se habita, e o contrário também ocorre: projeção dos discursos do espaço em relação ao eu daquele que habita. Se a cidade encarna os ideais, é possível que isso dê a ilusão de garantia do sucesso e de liberdade (significantes atrelados à cultura).

Adentramos, assim, no campo do que considero a cidade idealizada como extensão do eu: eu-cidade. Como disse Endo (2005), a cidade é espelho, e, com Lacan (1949/2003b), entendemos que a constituição do eu passa por uma operação nomeada estádio do espelho, trabalhada em seu texto "O estádio do espelho como formador da função do eu". Como dito anteriormente, o registro imaginário é fundamental na formação do eu. "Não há meio de compreender o que quer que seja da dialética analítica se não assentarmos que o eu é uma construção imaginária" (Lacan, 1954-1955/1992a, p. 306).

Então, o eu investe um objeto por identificação e idealização. Estamos entre a questão da identificação e a idealização.

> *Na idealização, existe um objeto externo super investido como tal pelo eu, enquanto a identificação repousa sobre a perda do objeto, restabelecido no eu precisamente ao identificar-se com ele. . . . na idealização, o objeto é posto no lugar do ideal de eu, enquanto que, na identificação, é o próprio eu, e não sua instância ideal, que é colocado no lugar do objeto. (Mijolla-Mellor, 2010, p. 502)*

A hipótese que construo a partir da clínica com migrantes opera em dois níveis: (1) antes de mudar para a cidade nova, esta configura-se como objeto idealizado, ou seja, há um superinvestimento (ideal-de-eu); (2) após a chegada na cidade, esta deixa de ser objeto idealizado e passa a ser um espelhamento do eu marcado pela operação de identificação (eu-ideal).

Quando o migrante entra em contato com a imagem investida, apresentam-se as faltas e falhas, e temos um processo de desidealização e trabalho de luto.

Chegar à cidade nova é ter de se deparar com um real que não fazia parte do imaginário sobre o lugar. Há sempre um luto a ser feito com a cidade nova.

Cidade barrada e luto

A partir do fragmento clínico podemos pensar na passagem de uma cidade ideal a uma cidade barrada, em que o sujeito precisa lidar com as falhas desse lugar e, claro, com sua própria falta. A clínica com a escuta do sujeito do inconsciente opera a partir do simbólico, em que há a possibilidade do equívoco, tão evitado nas imagens perfeitas que construímos a partir do registro imaginário. Essa ideia se desdobrou na pergunta: perder a cidade ideal é perder uma parte do si (eu)?

Primeiro, se faz importante para este trabalho circunscrever as questões da migração como escolha não forçada, ou seja, aquela movida pelo desejo inconsciente e pela vontade de migrar. Só que essa migração é como quase tudo na vida: não há garantias. Ir em direção ao desconhecido proporciona sentimento ambivalentes.

Em alguns casos de migração, esse outro lugar pode ter sido sonhado e desejado – quando por exemplo a migração vem como oportunidade de trabalho e reconhecimento na carreira – ou, pelo contrário, evitado como um pesadelo – quando os filhos adolescentes precisam lidar com o desejo de migrar dos pais e, para isso, terão de construir novas amizades, o que a princípio parece algo impossível.

O deslocamento pode ser algo da ordem daquilo que fascina e assusta em relação ao desconhecido. Butler (1999, citada por Safatle, 2013, p. 75) fala desse encontro com a alteridade e diz que somos movidos também por algo "fora" que reside em nós. Esse algo remete à falta e à fala de alguns pacientes quando se escuta o que está para além do dito.

O que significa escutar para além do dito?

Na clínica psicanalítica, seja com migrantes ou não, há que escutar o sujeito do inconsciente, e isso não é tarefa simples. Há muitas situações em que a migração opera como um fenômeno coletivo devido às dificuldades (políticas, sanitárias etc.) encontradas no país de origem. Kehl (2007) aponta para um refinamento na escuta de migrantes, por exemplo, quando o narrador porta um saber coletivo sobre um dado fenômeno. Para ela, "a função da narrativa, portanto, é transmitir uma experiência coletiva contemplando os efeitos singulares no sujeito narrador" (p. 305).

Este é o trabalho do analista: identificar o que há de posição subjetiva em meio a, por exemplo, um discurso entrelaçado ao coletivo. O trabalho analítico permite que as imagens sobre si e sobre a cidade sejam reinventadas a partir das rachaduras do que até então é espelho. "Não existe linguagem sem engano" é a frase final de Ítalo Calvino (1990, p. 48) na parte "Cidades e os símbolos".

A frase de Calvino nos é de extrema importância, pois introduz o engano na linguagem e na comunicação. Ao construir uma narrativa em que se possa se fazer ouvir a partir de um Outro que não seja espelho adentra-se o campo simbólico, o campo do equívoco que possibilita restituir as lacunas preenchidas pelo imaginário e que, por vezes, causam sofrimento.

De volta às imagens, e ao caso clínico de Fábio, a depressão surge quando fica cada vez mais difícil sustentar esse lugar ideal da cidade e de si. A "cidade das oportunidades" não era apenas isso. O jovem se deu conta de que ela também é outras coisas, inclusive muito competitiva. Essa mesma cidade das oportunidades que forma profissionais de sucesso também tem falhas e algumas injustiças. O trabalho de escuta com Fábio caminhou no sentido de se dar conta dos ideais que exigia de si como espelhamento da cidade. A virada consiste em compreender que Nova York é a cidade das oportunidades, mas também é outras mil coisas que ele ainda teria de descobrir em seu percurso como estrangeiro. Quando se pode dialetizar a cidade, não estamos mais somente no campo do Imaginário, o registro Simbólico opera apontando para o desejo.

Se essa imagem da cidade se quebra em cacos como um espelho em mil pedaços, quais os efeitos na imagem do eu? O trabalho de luto e sua elaboração começam após a perda da cidade ideal e parte de seu eu, ou da imagem que sustentava esse eu. De acordo com Safatle (2019), em *Luto e melancolia* (Freud, 1917/1996b), há de se considerar uma diferença entre o luto e a melancolia: o primeiro é consciente, e o segundo, inconsciente. Lacan (1960/1992b) também fala do luto a partir do que Freud aponta: "o luto consiste em identificar a perda real, peça por peça, signo por signo, elemento grande I por elemento grande I, até o esgotamento. Quando isso está feito, acaba" (p. 379).

O luto é trabalho psíquico necessário quando se perde o objeto de amor e nada parece substituí-lo. A diferença seria que na melancolia "uma parte desse Eu se volta contra si próprio através de autorrecriminações e acusações" (Safatle, 2019, p. 62). Assim, a melancolia se dá quando ocorre uma identificação de uma parte do eu com o objeto de amor perdido, "tudo se passa como se a sombra desse objeto fosse internalizada por incorporação" (Safatle, 2019, p. 62).

O que se incorpora dos ideais da cidade? As mensagens nos muros, as falas dos governantes e a mídia aliada à literatura e às artes ajudam na construção de uma subjetividade da cidade. Nesse sentido, a clínica opera a partir da escuta que possa reinventar e trabalhar com outras imagens, ou, ainda, para além delas.

Mais que ouvir histórias dos que migram, a função do analista comporta sobretudo ouvir o sujeito que advém nos intervalos de significantes a partir de uma fala endereçada ao analista. Isso faz toda a diferença quando se pretende ocupar um lugar de escuta que aponta para o desejo. Quando o analista ocupa a função de objeto a (objeto causa de desejo), é para que aquele que fala possa deslocar-se de um lugar de impotência em direção ao impossível. Impotência quando as imagens construídas paralisam o sujeito, causam angústia. Já o impossível, Safatle (2019) diz que é "o lugar para onde não cansamos de andar, mais de uma vez, quando queremos mudar de situação. Tudo o que realmente amamos foi um dia impossível" (p. 36). É com ele (impossível) que o sujeito pode se reinventar a cada buraco na imagem de si e do outro lugar.

De volta ao "amódio" na migração, entendemos que, para ocupar esse lugar dividido, de borda, lugar estrangeiro ao eu, é necessário que os afetos circulem, mesmo que em algum momento o ódio apareça e depois dê lugar ao amor.

Cidade proibida e pandemia

Enquanto escrevo este artigo, vejo-me na tarefa de acrescentar este terceiro tópico a respeito da experiência de atravessar uma pandemia em que – quase – toda a população da cidade de Nova York está confinada em casa.

As políticas públicas têm feito um trabalho relativo à manutenção de um "espírito de solidariedade", em que todos os dias o governador fala na TV aberta sobre a situação do estado de Nova York com gráficos, tabelas e números que mostram a realidade dura de ver. O que me chama atenção neste momento é a retórica utilizada para encorajar a população: "New York Tough". O governador se refere ao nova-iorquino a partir da cidade. Mais um significante importante atrelado ao ideal de uma cidade que se estende a seus habitantes: Nova York é "dura" no sentido de não se abater com as dificuldades.

No entanto, ao mesmo tempo, se vê a necessidade de ampliar o acesso da população aos profissionais de saúde mental, tendo em vista o alto número de pessoas em sofrimento psíquico. "New York Tough" pode ser um jeito de espelhar força e coragem à população. Um povo que não deveria se abater com a tragédia que percorre a cidade. Porém, aqueles que não estão sendo "fortes" ficam excluídos do discurso de esperança. Os números mostram o contrário da esperança. O jornal *The New York Times* anuncia em suas páginas que o vírus não é democrático, seu poder letal incide mais em determinados bairros, no caso aqueles em que negros e latinos habitam.

O desencontro com a cidade ideal ficou evidente nesta pandemia. A lógica é a mesma do jovem referido no caso clínico: se a cidade fracassa, o Eu também fracassa. Muitas questões ficam expostas em uma cidade com custo de vida alto. Alguns se questionam: qual o sentido de estar em uma cidade com custo tão alto e não poder desfrutar do que ela tem a oferecer, quando a vida se resume aos apartamentos minúsculos de Manhattan?

A cidade está proibida à população. Não se pode mais ocupá-la para que vidas sejam salvas. Todo o nevoeiro de incertezas levanta essas questões, que visam a uma dis-solução em algum momento. A cidade ideal não existe, e, só assim, é possível continuar sonhando o lugar que é sempre outro.

Referências

Bonoris, B. (2019). *El nacimiento del sujeto del inconsciente*. Buenos Aires: Letra Viva.

Calvino, I. (1990). *As cidades invisíveis*. São Paulo: Companhia das Letras.

Chinalli, M. (2010, out.). A chegada da peste: cem anos da viagem de Freud aos EUA (1909-2009). *Arquivo Maaravi: Revista Digital de Estudos Judaicos da UFMG*. Belo Horizonte, 4(7).

Endo, P. (2005). *A violência no coração da cidade: um estudo psicanalítico sobre as violências no estado de São Paulo*. São Paulo: Escuta/Fapesp.

Freud, S. (1996a). Cinco lições de psicanálise. In S. Freud, *Edição standard brasileira das obras completas de Sigmund Freud* (Vol. XI). Rio de Janeiro: Imago. (Publicado originalmente em 1910).

Freud, S. (1996b). Luto e melancolia. In S. Freud, *Edição standard brasileira das obras completas de Sigmund Freud* (Vol. XVII). Rio de Janeiro: Imago. (Publicado originalmente em 1917).

Grigorieff, A. G.; Macedo, M. M. K. (2018, set.-dez.). Singulares deslocamentos na experiência psíquica de migrar. *Psic. Clin.*, 30(3), 471-492.

Jones, E. (1989). *Vida e obra de Sigmund Freud*. Rio de Janeiro: Imago.

Kehl, M. R. (2007). Tempo e narrativas. In A. Costa, D. Rinaldi (Orgs.). *Escrita e psicanálise* (pp. 255-270). Rio de Janeiro: Companhia de Freud.

Lacan, J. (1983). *O discurso de Baltimore: Lacan oral*. Buenos Aires: Xavier Bóveda. (Publicado originalmente em 1966).

Lacan, J. (1992a). *O seminário, livro XVII: O avesso da psicanálise*. Rio de Janeiro: Zahar. (Publicado originalmente em 1954-1955).

Lacan J. (1992b). *O seminário, livro VII: A transferência*. Rio de Janeiro: Jorge Zahar. (Publicado originalmente em 1960-1961).

Lacan, J. (2003a). Ciência e verdade. In J. Lacan, *Escritos*. Rio de Janeiro: Zahar. (Publicado originalmente em 1966).

Lacan, J. (2003b). O estádio do espelho como formador da função do Eu. In J. Lacan, *Escritos*. Rio de Janeiro: Zahar. (Publicado originalmente em 1949).

Lacan, J. (2003c). *O seminário, livro XI: Os quatro conceitos fundamentais da psicanálise*. Rio de Janeiro: Jorge Zahar. (Publicado originalmente em 1964).

Lacan, J. (2011). *O seminário, livro XX: Mais, ainda*. Rio de Janeiro: Zahar. (Publicado originalmente em 1972).

Mijolla-Mellor, S. (2010). Os ideais e a sublimação. *Psicologia USP, 21*(3), 501-512.

Organização Internacional para as Migrações (OIM). (2009). *Glossário sobre migração* (Direito Internacional da Migração, n. 22). Genebra: OIM.

Roudinesco, E.; Plon, M. (1998). *Dicionário de psicanálise* (Vera Ribeiro, Lucy Magalhães, Trads., pp. 195-201). Rio de Janeiro: Jorge Zahar.

Safatle, V. (2019). *O circuito dos afetos. Corpos políticos, desamparo e o fim do indivíduo*. São Paulo: Autêntica.

Sartre, J-P. (2002). *Villes d'Amérique; New York, ville coloniale; Venise, de ma fenêtre*. Paris: Éditions du Patrimoine.

Veloso, C. (2008). *Verdade tropical*. São Paulo: Companhia das Letras.

Estrangeiro na própria língua: Lisboa revisitada

Inês Catão

> *Minha pátria é a língua portuguesa.*
>
> Fernando Pessoa
>
> *Outra vez te revejo – Lisboa e Tejo e tudo –,*
> *Transeunte inútil de ti e de mim,*
> *Estrangeiro aqui como em toda parte*
>
> Álvaro de Campos
>
> *Minha pátria é* lalíngua.

O ser humano é forjado nas palavras que lhe entram pelas orelhas, esses orifícios que não se podem fechar para a voz no campo do Inconsciente, nos diz Lacan. Restos daquilo que ouve vão servir de matriz simbolizante ao sujeito, revirando o organismo e organizando de modo único sua presença no campo da linguagem. O sujeito em constituição não apenas assimila as palavras que ouve, ele incorpora a voz como vazio. Esse vazio se torna constitutivo do ser que passa então a ser falante. Uma vez constituído, o sujeito passa a coexistir com uma parte sua que, sendo íntima, lhe é exterior. Lacan criou o neologismo êxtimo para nomear o que Freud já tinha apontado como o umbigo do sonho ou como o que fundamenta a experiência do estranho familiar. Podemos dizer que todos temos algo estrangeiro em nós, que é intocável pela palavra. Porque existe o inconsciente, o eu (*moi*) não é senhor em sua própria morada, como diz Freud.

A extimidade constitutiva do sujeito se mostra com maior vigor em algumas experiências da vida, como a vivência em uma língua estrangeira. Essa é uma experiência angustiante porque expõe a precariedade do domínio do sujeito sobre si.

Este texto pretende dar testemunho da minha práxis como psicanalista em Lisboa, onde vivi e trabalhei por dez anos, nos anos 1990. Escolhi abordar a experiência pelo viés dos efeitos da vivência em uma língua que, sendo minha língua materna, se revelou ao mesmo tempo outra.

No início dos anos 1990 fui levada, por contingências familiares, a deixar minha cidade natal, o Rio de Janeiro, e viver em Lisboa. Era minha primeira experiência de vida fora do país. A título de estímulo, as pessoas amigas diziam que a língua comum seria certamente um fator de facilitação da adaptação à nova experiência. Porém, para mim, a angústia surgiu exatamente nesse ponto.

Eu me tinha na conta de uma pessoa que falava bem a minha língua. Por isso, foi particularmente difícil quando comecei a ser corrigida no meu modo de fala, que passou a ser tomado como erro. Estávamos no começo dos anos 1990. Havia muito menos brasileiros vivendo em Portugal do que há hoje. Se as novelas da Globo faziam sucesso e nutriam a simpatia popular por nós, não demorei a perceber que, quanto mais intelectualizada a pessoa era, mais escutava "erros" na minha fala.

Como sabemos, existem muitas diferenças entre o português europeu e o português falado no Brasil, tanto em relação às palavras – mesmas palavras com significados diferentes, como *miúdos* para significar *crianças*, ou nomes diferentes para nomear as mesmas coisas, como *autocarro* para nomear ônibus – quanto em relação à construção frasal, ao emprego de pronomes pessoais, ao uso do gerúndio e da prosódia, que é mais consonantal no português europeu, o português do Brasil sendo mais vocálico. Culturas diferentes se expressam de modos diferentes. Os portugueses costumam dizer que "o brasileiro" – que é como se referem a nosso modo de usar a língua comum – é um português com açúcar, o que serve não apenas para falar do nosso doce sotaque mas também para apontar um traço cultural que para eles indica maior abertura para o outro. Chamar de "brasileiro" a língua portuguesa utilizada no Brasil é, porém, um modo sutil de delimitar a diferença cultural que o senso comum e as metáforas familiares – pátria-mãe, país-irmão – insistem em apagar. Juntos, portugueses e brasileiros, *não* fazemos um.

Nelson Vieira, em seu livro *Brasil e Portugal, a imagem recíproca: o mito e a realidade na expressão literária* (1991), inventário feito por meio de textos literários, refere:

> *Não me parece ocasional que a metáfora familiar seja a imagem mais frequente destas relações [entre Brasil e Portugal]. A família, como se sabe, é um núcleo primário carregado de afetos, tensões e estranheza. O próprio grau de parentesco serve aliás como indicador da maneira pela qual é concebida a interação entre os dois países. A imagem da "mãe pátria" e do correspondente "filho dileto" mascara a história das relações desiguais entre Brasil e Portugal até a independência do primeiro.*

Veicula também a ideia de uma interação assimétrica,
mas caracterizada pela proteção maternal da metrópo-
le, a grande nutriz em que o filho encontra suas raízes.
Já a metáfora dos irmãos introduz uma noção de maior
igualdade, implicando algum grau de conflito, pois ir-
mãos podem se amar mas necessariamente disputam,
concorrem entre si. (p. 17, trad. minha)

Nos últimos anos, tenho revisitado Lisboa. Nunca encontrei, nessas viagens, a cidade que deixei. Mudaram os costumes, a cidade se afirmou como destino turístico, recebendo turistas o ano inteiro. Há cada vez mais brasileiros residindo em Portugal, não apenas nas grandes cidades, mas também no interior. Este texto não pretende fazer um estudo da migração de brasileiros para terras lusas e suas motivações, mas provavelmente a língua comum tem um peso nessa escolha. Ao contrário do senso comum, minha experiência apontou que o reconhecimento das diferenças culturais entre os dois países e seu diferente modo de expressão é uma atitude mais cautelosa do que insistir no discurso da igualdade.

É na língua falada que aparecem ambivalências e conflitos, como sabemos os que praticamos a "cura pela fala", inclusive as ambivalências que permeiam a relação entre os povos. As relações entre Brasil e Portugal revelam a complexidade de uma história tecida entre colonizador e colonizado. Ao se tomar pelo bom filho que à casa torna, o brasileiro insiste em um engodo ingênuo que tenta apagar o preço do reconhecimento das diferenças.

Não demorei a perceber que os portugueses tomavam a língua portuguesa como sua, os desvios da norma culta daquele país sendo escutados como erro. Para um psicanalista em função, "erros" de fala são tomados como uma bela oportunidade de escutar o surgimento do Inconsciente. É o nosso ofício. As palavras não têm sentido único, como dão testemunho as crianças e os poetas. Mas eu estava na condição de um sujeito que muda de país, o que afetava minha posição em relação ao Outro. Toda mudança de país e de língua implica uma mudança de posição subjetiva (Melman, 1992). A língua portuguesa não era mais (só) minha. Meu primeiro impacto e grande aprendizado com a experiência de migração para Portugal foi ter me descoberto estrangeira na minha própria língua. E isso não é sem efeito sobre a prática clínica. Quando cheguei a Portugal procurei pelos psicanalistas lacanianos, minha formação. Eu me juntei a um grupo já em funcionamento que, posteriormente, ganharia o nome de Centro Português de Psicanálise (CPP), que existe até hoje. Depois conheci outro grupo de lacanianos, a Antena do Campo Freudiano. Esses dois grupos têm características e funcionamentos muito diferentes, são filiados a instituições francesas diferentes. Atualmente, metade dos participantes de cada um desses grupos é composta de brasileiros. Muitos profissionais que frequentam um dos grupos frequentam o outro. Eu também frequentava os dois.

A maior parte dos psicanalistas portugueses, porém, segue as escolas kleiniana e bioniana. É um fato curioso, ainda mais se considerarmos que a cultura francesa marca de modo importante a cultura lusa. A psicanálise em Portugal não perpassa a cultura do mesmo modo que no Brasil. Em Portugal, encontrei certa reserva na procura por um psicanalista e uma menor presença social da Psicanálise. Nunca encontrei quem me explicasse o porquê da timidez dessa práxis na terra-mãe. Seria um efeito dos quarenta anos de ditadura salazarista? A psicanálise precisa da livre circulação de ideias e de palavras para germinar. Precisa de sujeitos que estejam em condições de se autorizarem a tomar a palavra.

Apesar de ser médica psiquiatra de formação, e de trabalhar no Sistema Único de Saúde (SUS) do Rio de Janeiro, quando fui viver em Lisboa não busquei inserção na clínica pública. Aproveitei a oportunidade para voltar à universidade, fazer um mestrado e depois um doutorado, caminho que eu tinha interrompido no Rio. Isso, no entanto, só foi possível após a validação dos documentos brasileiros, o que levou quatro anos. Além da língua, que sendo a mesma se revelou outra, a obrigatoriedade de revalidação de todos os documentos de identidade e profissionais funcionou para mim como uma ferida narcísica. As supostas garantias imaginárias estavam todas colocadas à prova. A mudança de país e de língua teve, sobre mim, um efeito semelhante ao de uma intervenção psicanalítica.

A direção de tratamento padrão na psicanálise conduz o sujeito ao encontro do inesperado, pela interrogação das certezas e garantias que o alienam a uma realidade apenas em parte compartilhada – a sua realidade psíquica. Uma análise funciona pela escuta dos significantes presentes na fala do sujeito que, ao participarem da sua constituição, também o aprisionam.

Com o meu diploma médico validado por um acordo vigente entre os dois países recomecei a prática clínica como psicanalista em privado. Escolhi não experienciar a articulação entre a psicanálise e as políticas públicas em Portugal. Trabalhei também na docência universitária, em que transmitia a psicanálise em um curso de Psicopedagogia.

Como psicanalista, recebi brasileiros e portugueses. As questões trazidas pelos pacientes eram as mesmas. Percebi com os primeiros que certa cumplicidade poderia se tornar uma dificuldade ao trabalho, um modo de ensurdecimento. Não há pacto mudo entre analista e analisante. A ética da psicanálise é escutar o sujeito e sua regra básica é a livre associação deste, que encontra no analista a atenção flutuante. Não é um encontro entre duas pessoas vivendo uma experiência comum (mesmo que as pessoas estejam vivendo um mesmo tipo de experiência). Não há intersubjetividade em jogo em uma análise. Há apenas um sujeito: o sujeito do inconsciente. O analista silencia sobre sua pessoa.

Recebendo portugueses, por outro lado, eu me sentia uma analista estrangeira, o que é melhor para nosso ofício. É melhor para o ofício do analista não tomar por óbvio e compreendido o que o analisante diz. O estranhamento significante é melhor para o trabalho da análise do que a palavra que se fecha sobre um suposto significado comum.

Nos anos 1990, o traço comum da cultura portuguesa era certa melancolia, revelada no tom de voz baixo, no recato das roupas usadas e nos costumes, expresso na intraduzível palavra saudade. Esse recato encobria o orgulho herdeiro do tempo das descobertas e se espelhava em um reconhecimento de si como um "Jardim da Europa à beira-mar plantado", verso ufanista de Tomás Ribeiro (1831-1901), misto de orgulho e modéstia. Essa imagem de si tem se modificado desde a entrada de Portugal na União Europeia. A mudança socioeconômica produzida desde então fez do país um destino desejado por muitos brasileiros. Portugal tornou-se a grande porta de entrada para a Europa, alavancando o sonho de uma vida feliz.

No entanto, só cada sujeito pode dizer o que o levou a migrar do Brasil. Não há migração, há migrações. Porque existe o inconsciente, há sempre na migração uma escolha forçada. A escolha por Portugal tem a língua portuguesa e a nossa história comum como traços de sustentação, mas não são suficientes para explicar o que cada brasileiro busca ao migrar.

A história é viva e, portanto, passível de ser recontada por cada um. A história das relações entre Brasil e Portugal tem ganhado novas versões. Se, por longo tempo, os brasileiros esconderam seus ascendentes portugueses, agora reafirmam essa filiação. A situação político-econômica brasileira dá sua contribuição à recente inversão do fluxo migratório, mas a decisão de mudança não é feita com base em nenhum aspecto prático, o desejo e o gozo de cada sujeito respondendo por sua escolha.

Minha experiência como psicanalista de sujeitos de outras culturas me leva a afirmar que só se faz análise na língua materna. Ou, melhor dizendo, só se faz análise em *lalíngua*, seja em que língua for. Aos restos incompreensíveis, enigmáticos, daquilo que uma criança ouviu e que fez marca em seu corpo Lacan chamou *lalangue*, neologismo traduzido por Haroldo de Campos como *lalíngua*. *Lalíngua*, em uma só palavra, é um neologismo para evidenciar, em toda língua, o que a vota ao equívoco de um modo que lhe é particular. Nenhum ser pode ser especificável por falar a língua dos linguistas. É em *lalíngua* que o inconsciente comparece.

Por melhor que fale um idioma, o sotaque do sujeito está sempre ali para lembrar sua origem na linguagem, sua errância, seus trilhamentos. A língua materna é forjada nos restos do que a criança escuta nos laços tecidos com seus semelhantes. A língua materna é aquela em que a mãe é proibida à criança, como nos lembra Melman (1992). É a língua que se constitui com o recalque originário, da qual a lalação do bebê é o esboço.

Em qualquer cultura, em qualquer língua, em qualquer clínica, o ofício do analista é se deixar tapear pelos significantes do sujeito e acolher o que de inesperado se produz em cada sessão. O analista é um pescador. Sua escuta é a rede fina que lança ao mar de significações. Seu dia a dia é recolher, às vezes após longo tempo de espera, conchas, pedrinhas, algas, latinhas de Coca-Cola, restos de plástico, papel. Pois faz muito tempo que o mar deixou de ser romântico. De vez em quando, o analista sente o peso do peixe na rede e então se surpreende. O analista agarra o peixe, confere seu peso e, numa manobra insensata para os dias de hoje, o atira ao mar para que volte a nadar. E o peixe sai nadando, mas, certamente, em outra direção. A aposta do analista, em qualquer cultura, em qualquer clínica, em qualquer língua, é que isso não é sem efeito para um sujeito.

Era uma vez o dia em que conheci o mar português e reinventei minha pátria. Minha pátria é *lalíngua*.

Referências

Melman, C. (1992). *Imigrantes*. São Paulo: Escuta.

Vieira, N. (1991). *Brasil e Portugal: a imagem recíproca*. Lisboa: Ministério da Educação.

Especificidades na escuta psicanalítica ao habitar o estrangeiro

Daniela Taulois

O importante não é a casa onde moramos.
Mas onde, em nós, a casa mora.

Mia Couto (2003)

Para introduzir

Por algum tempo pensei que não poderia escutar pacientes em italiano, língua do país para onde migrei, por não "saber" italiano. Resposta plausível, encerrava a questão. Não inteiramente. Já havia trabalhado como analista em Portugal, onde, apesar das diferenças linguísticas, compartilhava a mesma língua dos analisandos, na condição de migrante. Só após a aventura de fazer análise em italiano foi possível tecer e sustentar algumas questões que insistiam em manter o desejo de analista, reexaminando a questão da língua e da condição de migrante para a psicanálise, "em mim". Afinal, em que medida a alteridade da língua opõe-se à escuta analítica? Como as condições necessárias de suposição de saber e transferência poderão se instituir, para que se efetive uma escuta analítica, quando ao menos um encontra-se originalmente fora da comunidade da língua do país?

Compõe-se a pergunta enganadora: o quanto é preciso dominar da língua para poder escutar um sujeito?

Questão contemporânea indeclinável, onde se esteja, a clínica psicanalítica se vê desafiada sob diversos aspectos a repensar sua escuta visto que chegam demandas variadas de sujeitos migrados, tanto de modo voluntário quanto considerado forçado, mas também analistas na condição de migrante. Efetivamente, desde Freud a questão da língua na análise já se colocava, tanto para esse analista, ao usar o inglês, quanto para alguns de seus analisandos que não usavam a língua materna em suas análises. Cenário corrente em que analistas em formação, sustentados por suas transferências, buscam analistas em outro país, o que implica outra língua em análise, por escolha. Situação que pude observar tanto em Portugal quanto na Itália, onde o desejo de fazer análise com determinado analista em um país próximo, de língua francesa ou espanhola por exemplo, sustenta deslocamentos para sessões de análise.

Além das implicações, os relatos clínicos discutem aspectos fundamentais dessa clínica e sugerem, como refere Melman (1992, p. 74), que "o inconsciente, na medida em que não é uma língua, mas uma linguagem, é 'exprimível' em qualquer língua, simplesmente sob a condição de que o analista esteja preparado, advertido". Acentua para ambas as posições, tanto analista quanto analisando, como migrantes e detentores de uma língua outra, alguma restrição à possibilidade de o sentido fazer semblante para algo. Por um lado, parece que o risco do acordo que o sentido pode oferecer, inerente ao discurso na mesma língua, fica em parte abolido, uma vez que deixa em suspenso a ilusória certeza antecipadora da língua em seu viés de comunicação. Dizer, nessas condições, como ato de enunciação, aproxima-se ainda mais do não sentido e poderá favorecer o discurso do analisante, liberando-o daquilo que o sentido busca encobrir. Naturalmente, a experiência psicanalítica requer o domínio do código linguístico para que seus princípios operem, no entanto há de se considerar, desde os *Estudos sobre a histeria* (Freud, 1893-1895/1990a), que a análise se trata de "talking cure", uma cura pela palavra. Vale dizer que certo desconhecimento da língua não a inviabiliza visto que esta, além de não operar apenas no nível do sentido, ainda que dele se valha, se nutre justamente pelos tropeços na fala que se podem escutar no discurso. Caberá ao analista um trato e escuta atenta às possíveis irrupções e manifestações da língua de origem, estar "advertido".

Migração

Mia Couto foi uma das descobertas que fiz ao migrar para Portugal, justamente pelo seu amor à terra, sobretudo ao tratar da terra natal. Como alguém que há pouco havia avançado uma fronteira, sua escrita permitiu-me retornar muitas vezes, quantas desejei, sem alienar-me. O escritor acrescenta, expande, ilumina. Visitar Moçambique por intermédio de suas palavras faz parte de uma construção simbólica que afeta, e afetará possivelmente, minha história de vida e de futuras gerações familiares. Escrita que fala de fronteiras e promove esse tipo de encontro que nos move!

Migrar de um lugar a outro é uma vivência subjetiva humana que concerne a todos, segundo os movimentos do desejo, como a saída da casa dos pais, mudanças de casa, cidade etc. O que se constituiu como eu para o sujeito está predestinado a um rearranjo permanente, segundo as marcas e insígnias que lhe foram transmitidas pela família e cultura, sua mais intrínseca bagagem que o acompanhará sempre nesse empenho pela vida.

Entretanto, há contingências particulares que diferenciam as experiências de migração. Ser forçado a deixar o país, por vezes a terra natal, por ameaças à vida, violência, miséria, exclusão, condições "dessubjetivantes" ao homem, saindo de um lugar sem a clareza do destino, é notadamente traumático. O sentido de urgência nesses casos frequentemente obstaculiza o trabalho de luto. A entrada na nova cultura carrega em si a dimensão trágica.

De modo diferente, na migração voluntária o desejo de mudar para um lugar estranho ao sujeito traz motivações de ordens diversas, desde o desejo de uma abertura ao outro, tornar-se outro, ao apagamento da força que as insígnias e a filiação podem exercer no sujeito. Contudo, trata-se ainda de inserir-se em uma nova língua, nova cultura, novos laços, o que potencialmente aponta o valor traumático, tomando por trauma o modo como a linguagem incide para cada sujeito e seus desdobramentos.

Ao torcer a questão estão os sujeitos para os quais a hipótese de migrar voluntariamente parece impossível, vetada psiquicamente. Os laços produzidos com a terra e as pessoas dão, imaginariamente, um sentido de pertencimento do qual não cabe abdicar. Inversamente, algumas culturas são de tal forma atraídas ao desterro que a suposição de algo a ser descoberto em outro lugar os incita ao deslocamento. São dois polos da condição desejante; de um lado há uma cristalização que fixa o sujeito e o aliena a certas "identidades", do outro a possibilidade de um desenraizamento contínuo sem ponto de basta, vagante.

Seja forçado por contingências, seja desejado ou até como uma repetição aparentemente sem fim, o trabalho de construção e invenção que o migrante precisará empreender para se inscrever em um novo laço social está submetido a essas ordens diversas e terá inevitavelmente as marcas dessas vivências.

No entanto, migrar implica uma abertura ao outro, a perda de referências identificatórias, a impossibilidade de encontrar de imediato um lugar subjetivo na nova cultura, consequentemente um atravessamento árduo pelo sentimento de estranheza, tratado por Freud (1919/1990b) no texto "Das Unheimlich". Designa a irrupção de afetos incomuns por coexistirem mesmo sendo opostos, como algo que deveria permanecer oculto, mas veio à luz, como algo que é familiar e infamiliar, numa condição que se refere à casa, mas ao desalojamento concomitantemente.

Para situar a especificidade da condição do migrante, Rosa, Berta, Carignato e Alencar (2009) destacam:

> O momento do deslocamento como de suspensão das certezas simbólicas e imaginárias do Eu. Portanto, a migração pode remeter ao desejo humano, através da cadeia metonímica de associações, de significações e de substituições metonímicas que contornam o desejo do Outro. Nessa direção, pode-se ir ao país do Outro movido pela premência de romper com alienação mortífera, de mudar de lugar subjetivo desconstruindo ficções do Eu, desencadeando movimentos que possibilitem experimentar outros destinos, novas dimensões da vida. (p. 500)

A identificação do sujeito a novos grupos sociais, a outra cultura, terá como efeito a produção de novos laços. Quando se trata de um ato voluntário é o que se busca. Diferentemente, no ato dito forçado, não raro o que se vê são migrantes alienados em grupos étnicos, religiosos ou familiares, circunscritos por demandas fixas e sem possibilidade de dialetização, no intento de preservar seus traços de identificação e a identidade nacional.

Renunciar a esses ideais e valores culturais do país de origem em busca de uma adaptação aos costumes do lugar para onde se migra pode, eventualmente, deixar o sujeito mais confrontado ao desamparo, mesmo que circunstancialmente. Para o migrante, já não se reconhecer em seu modo de aceder ao desejo, até que se inclua em outra possibilidade e nela se reconheça desejante, implica um incremento de angústia justamente quando, ao assujeitar-se à nova cultura, há o risco de não reconhecer a própria imagem.

De modos diversos, a alienação constituinte para o sujeito sofre um revés no caso da migração, na vivência da separação. Seja pelo gueto, seja pela experiência com o diferente, à força ou na idealização, trata-se de habitar o estrangeiro e de retomar vivamente, por vezes surpreendentemente, a tentativa de fazer representar seu ser com o impossível que esta tarefa impõe. Isto é, dar um passo que visa à assunção do sujeito naquilo que lhe é próprio, para além da identificação alienante aos significantes advindos do campo do outro, novamente posta em jogo, vacilante, sob novas condições, para enfrentar o questionamento sobre seu ser e sobre o desejo do outro.

O migrante, em seu primeiro tempo, na condição de desterrado e desenraizado, conta com sua história, sua subjetividade, a relação com as próprias marcas e o modo como se apropriou destas, a vivência dessa separação, para experimentar o estranho país fora da filiação, em busca de uma adoção pela cultura, simbolizando um possível lugar de pertencimento. A metáfora da "adoção" deve-se à necessidade de instituir com a língua do país de acolhimento, simbolicamente, as leis que organizam os laços sociais.

Entretanto, desde Freud (1917/1990c, p. 153), a condição do sujeito em exílio permanente se evidencia ao referir que "O eu não é senhor em sua própria morada", com a descoberta do inconsciente. Existir implica uma caminhada contínua na tentativa de uma apreensão do ser, mesmo que impossível. A ameaça de desterritorialização, de desregulações, nesse sentido, concerne a todos, de modo ainda mais instável aos sujeitos cristalizados em suas verdades. O estrangeiro, pelo fato de não coincidir de algum modo com a imagem do semelhante, resta como ameaça porque implica um encontro com a alteridade do outro. Assim, fica-se confrontado ao estrangeiro que habita em todos nós. Se em sobreposição experimenta-se uma migração, veem-se reunidos elementos que podem produzir instabilidade já que nada, nem a língua materna, assegura as identificações.

Mudanças de língua

Escutar na clínica brasileiros, portugueses, angolanos, moçambicanos, todos usando a língua portuguesa, provocou a minha mais concebível e derradeira instalação na "casa portuguesa". Foi na clínica que pude extrair radicalmente minha estrangeirice, quando se tratou da língua portuguesa. Interessante foi notar que, apesar de todos usarem o português, ainda que bastante diverso pelas incidências da cultura, só a partir da posição de analista passei a usar o português usado em Portugal.

De modo diverso, nada me fez sentir tão estrangeira quanto não "saber" a língua do país ao migrar para Itália. Nessa migração voluntária, mas repentina, a psicanálise foi uma potente aliada para a inclusão na cultura, em que pude continuar minha formação, trabalho e encontrar pares com os quais foi possível seguir meu percurso desejante de trocas.

O encontro com a língua desconhecida revela a potência que esta, como objeto de saber, possui para provocar (des)estabilizações na constituição subjetiva daqueles que buscam uma inscrição em sua ordem. Encontro que deixa marcas na subjetividade, seja pela experiência de incompletude, pelo som, pelos equívocos cometidos e sentidos, pela poética, pela sistematicidade.

Saber e conhecer uma língua são dimensões distintas. Lacan (1969-1970/1992) propõe o saber como resultante das incidências do Outro sobre o sujeito, constituindo o inconsciente e assinalando certos modos de ser e estar no mundo. Entretanto, a esse saber não se tem acesso a não ser pelos efeitos sobre as posições do sujeito, caracterizando-se como "um saber que não se sabe".

Vale dizer que o saber de um sujeito na relação com uma língua vai muito além do conhecimento e aprendizado, pois implica a construção de um saber sobre si e sobre o mundo, que não se finaliza. Ao se apropriar de uma língua, o sujeito infere que conhecer não se traduz em saber. Para se enunciar em outra língua não basta dominar o vocabulário e as regras gramaticais, visto que tudo depende desse saber ali concernido ao sujeito em seus modos de gozo. Isto é, ao aprender uma nova língua entram em jogo, e ficam abaladas, as certezas que constituem as redes de identificação de um sujeito, pelas quais se tecerão suas novas redes de investimento. Ultrapassa muito o aspecto cognitivo, ainda que não possa dele prescindir para dizer que se sabe uma língua. Essa elaboração particular sobre o objeto é uma ação subjetiva, uma apropriação única que cada sujeito faz do objeto para si, por isso mesmo trata-se da verdade de cada um, ainda que não garanta perenidade. Lacan (1954-1955/1985, p. 58) refere "saber é sempre, por algum lado, crer saber". Será pela via da crença que o migrante constituirá sua rede simbólica, seus nomes, deixando o fora de sentido para realocar-se a partir de novos laços discursivos.

Foi nessa medida que tomei e fui tomada pela língua italiana em minha experiência migratória e que, pouco a pouco, foi possível ocupar um lugar de escuta do outro como ofício. Ao me dedicar ao estudo dessa língua, exerci a função de "mediatore linguistico-culturale", um profissional previsto no sistema italiano que se propõe a favorecer a comunicação intercultural, a troca de informações, entre o migrante recém-chegado e os italianos com os quais desenvolverão relações assistenciais, de saúde ou estudos. No meu caso, trabalhava para o sistema escolar italiano por meio de uma associação, acolhendo crianças de língua portuguesa ao entrarem para a escola, escutando suas questões, sustentando com maior clareza suas avaliações escolares, para aproximá-las da cultura. Servia de tradutora para ambas as partes, escola e aluno, criando aproximações que favorecessem a integração de modo geral.

Considerando que a passagem de uma língua para outra produz e potencializa a estranheza, ainda que esta seja inerente a toda língua, me dispunha com essas crianças a escutá-las na língua que desejassem. Sempre escolheram a língua materna. Mesmo sendo suposto que as incentivasse ao aprendizado rápido da língua de migração, buscava constituir dentro da nova escola um lugar em que pudessem falar, na língua que se apresentasse, para uma escutadora interessada. Para tal, interpelava-as sobre a história de seus movimentos migratórios, desse desejo na família e o que quisessem contar, desenhar, brincar e até, eventualmente, silenciar. Aposta-se nessa oportunidade de elaboração, permitindo que a criança migrante mostre sua insatisfação com o deslocamento e as perdas que lhe deixam com sentimentos de subtração, promovendo desse modo a abertura para outra língua, tentando encontrar possibilidades de viver com os recursos que possuem.

Migrantes na clínica psicanalítica

É fácil ser capturado pelo relato comovente das histórias dos sujeitos em deslocamentos migratórios. Entretanto, o desamparo social e discursivo nesses relatos pode facilmente obscurecer aspectos referentes ao sujeito, à vida subjetiva de cada um, à significação e apreensão singular que se faz das experiências vividas. É de tal ordem o risco para a escuta analítica diante do sofrimento e do estranhamento já que, frequentemente, o que ocorre são relatos repetitivos acerca do encontro com o diferente em suas múltiplas facetas, ou, em outro nível, o silenciamento.

De fato, foi possível notar, ao atender migrantes, um primeiro tempo de um incremento prolongado no relato repetitivo das diferenças vividas, em que o sujeito parecia situar-se "nem em sua terra natal, nem no país de migração", nem num lugar, nem no outro. Dizer sentir a "vida em suspenso" ou "estar de passagem", o que obscurece parcialmente o que é do sujeito e fomenta a condição de falta radical inerente a todos, parece apoiar certa imobilização.

Assumir novas identificações, alienar-se a novos significantes, trará a possibilidade de o sujeito orientar-se e circular nos discursos da cultura em que busca integrar-se, localizando-se. A saída para esse segundo tempo implica a abertura ao outro. Nessa direção, a escuta analítica pode operar sustentando essa alteridade.

Melman e Calligaris (1992), ao discutirem sobre a língua na qual a análise deve se dar, entendem que ela deverá ser feita preferencialmente na língua do país onde se vive, independentemente da língua materna do analista e do analisando. Deixam a advertência de que alguma escuta poderá eventualmente não se dar pela indisponibilidade da comunidade da língua. Isso para que analista e analisando não criem pactos e acordos de sentido ao usarem línguas estrangeiras ao país de migração, em que o analista estaria privado de ocupar uma posição outra, fundamental para a análise. E ainda lembram que a neurose de transferência a se estabelecer conta com as vicissitudes da língua de migração. Ressaltam que o uso de outra língua na análise tem implicações diversas daquelas que operam quando é a língua materna que organiza neurose de transferência. Leite (1995) faz um percurso teórico no qual refere a língua materna como aquela em que a mãe, o primeiro a encarnar o Outro, está interditada, via instância paterna. Assim, funda-se o sujeito da linguagem, atribuindo-lhe uma filiação.

Melman (1992) questiona se o inconsciente concebido como uma língua outra, ocupando uma posição outra, por essa alteridade, poderia possivelmente exprimir-se melhor em uma língua estrangeira. Esse percurso leva-o a conjecturar a hipótese de que se pode mudar de neurose passando de uma língua à outra, possibilidade discutida a partir da escrita realizada por alguns escritores em situações de exílio.

A imagem por vezes construída da "vida em suspenso" não parece indicar improvisamente uma questão estrutural, mas uma contingência do deslocamento em virtude da experiência de um "não lugar" para o sujeito, vivida como distanciamento dos ideais da cultura. O modo singular que se vivencia estar temporariamente desalojado na cultura e na filiação por si só produz efeitos. Seja sustentada pelo ideal de mudança, seja por demanda de reconhecimento, violência, entre outras, a saída migratória expõe radicalmente o trabalho custoso e delicado por se fazer reconhecer e admitir, visando instituir outros modos de filiação na cultura.

É provável que nesse esforço considerável que institui outros modos, dado que nova cultura e nova língua implicam impedimentos e impasses distintos, também outras configurações neuróticas possam advir, como conjectura Melman.

Entretanto, o que parece se revelar frequentemente na clínica psicanalítica com migrantes é um trabalho extenso desse tempo preliminar, muito insidioso na queixa, sobretudo quando há exclusão e violência, em que nada retorna como um enigma a ser decifrado para o sujeito. Próprio da condição do migrante, há um tempo de restrição simbólica, que pode se tornar um empobrecimento simbólico em alguns casos, na nova cultura, que enfrente o real. O sujeito busca localizar-se imerso no desamparo, mas lhe falta esse contorno simbólico que fure o real. Assim, ocorre frequentemente um primeiro tempo de uma fala marcada por relatos extensos e pouco subjetivantes, em que a construção de uma demanda fica impossibilitada. O sujeito sem localização resiste a localizar alguma questão. Sem desconsiderar que toda resposta a qualquer acontecimento é individual e singular.

A expressão imaginária da perda, insatisfação, revela esse passo fora da filiação e seus desdobramentos subjetivos como fundante para a neurose de transferência. Parece haver, circunstancialmente, uma dupla incidência das questões relativas ao reconhecimento, pois há o sujeito em sua singularidade, mas também um conjunto de condições sociais que o deslocamento migratório circunscreveu, ainda que cada um o faça à sua maneira.

Rosa et al. (2009) notam que os deslocamentos, sobretudo quando sucessivos:

> *Promovem a suspensão da função pacificadora e estabilizadora do eu, produtora de apoio identitário. Tal suspensão reverte no abrandamento das leis e valores que favoreceriam a dimensão desejante, mas dificultam marcar o lugar onde podem estabelecer laços com o outro. ... Os abalos identificatórios afetam especificamente o eu, seja no registro imaginário (eu ideal), seja no registro simbólico (ideal do eu). Podem ser libertadores mas também desorientadores. (p. 501)*

Rosa et al. (2009) sustentam na experiência com migrantes, sobretudo em contextos de exclusão e violência, um trabalho analítico mais centrado na clínica do traumático do que na clínica do sintoma. Incluiria também, ainda que de modo diverso, os migrantes desavisados, retirados de seu lugar sem a possibilidade de alguma significação prévia, condição em que crianças e adolescentes ficam por vezes expostos.

Trata-se de uma clínica na qual o desamparo vivido no vínculo social encontra dificuldades de recursos de elaboração diante da recorrência e intensidade da dessubjetivação, ficando "fora de sentido". Situações em que o sujeito não chega a construir uma resposta metafórica, um sintoma, mediante o qual possa falar de seu sofrimento e abordar sua demanda. Sujeitos migrantes "sem escolha" podem estar impedidos dos processos subjetivos do luto e permanecem nessa demanda de satisfação, a queixar-se indefinidamente, errantes.

Ao escutar migrantes das ex-colônias portuguesas na África, vindos para Portugal pelos mais diversos motivos, apesar de supostamente integrados e com muitos anos de migração, foi do "sem lugar" e do modo como cada um tomou o "submeter-se" à nova cultura que foi necessário percorrer.

A clínica com migrantes fundamenta a hipótese de um primeiro tempo na escuta analítica com incidências diversas, da língua, do deslocamento, do lugar no discurso social, das condições sociais e, sobretudo, do próprio sujeito; mas também do analista advertido, menos tomado pelo excesso de sofrimento produzido pelas contingências, mas bem posicionado para suportar os efeitos de estranhamento e não fazer da fala do migrante um desmentido.

Sustentar a escuta analítica para que se produza um enigma para o sujeito na posição de migrante, depurando aspectos do vivido traumático pelo excesso, pelo estranho, como testemunho do inapreensível da experiência, que por isso mesmo insiste como questão a ser escrita, contada, falada, formalizada, posiciona o sujeito em sua condição desejante, possibilitando a elaboração simbólica.

Para concluir

Escrevo a partir da vivência de migrante em Portugal e na Itália, na posição de analista e de analisante. Desenvolvi um respeito às outras línguas que veio a partir dessas experiências, pois o intraduzível passou a fazer parte do meu cotidiano desveladamente, anunciando-se não apenas em minha análise pessoal, realizada em italiano, mas também no trabalho clínico.

Como referi, o desconhecimento da língua italiana foi o que mais me fez sentir estrangeira na experiência de migração. De modo muito particular, escutar sujeitos na clínica sendo migrante no país, mesmo se tratando do português falado em Portugal, foi por onde fiz a entrada nessa cultura; uma escuta singular dessa cultura para uma apropriação amplificada desde sua história até as minhas versões mais singulares.

De outro modo, fazer análise em outra língua, italiana, possibilitou que eu a tornasse própria. Construí meu modo de dizer.

Não obstante o analista estar advertido, ainda assim há o que só poderá ser encontrado no som original, portanto será dito na língua original. E foi assim que relatei sonhos em minha língua materna, admitindo que a analista não teria como aceder nem mesmo as palavras ditas. Algo do desejo daquilo que é impossível, graças ao jogo significante, visava se dar a escutar. A partir daí, pude também escutar migrantes passarem de uma língua a outra, mais atenta à lógica da disponibilidade/indisponibilidade que cada língua comporta para o sujeito quanto à expressão do desejo. Por vezes escutei: "Não sei falar isso em português", ou em italiano, ou "só sei falar em minha língua", totalmente desconhecida ao analista, a quem coube dizer: fale!

Considerar que a língua original é aquela na qual o sujeito foi constituído por interditos, pela qual se desdobrou a possibilidade de reconhecimento e pela qual o desejo continua submetido à regulação inconsciente aponta o recurso, talvez o proveito por vezes incontornável de seu uso em análise. Ao falar uma língua estrangeira, situações de muitas ordens podem se dar a ver; vemos isso nas análises com migrantes. Desde os que resistem à nova língua, aprendendo o básico, aos que parecem ter a nova língua como sua desde sempre. Pode-se ir da resistência, da desorientação até um mimetismo exitoso com a nova língua como quem se liberta de uma condenação pelos impedimentos que a língua materna impõe.

Nessa direção, torna-se mais viável deixar aberta a questão da língua em que se faz análise com migrantes como algo a ser escutado, decidido no um a um, de que vem falar o sujeito que procura um analista para poder construir sua demanda de análise. Tomar como indicação o uso da língua do país onde se está como modo de evitar, ou minimizar, acordos de sentido poderá persistir como consideração.

O inconsciente se expressa em qualquer língua, mas se organiza como uma linguagem. A análise precisará de seu tempo, talvez um a mais no caso de migrantes em transição, pelo fato de a escuta na língua estrangeira estar obscura ou mesmo impossibilitada, até para o próprio sujeito, do retorno dos significantes inconscientes como expressão de um desejo. De fato, em suas análises os migrantes passam muito tempo falando de tudo o que envolve os deslocamentos migratórios. Portanto fica evidente a desestruturante incidência subjetiva provocada por mudanças dessa ordem que dificultam o posicionamento na trama do saber. Assim, será preciso falar e falar para operar com os recursos discursivos do sujeito e possibilitar uma elaboração simbólica que daria forma sintomática ao real.

Recebi migrantes para atendimento falando de sua saída da terra natal, ocorrida havia muitos e muitos anos, como se houvesse acontecido havia poucos dias. Presenciei diversos depoimentos de migrantes "retornados" abruptamente de ex-colônias portuguesas na África, que tiveram suas vidas interrompidas, que mostraram suas dores chorando, ainda intensas e atuais, trinta anos depois. A questão do luto atravessa qualquer análise, uma vez que a perda é estruturante e concerne à dimensão infantil, própria ao inconsciente como tal. As perdas vividas pelos migrantes exigem trabalho de luto, pois atualizam como experiência o que é da estrutura, para que as vias desejantes possam se abrir. Caso contrário, o sujeito pode permanecer na privação, inibição, melancolia, sem tratar as perdas que a vida interpôs. Talvez possamos considerar que a prerrogativa de uma migração bem-sucedida seja aquela em que o luto tenha tido lugar.

O modo como o sujeito elabora a experiência de realocar-se e os efeitos que para a subjetividade advirão contam com poder ver-se representado nesse novo mundo, mas também representá-lo e conferir-lhe algum sentido.

Nesse caminho de perdas e invenção, a escuta analítica mostra seu efeito estruturante e organizador. A descoberta do inconsciente já nos confrontou com o estrangeiro em nós e fez ver que toda língua é estrangeira ao corpo.

Referências

Barros, M. R. R. (2015, mar.). Trauma, uma nova perspectiva sobre um real. *Opção Lacaniana online nova série*, 6(16).

Couto, M. (2003). *Um rio chamado tempo, uma casa chamada terra*. São Paulo: Companhia das Letras.

Freud, S. (1990a). Estudos sobre a histeria. In S. Freud, *Edição standard brasileira das obras completas de Sigmund Freud* (Vol. II). Rio de Janeiro: Imago. (Publicado originalmente em 1893-1895).

Freud, S. (1990b). O estranho. In S. Freud, *Edição standard brasileira das obras completas de Sigmund Freud* (Vol. XVII). Rio de Janeiro: Imago. (Publicado originalmente em 1919).

Freud, S. (1990c). Uma dificuldade no caminho da psicanálise. In S. Freud, *Edição standard brasileira das obras completas de Sigmund Freud* (Vol. XVII). Rio de Janeiro: Imago. (Publicado originalmente em 1917).

Lacan, J. (1985). *O seminário, Livro II: O eu na teoria de Freud e na técnica da psicanálise*. Rio de Janeiro: Zahar. (Publicado originalmente em 1954-1955).

Lacan, J. (1992). *O seminário, Livro XVII: O avesso da psicanálise*. Rio de Janeiro: Zahar. (Publicado originalmente em 1969-1970).

Leite, N. (1995). O que é "Língua materna"? *Anais do IV Congresso Brasileiro de Linguística Aplicada (CBLA)*. Campinas.

Melman, C., & Calligaris, C. (1992). *Imigrantes: incidências subjetivas das mudanças de língua e país*. São Paulo: Escuta.

Rosa, M. D., Berta, S., Carignato, T., & Alencar, S. (2009, set.). A condição errante do desejo: Os imigrantes, migrantes, refugiados e a prática psicanalítica clínico-política. *Rev Latinoam Picopatol Fundam., 12*(3).

A arte de navegar no processo migratório

Renata Volich Eisenbruch

Se partires um dia de volta a Ítaca,
pede que o caminho seja longo,
rico de experiências, rico de saber.

Konstantínos Kaváfis, "Ítaca"

O deslocamento tal qual acontece no processo migratório e o encontro com uma situação estrangeira que pode ocorrer até no próprio país de origem (ilustrado a seguir) nos remetem à questão da vulnerabilidade e adaptação ao inédito. Nesse panorama, tanto a nostalgia quanto a distinta melancolia serão abordadas.

No verão de 2019-2020, várias regiões na Austrália, em diferentes estados, sofreram incêndios devastadores afetando a população, a fauna e a flora. Muitos tiveram de encontrar refúgio onde puderam; a praia era, em muitas situações, a única região que estava ao abrigo dos incêndios. A fumaça alcançou a Nova Zelândia, cobriu os Glaciais da Tasmânia com densas nuvens de fumaça. O número de residências perdidas chegou a 14 mil, dezenas de pessoas pereceram. Mais de um bilhão de animais não puderam sobreviver. O que vingou foi um forte sentido de comunidade que até hoje auxilia intensamente a população, afetada por tais acontecimentos perturbadores, a reconstruir a vida. Uma das provações da existência.

Desastre natural, causado pela ação humana, ou ambos, é difícil dizer. A fronteira entre o humano e a natureza é muitas vezes indeterminável. A terra nesse momento manifestava sofrimento por meio de impiedosos fatos.

A rotina foi interrompida por trágicas devastações e perdas. Eis uma situação em que mesmo pessoas filhas dessa nação se encontraram sem teto, exiladas no próprio país.

Quais são os efeitos dessa angústia associada à perda que ocorre?

A migração, processo em que há mudança de um território para outro, é um processo extremamente complexo. Na história da migração vivenciamos perdas e provações. Reconstruir a vida, trazer segurança novamente para si e a família é um tremendo desafio.

Excetuando os aborígenes, na Austrália somos todos resultado da onda migratória. Migrantes que são filhos, netos ou descendentes de várias gerações de estrangeiros.

A migração articulada à questão da repetição pode trazer uma grande contribuição ao entendimento da causa do processo migratório, causa singular para cada sujeito. A repetição que às vezes recria o indesejável e que pode levar ao sofrimento.

A rememoração que ocorre mediante a fala produzida em uma análise, mediante o trabalho de reconstrução, exige um ir e vir permanente do presente ao passado, possibilitando acesso a uma nova compreensão. Essa compreensão auxilia a encontrar a resiliência diante de inúmeras adversidades inerentes a um novo lugar.

É interessante notar que muitos migrantes, procurando um mundo melhor, a despeito de si mesmos, acabam recriando uma indesejável situação similar à que tinham abandonado no país de origem. Uma repetição de que o sujeito não está necessariamente ciente tratar-se de tal fenômeno. A repetição dita patológica é aquela que paralisa.

O próprio fatalismo que afeta certas pessoas é em inúmeras situações, mas com certeza muitas vezes não, fruto dessa repetição. Repetição que é um mecanismo indissociável do inconsciente que desconhece a passagem do tempo.

O inconsciente permite assim que renasçam angústias associadas a um tempo passado como se esse passado fosse ainda vivamente presente. O passado é ativo e pode se manifestar de maneira indesejável no presente. Em *Além do princípio do prazer*, Freud (1920/1955) fala do caráter demoníaco da repetição. Citando um dos aforismos de Freud (1932-1933/2004, p. 162): "Onde a reminiscência do passado era, o presente deve advir".

A psicanálise permite que exista uma liberdade em cada destino humano, que é singular. As emancipações são sociais, mas também subjetivas. A arte da escuta abre várias vias, inclusive no processo de migração e adaptação a um novo país, a uma situação inédita. A escuta transforma vidas.

A ressonância do que vem do analisando implica a necessidade de um tempo para compreender. A escuta, como o próprio processo migratório, é também uma aventura. Há o mistério do desejo que inúmeras vezes leva a uma migração, desejo inconsciente, desconhecido e que ordena tantos eventos na vida.

A migração é um trabalho no campo do tempo e do espaço. A capacidade de adaptação desempenha um papel fundamental nesse processo. Reiterando o que mencionei anteriormente, existem os motivos que conhecemos e os motivos desconhecidos que levaram a uma migração; razões manifestas e razões latentes.

Caberia aqui indagar, entre inúmeras outras coisas, se algum outro país poderia substituir aquele que foi perdido. Um país que possa ser chamado de seu. Julien Clerc, em uma de suas lindas composições musicais, canta poeticamente "encontrei meu país nos teus olhos".[1]

Um amor pode oferecer um lugar em qualquer país do mundo, e isso vai além de alicerces identificatórios que são extremamente abalados no processo de migração. Certas referências que pertencem ao país de origem se tornam ausentes. Os efeitos subjetivos podem ser profundos: sentimento de perda ou condutas de evitação que levam muitas vezes ao isolamento social no novo país.

A nostalgia tão presente para aqueles que partiram de sua terra natal, sua terra da infância, não poderia ser dissociada da questão de certa idealização em relação ao país de origem, ideal de um lugar onde não mais habitamos.

A idealização de um passado em um lugar de nossa infância em que a força das lembranças de infância são uma referência muito forte e significativa. Nostalgia significa, em grego, dor para regressar (*nostos* significando regresso e *algos*, dor). Nostalgia foi um termo utilizado pelo médico suíço Johannes Hofer (1669-1752) em relação aos soldados suíços que desejavam retornar à familiaridade da terra nativa. Hofer escreveu, em 1688, quando estudante de medicina, "Dissertatio Medica de Nostalgia, oder Heimwehe", em tradução livre: "Dissertação Médica sobre nostalgia ou 'Saudades'".

---

1   Julien Clerc, "Sous mon Arbre".

É pertinente perguntar por que Hofer teve a necessidade de introduzir o conceito de nostalgia além do conceito de *Heimwehe* (*Heim* = casa e *wehe* = aflição), nesse contexto: aflição para voltar para casa. Sabemos que saudade é uma palavra que só existe na língua portuguesa. Em francês, língua também utilizada por Hofer, a tradução é "*maladie du pays*", a doença do país. Hofer escreveu sobre a composição dos dois termos, *nostos* (retorno à terra nativa) e *algos* (sofrimento ou pesar). Sofrimento pelo desejo de retornar à terra natal.

Hofer utilizou o poema de Edmund Spenser chamado "Colin Clouts" (1595) subintitulado "volte para casa novamente", um poema autobiográfico que indaga sobre a questão de pertencer.

A visão de nostalgia como doença persistiu nos séculos XVIII e XIX apesar de posteriormente seu uso ter se expandido para além da população suíça. Outras populações, como os que lutaram na guerra civil americana, os que foram desenraizados, os que combateram nas guerras que envolveram o exército francês, foram ocasionalmente estudadas em relação à nostalgia (Rosen, 1975).

No começo do século XX o conceito de nostalgia mudou do enfoque psiquiátrico e psicossomático (Batcho, 1998). O sintoma agora incluía a tristeza, a insônia, e McCann (1941) considerou que a nostalgia causava depressão, levando em casos extremos ao suicídio. Kaplan (1987) tratou da nostalgia como uma forma de depressão. Outros autores, como Cox (1988), a tomaram por um luto incompleto que afetava migrantes, soldados, marinheiros e os que saíam de casa para irem ao "College" em terras distantes de sua região natal.

Sejam pessoas leigas, sejam pesquisadores, todos conseguem ter alguma relação com a nostalgia, porém é difícil abordá-la. Há hoje um consenso de que a experiência de nostalgia pode atravessar a vida de qualquer pessoa em qualquer época da vida. Um sentido seria a nostalgia no que ela, de uma certa forma, também assiste na procura de identidade e significado, auxiliando às vezes a lidar com questões existenciais dolorosas.

A nostalgia é, portanto, um termo que foi reconstruído ao longo do tempo de acordo com diferentes contextos sociais, históricos e culturais. Nostalgia, mesmo que às vezes tenha conotação positiva, pode outras vezes dificultar ou impedir a confrontação com uma nova realidade inerente ao processo migratório rumo a um novo país.

Nostalgia, a dor por regressar, dificultando ou obstruindo o trabalho do luto pela terra materna deixada para trás. A nostalgia como um querer viver da maneira como se vivia anteriormente muitas vezes dificulta o confronto com a realidade atual, essa realidade estrangeira. Um conflito entre pertencer ao aqui ou ao acolá.

Romantizar a realidade passada é uma forma de sustentar um ideal e muitas vezes impede um investimento emocional no novo país. A própria idealização da cultura perdida está associada a uma nostalgia. O conceito de nostalgia é uma forma de idealização que muitos autores consideram saudável. Essa nostalgia, no entanto, serve muitas vezes como uma tela encobridora que dificulta o processo do luto. Processo que é feito por etapas e que pode ser muitas vezes efetuado no âmbito da transferência. O analista auxiliando o paciente a revisitar e a nomear o conflito doloroso que o desestabiliza no tempo de luto. A análise tornando-se uma base de segurança. O centro de gravidade estando na interação entre analista e paciente.

Para produzir um sentido é preciso a presença do outro. Essa relação não é necessariamente de dependência, mas de abertura em direção ao mundo. Apesar de muitas vezes a experiência do novo país ser de um novo lugar não acolhedor, o fato de o analisante encontrar uma escuta hospitaleira no consultório faz uma diferença bem significativa no processo de migração. A análise possibilita a reconstrução da fantasia inconsciente e patogênica que causa o sofrimento. Essa fantasia patogênica se desvitaliza por intermédio do processo psicanalítico.

À medida que crescemos e nos descobrimos mortais, o luto se torna mais longo, mais doloroso. A criança migrante tende a se adaptar mais rapidamente ao novo país; não que isso signifique que ela não sofra por ter deixado o país de origem, os amigos, a família ou que esse processo não seja fonte de tristeza também. A tristeza das crianças, porém, é muitas vezes esquecida pela formidável vontade de viver, como se a pulsão de vida fosse, em muitas situações, mais forte que qualquer tristeza.

Cada um de nós faz o luto, lamenta a perda, de modos diferentes. Alguns continuam a viver, e para o resto da vida vivem essa dor. Esse pesar pode nos surpreender e nos desorganizar muitos anos após a perda.

No que diz respeito ao luto relacionado a um processo de migração, há também diferença marcante conforme as causas que levaram à migração. Citemos por exemplo os refugiados econômicos que fogem do desemprego e, em casos extremos, da miséria e da fome. Citemos, entre outros, também os refugiados políticos e os refugiados de guerra, que fogem da perseguição imposta pelo governo no seu país de origem e que muitas vezes correm o risco de morte. Para esses, a escolha não existe, voltar não é uma opção. Necessitaram fazer uma renúncia forçada.

Lembremo-nos, entre inúmeros casos, do crescimento incessante da crise de refugiados que se tornou também uma crise da política europeia, crise também designada de naufrágio europeu. Aproximadamente 114 mil pessoas refugiadas e migrantes atravessaram o Mediterrâneo em 2018, chegando, a maioria, às costas espanholas (58.569), gregas (32.497) e italianas (23.370).

Voltar ao país de origem não era uma possibilidade a ser contemplada. A volta poderia ser, em várias situações, fatal. A migração como ato compulsório para a preservação da vida.

Romantizar a realidade passada é uma forma de sustentar um ideal, impedindo muitas vezes um investimento emocional no novo país. Por outro lado, o migrante também implanta ideais em relação ao novo país para remediar o desconforto do processo migratório. A integração na nova cultura é muito idiossincrática. Nesse mundo complexo e incerto o sujeito se procura.

Não é possível dizer que certos grupos étnicos tendem a se integrar melhor que outros na nova nação. Isso depende da relação que cada qual tem com a nova cultura, com a nova língua, com esse novo país que poderíamos chamar também de país de adoção. Uma pessoa pode se sentir como aquela que não é daqui e, ao mesmo tempo, por ser recém-chegada, consegue ver aspectos que outros que sempre viveram aí não conseguem.

Indagar se um paciente teria se "abrasileirado", "afrancesado" ou "australianizado" nesses três países – Brasil, França e Austrália – onde cliniquei e clinico é complexo.

Quando vivia no Brasil, eu atendia cidadãos franceses que vinham transitoriamente ou não morar no Brasil. Recebi também pacientes vindos de outros países vizinhos na América Latina, muitos eram refugiados políticos vindos da Argentina e do Chile que chegaram nas décadas de 1970 e 1980.

A partir dessa experiência e dos casos que atendi e venho atendendo nas últimas décadas em Paris, Sydney e Melbourne, eu diria que a identidade com a nova terra tem certa fluidez, ou seja, essa identidade não é um processo terminado e conquistado.

Citemos como exemplo marcos importantes na vida de uma pessoa que são designados em inglês como "*milestones*". Já constatamos, pela experiência clínica, que uma mãe parturiente, ao ter a criança no novo país, independentemente de ser o primeiro filho ou posteriores, pode se sentir fora de lugar, mesmo já tendo, antes do nascimento da criança, se adaptado ao novo país, construído uma carreira profissional etc. Uma doença grave, a morte de parentes próximos no país de origem, tais situações podem fazer com que se deseje retornar à terra materna e que a identidade com essa nova nação já não se sustente como anteriormente. Nessa situação voltar é tão ou mais difícil do que ter partido.

A identidade se encontra dentro de si quando temos a sensação de nos encontrarmos, mas também está fora de si, naqueles com os quais compartilhamos nossa vida e que têm certos traços em comum conosco. Um traço tal qual existiu em outro objeto que foi amado, ainda que não saibamos especificar que traço é esse.

A questão da identificação tem um lugar privilegiado também em *Luto e melancolia* (Freud, 1917/1994).

Quando a catexia de um objeto deixa de existir e, em vez de se deslocar para outro objeto, se recolhe no ego servindo para estabelecer uma identificação do ego com o objeto abandonado... A sombra do objeto recai sobre o ego e este passa a ser julgado como se fosse outra instância, como se fosse outro objeto, o objeto abandonado. A perda de objeto se transformou em uma perda do ego, o conflito entre a atividade crítica do ego e a pessoa amada transformou-se em uma cisão entre a crítica do ego e o ego alterado pela identificação. (p. 270)

Se o amor por um objeto, um amor do qual não podemos desistir, apesar de já termos desistido do objeto, se esse amor se refugia em uma identificação narcísica, então o ódio pode se manifestar em relação a um objeto substituto, passando esse objeto a ser maltratado, abusado, fazendo-o sofrer e derivando satisfação narcísica desse sofrimento. (p. 272)

Na melancolia há o registro da perda, porém o sujeito não parte em busca de outra coisa. Persuadidos de que não vamos encontrar, nesse outro território, o que foi perdido anteriormente, o que possa satisfazer, abandonamos a procura. Poderíamos falar de uma procura que só é capaz de ser vislumbrada nas coordenadas de certo tempo e espaço pertencentes à origem.

Diferentemente da psicose, na melancolia a realidade não é posta em questão. O que está impossibilitado é o investimento dessa realidade. Tanto a lembrança quanto o esquecimento lidam com a perda. Se vivermos só no passado estaremos impossibilitados de vivenciar o presente e nos projetarmos no futuro. Sabemos, no entanto, por intermédio de vários processos, inclusive o da psicanálise, que é preciso relembrar e elaborar o passado para nos situarmos na nossa própria história e seguir em frente vivendo o presente. O passado não é o que desapareceu, é o que nos pertence. Para que o passado nos pertença é preciso conhecê-lo. Apropriar-se de suas origens é poder ser si mesmo. Desconhecer o passado é muitas vezes estar fadado a repeti-lo.

Embora o passado possa às vezes ser doloroso, é necessário vez por outra lembrar-se dele. Um passado com adversidades e épocas de infelicidade é melhor do que um passado que não se possa "acessar", que se mantenha esquecido mas nem por isso deixe de ter efeitos no presente, comprometendo o futuro.

A lembrança possibilita uma continuidade existencial. Temos dificuldade em nos separar de nossa infância e muitas vezes, por exemplo, guardamos objetos devido a essa dificuldade de separação. São vínculos materiais marcados por momentos de felicidade, ou não, mas que guardam sempre não sua importância material, mas afetiva daquele momento passado. São uma forma de testemunha do que fomos, conforme nossa maneira de interpretar aquele momento.

São várias as situações em que notamos que membros de uma família refazem o caminho migratório contrário ao de gerações precedentes. Citemos, por exemplo, famílias europeias que migraram para a América do Sul ou do Norte e posteriormente membros das gerações seguintes que eventualmente voltam a migrar para países europeus ou outros de onde vieram seus ancestrais. Os obstáculos no processo migratório são inúmeros, entre eles uma nova cultura, uma nova língua...

Entre os que partem e os que ficam, alguns partem na esperança de conseguir realizar em outro lugar o que acreditam não terem conseguido fazer até então. O migrante chega muitas vezes com várias indagações, um novo olhar em relação à nova cultura, à nova língua. Essa postura traz muitas vezes novas oportunidades e realizações nesse novo lugar.

A angústia de separação é atroz; pensemos, por exemplo, não só no separar-se de um país, mas também na separação primeira da criança em relação aos pais. A separação temporária seguida de reencontros é tolerável em contraste com a separação mais duradoura em que não se sabe quando e se haverá um novo reencontro; esse tipo de separação gera uma profunda angústia. A ausência é muito mais tolerável se podemos antecipar o reencontro. A antecipação do reencontro auxilia a apaziguar a dor da ausência. Um refugiado político ou refugiado de guerra, por exemplo, não sabe se um dia poderá reencontrar a terra que deixou para trás.

Retomando a questão da separação, tão inerente ao processo migratório, menciono aqui um dos temas tratados em minha tese de doutorado na Universidade de Paris VII (Volich Eisenbruch, 1998) sobre a questão subjetiva em certas patologias psicossomáticas, inclusive na asma, que implica também dificuldade em relação à separação. A asma se deve também a uma vulnerabilidade psíquica. Há crianças que, apesar da fragilidade dos brônquios, não desenvolvem crises de asma. O psiquismo não cria a doença orgânica, no entanto pode ser ou se tornar um terreno fértil para que certas doenças orgânicas se manifestem.

Pensemos em Marcel Proust, um gênio literário do início do século XX, autor, entre outros, de *Em busca do tempo perdido* (1913-1927/1987-1989), obra publicada em sete volumes: a relação de Proust (portador de asma) com a mãe ilustra a impossibilidade de separação desta e a forma errática como se relacionava com o filho. A mãe existia de forma desestabilizadora, fazendo com que Proust evocasse a partida materna antes mesmo que ela chegasse ou deixasse seu quarto. Era quase impossível evocar e sentir prazer no reencontro quando o próprio encontro já estava marcado pela partida.

Proust descreve magistralmente o paradoxo do tempo, concebendo-o como uma das experiências fundadoras do ser. No romance citado não existe um tempo mensurável, o tempo está representado como um fluxo que não tem nem começo nem fim. Um mundo que está em mutação constante, incessante. Retrata a busca de propósito e sentido da vida, com a nostalgia como pano de fundo.

As formas patológicas da nostalgia contêm uma exaltação de certos aspectos do país que ficou para trás, sem a aceitação da perda. A ruptura com o familiar, quando não elaborada – às vezes até mesmo quando elaborada –, pode causar diferentes formas de angústia. Assim como o trauma fragiliza, a perda não elaborada pode se tornar insuportável, levando a grande fragilidade.

Tanto a melancolia quanto a nostalgia, apesar de serem de natureza tão distinta, tornam-se causa de profundo sofrimento. O passado é ativo e pode sempre se manifestar. A fim de nos desprendermos do passado, precisamos compreendê-lo sem medo de ser tragado por ele. Pode-se fantasiar sobre a própria origem, é o que todos tendemos a fazer no que concerne ao romance familiar. Essa é também a questão de nossa relação com o outro, a questão da alteridade. A relação com o estrangeiro pode ser inquietante, representando o não familiar que nos desconcerta. A rejeição/exclusão do outro estrangeiro é uma importante e urgente questão social a ser abordada, rejeição esta que vem tantas vezes acompanhada de ódio, a xenofobia.

Verificamos também que inúmeras vezes essa rejeição é a rejeição do estrangeiro que existe em si próprio, a parte insustentável e inaceitável de si. A escuta psicanalítica permite a alguém que se sente sem lugar, seja na vida cotidiana no seu próprio país de origem, seja na nova pátria, encontrar um lugar nessa escuta. Aproximarmo-nos de nós mesmos e escutarmos o que preferiríamos não saber sobre nós.

A separação demanda, em primeiro lugar, uma apropriação do seu passado e da sua família. A separação de lugares, de pessoas, implica dor. A análise possibilita aliviar essa dor de separação.

Hanna Arendt, em *A condição humana* (1958/2018), afirma que todas as dores podem ser suportadas se inseridas em uma história ou se criarmos uma história sobre elas. A análise pode permitir desatar uma relação insatisfatória, mantida por motivos inconscientes desconhecidos, evitando assim que certos sintomas (expressão simbólica de um conflito psíquico) sejam convocados como solução de compromisso entre o desejo inconsciente e a repressão desse desejo.

A adaptação ao novo país não está dissociada do aprendizado da língua nacional falada. O pertencer e a "apropriação" subjetiva da língua do novo país estão intrinsecamente associados. Para que o aprendizado de uma língua estrangeira ocorra de forma mais suave é preciso que haja alguma ressonância com a língua materna e com a experiência subjetiva de cada qual.

Não digo necessariamente línguas com afinidades linguísticas, como as línguas românicas, tal qual o francês, português, espanhol etc. Simplesmente que essa nova língua se ofereça como instrumento para a compreensão do mundo e da realidade em que estamos inseridos. Se essa nova língua for sentida como um empecilho, uma alienação, uma carga indesejável, isso também dificultará sua aquisição e a adaptação ao novo país. Principalmente quando o analisando estiver se sentindo alienado no país onde está vivendo e que não é o país de sua infância.

A análise em um país estrangeiro se faz tanto na língua do país de adoção – a língua do uso cotidiano (mesmo que muitas vezes o conhecimento dessa nova língua seja rudimentar) – quanto na língua materna, dependendo do momento e do contexto de vida. É também em torno de uma língua nacional, ou de grupos de expatriados que dividem uma língua em comum, que a comunidade se constitui; a língua possibilita uma identidade, a língua cria laços. O migrante muitas vezes adotará uma língua que não necessariamente conseguirá viver em toda a sua dimensão simbólica (se é que isso é possível, pois nenhuma língua pode tudo expressar), mas que o auxiliará a criar vínculos sociais.

Várias vezes no curso de uma análise ocorre a troca entre as línguas, e não entendo isso necessariamente como defesa, mas como apelo ao familiar, a uma língua familiar da infância. É importante notar que a língua materna não é necessariamente a primeira língua que se aprende. A língua materna seria, no sentido psicanalítico, aquela em que os primeiros sons foram escutados, a música com que o bebê foi ninado, os primeiros ruídos, aquela língua pela qual circula o desejo parental.

Notamos também que as crianças, de maneira geral, têm certa facilidade em se inserir em uma nova realidade cultural e aprender uma nova língua. Uma situação, entre inúmeras, em que a relação com uma língua inverte a ordem natural da história; é o caso da criança migrante que se torna a "adulta" da família, a criança que, em virtude da aquisição dessa nova língua falada no novo país, se torna a ponte entre a família e a vida nessa sociedade mediante a tradução de uma língua para outra; a criança intérprete.

Muitas vezes, seja qual for a idade, pode-se falar uma língua estrangeira com mais facilidade do que a própria língua materna. É o caso da criança que faz a aquisição da nova língua e passa a ser intérprete dos pais refratários a essa nova língua estrangeira que muitos dos integrantes mais velhos da família não conseguem integrar, seja por inibição, seja por outras razões.

Neste século XXI, existem profissionais da saúde que podem eventualmente utilizar o tradutor do Google quando o paciente em questão não fala a língua do país. Antes disso e ainda hoje existem situações em que a criança falta à escola para acompanhar um adulto da família na ida ao médico, à consulta no hospital, para servir de tradutora e intérprete para um parente. A criança é então exposta à narrativa de fragilidade, vulnerabilidade e sofrimento que afeta um ou mais de seus parentes adultos.

É interessante notar que, enquanto muitos pais se apegam à língua do país de origem, muitos filhos de migrantes se distanciam dela, se engajam mais e mais com a língua do novo país, encorajados pelos próprios pais.

O trauma de ter deixado o país natal ou a falta de filiação a essa nova terra também são obstáculos à aprendizagem da língua nacional. São incidências das histórias subjetivas que se entrelaçam na família.

No contexto analítico, a alteridade da língua pode ajudar a escuta. Por outro lado, fazer a análise predominantemente na língua do país em que se habita muito diz sobre as circunstâncias de vida de cada qual nesse novo país. A troca de línguas durante o processo analítico é também manifestação e efeito do trabalho do inconsciente. Um sintoma pode se expressar em uma língua específica para um sujeito, e não na sua língua materna. O inconsciente que abriga uma pátria secreta em que habita o desejo. O inconsciente que fala em uma linguagem e não em uma língua.

No mundo hipermidiatizado da era digital, a psicanálise continua tendo grande importância tanto no nível individual quanto no coletivo. A migração, apesar de implicar profundas perdas, nem sempre deve ser considerada da ordem do trauma. O próprio processo de migração pode ser uma tentativa de elaboração do trauma causado pelas circunstâncias de vida no país de origem. Aquele primeiro país onde uma realidade dolorosa, traumática foi impossível de ser integrada e elaborada pelo sujeito. A terra que foi deixada de maneira traumática devido às guerras, às perseguições ou a tantas outras razões que não puderam ser elaboradas. A migração como um processo rumo a uma vida melhor.

A Austrália, originalmente chamada de *Terra Australis Incognita*, foi, a partir de 1788, inicialmente em Sydney, um campo penitenciário, uma colônia penal também conhecida como colônia do exílio, para onde prisioneiros ingleses (162 mil entre 1788 e 1868) que deviam cumprir penas por atos ilegais cometidos no Império Britânico foram enviados a fim de aliviar as prisões superlotadas nas cidades britânicas. Foram condenados por crimes pequenos, consequência das mudanças sociais provocadas pela Revolução Industrial, que causou grande taxa de desemprego.

Hoje a Austrália, como o Canadá, tem forte política multicultural: 49% da população na Austrália fala em casa uma língua outra além do inglês, ou tem ao menos um dos pais que fala uma outra língua que não é o inglês em casa. As ondas sucessivas de migração, década após década, resultaram em uma mudança maciça na composição da população da Austrália. Inicialmente a migração foi predominantemente europeia, de anglo-saxões, seguidos pela migração pós-guerra dos europeus continentais. Nas décadas de 1970 e 1980, a migração vinha do Sudeste Asiático, também era composta dos refugiados políticos da América Latina.

Nos anos mais recentes, os migrantes têm vindo do Oriente Médio, como do Líbano, da Síria e do Cone Africano – Sudão, Eritreia, Somália. Isso causa uma mudança na sociedade australiana, que deixou de ser predominantemente protestante e católica, sendo que as religiões que mais crescem são o islã, o budismo e o hinduísmo.

Essa diversidade cultural, linguística e também religiosa implica que existem diferentes maneiras de trabalhar com cada paciente nesse contexto de diversidade. A psicanálise é um processo que, se bem-sucedido, leva à conquista de si. Ela implica revelações para o sujeito, que não poderia tê-las acessado sem a análise pessoal. *Para que uma análise funcione é preciso que produza revelações.*

Se falarmos do trauma como algo inassimilável, o trabalho de uma análise poderá elaborar muitos fenômenos da ordem do trauma e que tantas vezes imobilizam o sujeito no processo de migração e adaptação ao novo país. A angústia é ligada a um trauma inicial em que a paralisia impossibilitou sua manifestação. A angústia se manifesta, então, em outra época, outro contexto, que pode ser o tempo da migração. Angústia perante o desafio de reconstruir a vida.

Faz parte do processo analítico ajudá-los a se reconhecerem como membros dessa nova comunidade e a se questionarem sobre seu lugar. Podemos falar em *desvitalizar* o trauma para poder avançar na realização pessoal nesse período desafiador e de incertezas. Há os que partem e os que ficam. Os que chegam à nova terra com novas indagações. Os que seguem e os que voltam. A migração é uma aposta num futuro que pode ser glorioso, mas nem sempre o será; se não for, existirá outro lugar potencial que acolherá nossa história, e a história continuará. Os migrantes nos impregnam com sua rica cultura de origem e sua memória, seu luto, os sabores da mesa regional, a tradição, e a bela conquista que é sobreviver em meio a tantas adversidades e vicissitudes.

Concluo este artigo em circunstâncias inesperadas e excepcionais. A Austrália mal se recuperava de incêndios devastadores, que duraram mais de três meses, quando outra adversidade cruel chegou: a pandemia de covid-19. Chegou ameaçando globalmente a saúde e a estrutura econômica do país, que, em questão de semanas, rapidamente passou de certa prosperidade a uma recessão. Medidas como o fechamento do espaço aéreo, quarentenas, distanciamento e isolamento social estão sendo adotadas globalmente para conter essa pandemia cujas características médicas são relativamente pouco conhecidas; um vírus contra o qual ainda não existem medicamentos específicos ou vacina que poderia poupar inúmeras vidas, mas que tardará algum tempo para existir.

Uma crise única, de tal magnitude que todos nos perguntamos o que será esse mundo pós-covid e como seremos nós. Escrever um artigo em 2020 sem mencionar a pandemia seria escrever nossa história com uma lacuna que a tornaria incompreensível. Todos estamos torcendo pelo fim de uma pandemia cujas marcas entenderemos só mais tarde. Sonhamos com os dias em que poderemos sair e andar livremente pelas ruas.

Hoje é como se essa pandemia estivesse, não importa onde, nos fazendo sentir parte do mesmo grupo chamado humanidade.

Referências

Arendt, H. (2018). *The Human Condition*. Chicago: The University of Chicago Press. (Publicado originalmente em 1958).

Batcho, K. I. (1998, out.). Personal Nostalgia, World View, Memory and Emotionality. *SAGE Journals, 87*(2).

Cox, J. L. (1988). The overseas student: Expatriate, sojourner or settler? *Acta Psychiatrica Scandinavica, 78*, 179-184.

Freud, S. (1955). Beyond the pleasure principle. In S. Freud, *Standard edition of the complete works of Sigmund Freud* (Vol. XVIII). London: The Hogarth Press/The Institute of Psychoanalysis. (Publicado originalmente em 1920).

Freud, S. (1994). Deuil et mélancolie. In S. Freud, *Œuvres complètes* (Vol. XIII). Paris: PUF. (Publicado originalmente em 1917).

Freud, S. (2004). Nouvelle suite des Leçons d'introduction à la Psychanalyse. In S. Freud, *Œuvres complètes* (Vol. XIX). Paris: PUF. (Publicado originalmente em 1932-1933).

Kaplan, H. A. (1987). The Psychopathology of Nostalgia. *Psychoanalytic Review, 74*(4), 465-486.

McCann, W. H. (1941). Nostalgia, a review of the literature. *Psychological Bulletin, 38*(3), 165-182.

Proust, M. (1987-1989). *À la recherche du temps perdu*. Paris: Gallimard. (Publicado originalmente em 1913-1927).

Rosen, G. (1975, nov.). Nostalgia: a Forgotten Psychological Disorder. *Psychological Medicine*, 5(4), 340-354.

Volich Eisenbruch, R. (1998). *La pathologie organique et l'angoisse*.
Paris: Presses Universitaires du Septentrion.

Atravessamentos

Daniela Escobari

A ILUSÃO DO MIGRANTE

Quando vim da minha terra,
Se é que vim da minha terra
(não estou morto por lá?),
A correnteza do rio
Me sussurrou vagamente
Que eu havia de quedar
Lá donde me despedia.

Os morros, empalidecidos
No entrecerrar-se da tarde,
Pareciam me dizer
Que não se pode voltar,
Porque tudo é consequência
De um certo nascer ali.

> Quando vim, se é que vim
> De algum para outro lugar,
> O mundo girava, alheio
> A minha baça pessoa,
> E no seu giro entrevi
> Que não se vai nem se volta
> De sítio algum a nenhum.
>
> Carlos Drummond de Andrade

Em meu livro *Quem da pátria sai a si mesmo escapa*, parto do pressuposto psicanalítico da existência do sujeito do desejo como responsável por seu destino, para pensar a experiência migratória como uma tentativa de elaboração ou saída de impasses psíquicos. Essa tentativa de elaboração pode acabar lançando, por deslocamento(s), certos sujeitos a verdadeiros ritos de passagem. Meu objetivo era, então, identificar e interrogar as origens e vicissitudes desse tipo de movimento psíquico presente no deslocamento geográfico de alguns sujeitos. Foi a partir da escuta clínica que passei a identificar algo que chamei de uma tentativa de re-construção parental na experiência migratória (Escobari, 2009).

Desta vez, considerando que o confronto com a migração pode ser um rito de passagem, e a alteridade uma extrema perturbação, criando impasses permanentes ou temporários para o psiquismo, trago o conceito sociológico de "Homem Marginal", formulado por Robert Park em "Human migration and The Marginal Man" (1928). Esse conceito descreve o indivíduo que, em consequência do conflito de duas culturas, fica à "margem" da cultura de que proveio e da nova, em que não se integrou. Park (1928) fala sobre a crise psíquica pela qual pode passar o sujeito migrante. Tempos depois, em 1935, outro sociólogo sob sua orientação, o estadunidense

Ernest Stonequist, publicou o livro *The Marginal Man*, definindo-o como:

> *o indivíduo que por meio de migração, educação, casamento ou outras influências deixa um grupo social ou cultura, sem realizar um ajustamento satisfatório a outro, encontrando-se à margem de ambos e não estando integrado em nenhum. E diante de cada situação precisa escolher entre padrões incompatíveis, o que se revela um problema e acaba por ora aceitando, ora repelindo um determinado valor ou comportamento. O indivíduo se avalia sob pontos de vistas contraditórios e sofre as consequências deste julgamento sobre si.* (Stonequist, 1935, p. 3)

Posteriormente, o sociólogo brasileiro Florestan Fernandes publicou o artigo "Tiago Marques Aipobureu: um bororo marginal" (1946/2007). Nesse artigo, ele elabora o conceito de marginalidade de Stonequist partindo da ideia de "um homem que se situa na divisa de duas raças, na margem de duas culturas, sem pertencer a nenhuma delas" (p. 1). Esse conceito que em sociologia é uma categoria quase diagnóstica pode, para a psicanálise, dar pistas sobre o próprio trabalho de atravessamento do sujeito ao sair de um lugar para habitar outro, na estrangeiridade.

Minha intenção agora é utilizar o conceito de Homem Marginal para pensar sobre a migração, em sua vertente de travessia. Para me ajudar na tarefa, tomo esse conceito e me sirvo dele como uma metáfora, e não necessariamente como um fim em si. Tratar o Homem Marginal como um fim em si seria encerrar esse momento numa categoria, mais próximo da tarefa de outras disciplinas, como o fez a sociologia, por exemplo. Mediante a psicanálise, que tem por tradição interrogar fenômenos, sugiro então pensar o Homem Marginal como um momento, como uma posição específica de uma migração psíquica, de um deslocamento, que deixa o sujeito em suspensão, não se localizando nem em um lugar, nem em outro. É possível observar que o trabalho de deslocar-se, de sair de um lugar e ocupar outro, pode gerar o rompimento de certezas imaginárias e/ou identitárias. Da mesma forma, pode-se dizer que há incerteza sobre os destinos que o sujeito é capaz de criar e elaborar para si. Esse processo de ruptura das certezas rumo ao desconhecido, ao estrangeiro, é o que se pode presenciar numa migração, no processo da adolescência ou até mesmo numa análise.

A constituição do eu, culminando no momento do estádio do espelho, acontece a partir da voz e do olhar da mãe, que na relação pulsional com o filho vem lhe outorgar um lugar de sujeito no simbólico. São esse olhar e essa voz que conduzem a criança ao reconhecimento jubiloso de sua própria imagem no espelho, possibilitando-lhe a aquisição da autonomia e a abertura ao mundo objetal (Rassial, 1999, p. 46). Como no processo adolescente, numa migração é preciso realizar essa passagem, dessa vez em nome próprio, do espaço privado que o corpo materno representa para o espaço público como lugar de representação simbólica, o que requer a apropriação e a simbolização pelo sujeito da voz e do olhar maternos que primeiramente o constituíram.

Sabemos o quanto estar em via de romper esses laços entre o eu e o outro produz resistências, porque ameaça o rompimento das estruturas estabelecidas. Nesse sentido, vale lembrar a contribuição de Berman (2002):

> *Toda cultura resiste à tradução mesmo que necessite essencialmente dela. A própria visada da tradução – abrir no nível da escrita uma certa relação com o Outro, fe-*

*cundar o Próprio pela mediação do Estrangeiro – cho-
ca-se de frente com a estrutura etnocêntrica de qualquer
cultura, ou essa espécie de narcisismo que faz com que
toda sociedade deseje ser um Todo puro e não misturado. Na tradução, há alguma coisa da violência da
mestiçagem. Herder sentiu isso quando comparou uma
língua que ainda não traduzira a uma moça virgem.
Pouco importa que, no nível da realidade, uma cultura e uma língua virgens sejam tão fictícias quanto uma
raça pura. Trata-se aqui de desejos inconscientes. (p. 16)*

Ainda, no caso de uma migração, adotar uma língua que não
é a materna pode apresentar uma dificuldade a mais para o sujeito
se representar. Essa dificuldade, que pode constituir um embaraço, na verdade dá a ver com mais clareza o que já sabemos com
a psicanálise, sobre a fratura inerente na estrutura da linguagem.
Essa insuficiência não é só da língua, mas também dos códigos e
valores compartilhados. Perde-se o vasto universo de um simbólico constituído – um mundo mais ou menos organizado e compartilhado –, o que faz com que a ilusão de comunicação se desfaça.
A partir dessa ruptura se é catapultado a uma categoria estrangeira, com a qual é necessário se haver, carregando na bagagem um
nome próprio.

É interessante pensar que o registro de imigração americana
para um estrangeiro é chamado de *Alien Registration Number* –
alien é a tradução para "estrangeiro" em inglês, mas não somente.
A palavra também permite desdobramentos, como "extraterres-
tres" (seres aos quais nos referimos quando não compartilhamos
nenhum traço identificatório com eles), os alienados-loucos, por
definição, excluídos do discurso social. A polissemia dessa palavra
parece apontar em seus diversos significados a radicalidade do que

é o outro, esse estrangeiro, louco, extraterrestre, isso de mais íntimo e mais êxtimo a todos nós.

Levando esse significante *alien* ainda mais adiante, temos os conceitos de alienação/separação, em psicanálise (Lacan, 1988). A alienação consiste no processo pelo qual ocorre a constituição do sujeito e que se dá pelo assujeitamento ao outro do discurso. Temos algo aí de um submetimento, nesse caso aos significantes que vêm do outro, ao qual o eu deve assentir. É desse lugar que o sujeito, ao escolher migrar e/ou adolescer, parte, rumo à separação, pela tomada de posição diante dos significantes que sustentam sua posição no mundo. O processo de situar-se diante do desejo exige trabalho do sujeito, que parte do laço amoroso que previamente estava atado à família de origem, para reposicionar-se diante dos seus ideais e fazer novas inscrições simbólicas, agora no social.

Nessa experiência, meio estrangeira, meio alienígena, da migração e da adolescência, o sujeito é colocado diante de situações nas quais perde seus meios, sua posição na fala. Nesse momento em que o simbólico se revela escasso, pode haver uma proliferação do imaginário e da estereotipia das performances ou semblantes, que vão desde um superagarramento a uma identidade e/ou grupos de pertencimento. Não faltam exemplos de caricaturas nacionalistas e seus clichês como o brasileiro bonzinho, a brazuca gostosa ou até mesmo o psicanalista que se diz X, Y ou Z referido/colado a sua escola e que não difere muito dos adolescentes e suas afiliações de grupo.

No entanto, agir segundo identificações prévias parece ter a função de defender-se de um espelho que já não faz eco, em que já não é possível se reconhecer, porque já não se está lá. A fala passa a ecoar num vazio, no abismo de uma língua estranha, na experiência de não ser escutado e de não conseguir escutar. Será que há um outro? Será que há um eu? Essa parece ser a pergunta. Como numa travessia, o jogo de espelhos da constituição se reatualiza e adquire feições distorcidas. E aí, tal qual um púbere incrédulo diante de sua imagem refletida no espelho, ao notar as feições da criancinha que um dia foi e os caracteres sexuais (voz grossa, espinha, seios) agora presentes, fica, pelo menos durante um período, sem a possibilidade de reconhecimento do outro e/ou um reconhecimento de si. O paradoxo desse processo, então, é que o encontro com o outro, esse estrangeiro, pressupõe a existência de um lugar de descanso, de um lugar onde seja possível reconhecer-se, em outras palavras, de ter tido pátria. A pátria é essa condição de autonomia, sustentada na primeira infância pelo olhar e voz da mãe, aos quais já me referi, adquirida mediante o reconhecimento jubiloso da própria imagem no espelho. É a partir da experiência de ter tido pátria que o sujeito pode apostar no desejo e fundar um território próprio, para além da errância.

O Homem Marginal tal qual o proponho é exatamente esse momento em que o sujeito fica entre duas pátrias, como na adolescência, sem ainda poder habitar nenhuma, sem poder fundar um simbólico de outro jeito. Este seria o trabalho necessário para habitar a estrangeiridade, que entendo mais como um ideal, uma direção para qual o desejo aponta, do que como o lugar de parada que o sujeito encontraria para desfazer as malas e ficar. Ainda, aquele que faz a travessia poderia ser correlato do herói trágico da mitologia grega, que precisa de coragem e força para se lançar rumo ao desconhecido. O herói é um ser de constituição divina e humana, e é ele quem carrega em seus ombros toda a responsabilidade de ambos os mundos. Penso que talvez o peso em seus ombros seja aquele dos seus significantes, que o migrante e/ou adolescente carrega mundo afora junto com os novos significantes com que irá topar em suas conquistas. Essa tarefa do sujeito – sair de terra firme e se aventurar pelo mundo, esse lugar estrangeiro – o torna, por definição, um herói.

O tempo ao qual me refiro, de suspensão, de não estar em lugar algum, do Homem Marginal é representado na versão de *O Rei Leão* da Disney (1994). Não somente para crianças, porque é inspirado em *Hamlet*. A história descreve a saga de um leãozinho, príncipe herdeiro do trono, que perde seu reino feliz porque o tio mata seu pai e se casa com sua mãe. Como em *Hamlet*, o leãozinho entra em estado de confusão e identificação com o assassino do pai. Em função de julgar-se responsável pela morte do pai, migra para a floresta, onde vive (num deslocamento de espaço e tempo) em estado de "Hakuna Matata", traduzido como estado de total despreocupação, a filosofia da ausência de problemas. Esse estado, que se assemelha ao da adolescência, ou do migrante em sua passagem de um lugar a outro, não é realmente de "ausência de problemas", mas de suspensão da posição do sujeito, que se retira de sua posição anterior mas ainda não se organizou diante do desejo.

Em *Hamlet*, na famosa frase "time is out of joint", em que o príncipe da Dinamarca expressa a ideia de que o mundo não está são e as coisas não estão como deveriam ser (cena em que o fantasma do rei pede a Hamlet que se vingue do assassino, tio de Hamlet), tem-se também a dimensão, como na história do leãozinho, desse estado de desorganização, de suspensão, prévio a qualquer possibilidade de assumir uma posição de desejo, de vingar o pai e assumir o reino que lhe pertence, cumprindo assim o seu destino e pagando a dívida simbólica (Shakespeare, 1978, pp. 186-190).

Outro herói da mitologia grega, Édipo, também é um migrante e um Homem Marginal por definição. De acordo com Silva (2014), o herói tem pretensões de equiparar-se aos deuses e justamente essa pretensão é a fonte de sua desmedida, pois suas ações transgridem as regras comuns aos homens e revelam ainda mais a humanidade do herói. Ele acaba por perceber as consequências de seus atos ao ser o causador do seu destino, por sua insolência e orgulho. Porque os pais de Édipo têm a revelação trágica sobre o futuro do filho e não apresentam condições de elaborar a profecia de que ele mataria o pai e se casaria com a mãe, esse herói grego é mandado para uma floresta, no exílio, bem longe da casa, da família, de seu lugar de origem. Lá fica, como um Homem Marginal, em estado de suspensão, pelos pés – daí a origem de seu nome (Édipo significa "pés inchados"). Édipo é encontrado e adotado por outro casal, e, depois de adulto, retorna ao oráculo que lhe faz a mesma profecia antes revelada a seus pais verdadeiros. Como os pais, Édipo tem a pretensão de fugir desse destino, desafiando as leis divinas e revelando sua desmedida. Édipo transgride as regras comuns aos homens quando acaba por matar seu pai verdadeiro e casa-se com a mãe.

O herói torna-se também uma figura tabu, uma vez que está marcado por traços ambivalentes, de veneração e horror, por ser alguém que teria realizado um desejo coletivo. O Homem Marginal, o migrante e o adolescente são esses heróis que têm a coragem de se arriscar na aventura do desejo e viver a suspensão entre um mundo e outro imposta pela travessia. Como exceção, destacam-se da fratria, tendo muitas vezes seus familiares, próprios pais e/ou conterrâneos, desde a casa materna, experienciado em relação a eles um misto de admiração e inveja.

É Édipo quem realiza o desejo inconsciente e proibido para a humanidade; é o migrante e o adolescente que abandonam a tribo, a casa e se jogam na travessia, causando veneração e horror. Assim, ocupam as margens da sociedade e carregam consigo a ambivalência do recalcamento social, mostrando que amor e ódio, vida e morte coexistem no sujeito e que não há separação sem perdas. A possibilidade de fazer a travessia torna-se então a de poder encontrar um novo lugar, um lugar de fala, que não é nem da adaptação, nem da acomodação em um novo simbólico, mas sim, talvez, de uma condição de maior tranquilidade em relação a essa posição, que é, no humano, estruturalmente marginal; da qual partimos como sujeito na aventura do desejo, tão sem garantias quanto todos os heróis que nos precederam.

Referências

Allers, R.; Minkoff, R. (Diretores). (1994). *O Rei Leão*. Walt Disney Pictures. (89 min). Son., cor.

Berman, A. (2002). *A prova do estrangeiro*. São Paulo: Escuta.

Escobari, Daniela M. (2009). *Quem da pátria sai a si mesmo escapa? Um estudo psicanalítico sobre migração*. São Paulo: Escuta.

Fernandes, F. (2007). Tiago Marques Aipobureu: um bororo marginal. *Tempo Social, 19*(2), 293-323. (Publicado originalmente em 1946).

Lacan, J. (1988). *O seminário, livro 11: Os quatro conceitos fundamentais da psicanálise*. Rio de Janeiro: Jorge Zahar.

Park, R. E. (1928, maio). Human migration and The Marginal Man. *The American Journal of Sociology, 33*(6), 881-893.

Rassial, J.-J. *O adolescente e o psicanalista*. Rio de Janeiro: Companhia de Freud, 1999.

Shakespeare William. (1978). *Hamlet, Príncipe da Dinamarca*. In: W. Shakespeare, *Tragédias* (Vol. I; F. Carlos de Almeida Cunha Medeiros e Oscar Mendes, Trads.). São Paulo: Abril Cultural.

Silva, J. A. (2014). A hybris e a arrogância: uma possível relação entre mitologia grega e psicanálise. In P. J. Costa (Org.), *Mitologia grega e psicanálise: reflexões*. Curitiba: CRV.

Stonequist, E. V. (1935). *The Marginal Man*. New York, C. Scribner's Sons.

Vernant, J.-P. (2001). *Entre mito e política*. São Paulo: Edusp. (Publicado originalmente em 1996).

Vernant, J.-P. (2008). Tensões e ambiguidades na tragédia grega. In J.-P. Vernant, P. Vidal-Naquet, *Mito e tragédia na Grécia antiga*. São Paulo: Perspectiva. (Publicado originalmente em 1969).

Desterrados afora e adentro: notas sobre o estrangeiro que reside em nós

Alfredo Gil

 O ponto de partida do instigante projeto *Psicanálise afora* é relativamente simples e podemos resumi-lo em poucas palavras: quais são as particularidades, se é que existem, da experiência psicanalítica em um país diferente da terra natal, no caso, o Brasil, do psicanalista e/ou do analisando?

O que nos leva a postular se a psicanálise, quando exercida alhures, tanto por aquele que se submete à experiência como pelo que orienta a cura, pode suscitar questões próprias, específicas a essa situação? Em outros termos, devemos nos perguntar em que medida a condição de estar afora seria diferente e mereceria considerações distintas de qualquer psicanálise (a)dentro. Por que razão um deslocamento geográfico, uma mudança de país, teria incidências subjetivas particulares diferentes daquelas do exercício psicanalítico em terra natal?

Se tal introdução pode parecer simples, entrevemos, no entanto, rapidamente, um conjunto de questões que concernem ao âmago da experiência psicanalítica. Elas convocam elementos intrínsecos à condição de todo sujeito: a linguagem e a língua como meio de expressão e seu uso pela ação interlocutora que é a fala. De modo mais amplo, indagam a respeito das coordenadas simbólicas que o estruturam, as quais, contrariamente ao que se postulava no auge do estruturalismo, variam com o tempo e o contexto sociocultural. No que nos concerne, tratar-se-á do Brasil e da França.

O dispositivo da cura inventado por Freud, laboratório de suas elaborações, não somente é o antípoda de qualquer deslocamento geográfico mas reforça uma forma de fixação que incrementa a repetição do sintoma. Por outro lado, possibilita deslocamentos temporais. O analisando convoca as lembranças do passado, de sua infância; destas, ele retorna ao presente da fala – fala endereçada a um outro, que por vezes está fora do seu campo de visão. Ora, esse deslocamento discursivo acontece num quadro fixo. O analisando é convidado a retornar ao mesmo endereço e, acrescentemos, à mesma postura e ao mesmo lugar, a cada sessão.

A experiência psicanalítica visa a uma sucessão de deslocamentos internos à estrutura do sujeito, que, movida pela relação transferencial que se desdobra, interroga e age sobre o corpo estrangeiro que o habita, que o faz sofrer, angustiar, agitar-se. Em suma, o viático que permite o trabalho analítico, em qualquer análise, é consubstancial aos elementos materiais que constituem os interessados: a palavra.

Ora, o aforismo lacaniano que afirma que o inconsciente é estruturado como uma linguagem nos encoraja a pensar que a mudança de país, que implique ou não mudança de língua,[1] ocasiona, quase inevitavelmente, efeitos subjetivos que merecem um desenvolvimento particular.

---

1   Basta pensar nos casos entre ex-colônia e metrópole, tanto para os lusófonos como para os francófonos.

Freud observou muito cedo que as representações recalcadas sofrem modificações que obedecem às leis da linguagem, tais quais as operações de deslocamento e condensação – tendo por consequência diferentes tipos de formações do inconsciente –, de sintoma, de compromisso, substitutiva ou reacional. Tais procedimentos resultam do comércio entre um sistema e outro (inconsciente, pré-consciente, consciente), ao qual se acrescentam, ulteriormente em suas elaborações, as tensões entre as instâncias (isso, eu, supereu), mostrando que, na dinâmica intrinsecamente conflitante do aparelho psíquico, o inconsciente pode ser bilíngue e que, sobretudo, para decifrar sua expressão, um trabalho de tradução impunha-se. Ou seja, ele é capaz de se travestir na língua local, mas pedir que seja ouvido na língua materna graças à homofonia.

Freud ilustra o bilinguismo do inconsciente no início do texto sobre o fetichismo (Freud, 1927/1997, p. 133): o paciente fala em alemão "*Glanz aff der Nase*", mas o que aí é dito só se acessa se ouvido na sua língua materna, em que a estrutura do sintoma se cristalizou: *a glance at the nose*. O que se diz conscientemente em alemão não deixa esquecer o que, desse dito, tem de ser, em inglês, entendido. Mais ainda, a mudança de língua é a condição de sua possibilidade de expressão.

Reformulando as questões iniciais, cabe perguntar se uma mudança de país produz mudanças substanciais nas formações do inconsciente daquele que se aventura. Em outros termos, se os movimentos migratórios das representações recalcadas entre os diferentes sistemas e instâncias a que acabamos de nos referir sofrem mudanças estruturais pela experiência do exílio.

Logo, a tentação é traçar um paralelo entre a condição de ser estrangeiro, que implica o deslocamento geográfico, o exílio, quando nos estabelecemos afora, e os sucessivos deslocamentos subjetivos próprios à experiência psicanalítica na qual sempre está presente uma dimensão estrangeira, outra, inconsciente, consubstancial ao sujeito que se manifesta, digamos, mesmo (a)dentro, a saber, no lar da subjetividade.

Desse ponto de vista, não é necessário viajar para se confrontar com a alteridade como estrangeirado. Algo na estrutura do sujeito traz em si mesmo a figura do exilado, mesmo que sua aparente continuidade seja garantida pela torção moebiana que lemos na afirmação de Lacan (1965/1999, p. 14): "O sujeito está em uma exclusão interna a seu objeto".

Circunscrever as incidências subjetivas do viver/ser estrangeiro, as perturbações que afetam o "Heim" – no qual, como demonstrou Freud, reside um estrangeiro – daquele que é submetido à experiência de desterro, pode ser uma tarefa. Nesse sentido, a questão que se impõe é saber quais relações podemos estabelecer entre o "ser estrangeiro", do exílio, e o "ser estrangeiro" interno ao sujeito da psicanálise, ou melhor, interno ao lar subjetivo de qualquer um.

Aqui valem algumas considerações sobre este último, sobre esse lugar outro em cada um de nós, que é polimorfo nas suas formas de expressão.

Isso se ilustra nas falhas do recalque da psicopatologia da vida cotidiana: talvez o mais efêmero e estranho, mas não menos perturbador, seja o *déjà vu*. Há também o lapso, em que devo "me corrigir", anulando o que foi dito por meio de um "não é isso que eu queria dizer". Trata-se de uma formação do inconsciente que tem por propriedade expressar o desejo que será tratado como "um erro ou um engano", pois se revelou desde um lugar outro.

Conhecemos formas linguageiras mais radicais, como a alucinação, que a falha do recalque não é suficiente para explicar. Ela é sem dúvida um capítulo do trabalho clínico que ilustra o modo como uma instância psíquica, afirmava Freud, fala em total autonomia, na qual a alteridade é reduzida à xenopatia. Em outros termos, a possibilidade de retificação que o lapso oferece, como um dito equivocado "não é o que eu queria dizer", torna-se impossível no fenômeno alucinatório. Daí o desamparo do clínico diante da resposta da paciente quando a questiona sobre as vozes de que se queixa: "Pergunte para elas". Diferente da obediência obsessiva que sofre do capricho absurdo do outro, mas a reconhece como emanando de si. Apesar disso, ele persegue o imperativo de confessar um crime que jamais cometeu e render-se a uma condenação que ninguém executa a não ser ele mesmo. São fenômenos clínicos bastante díspares, mas que podemos interpretar como diferentes destinos dessa dimensão outra que Freud nomeou inconsciente.

Talvez a experiência de ser exilado, num primeiro momento, positive e externalize essa dimensão outra, fazendo-a coincidir com sua própria posição de ser estrangeiro e identificado como tal no ambiente em que vive. Mais ainda, as preocupações, por vezes cotidianas do ser estrangeiro, tendem a colocar na surdina as manifestações do outro estrangeiro. Nessas circunstâncias, nota-se um paradoxo: de um lado, uma profusão de manifestações do inconsciente que podem ser inabituais – sonhos, pesadelos, insônias, perturbações psicossomáticas, angústias etc. – e, de outro, uma indisponibilidade subjetiva para elaborar, pensar e agir em consequência devido a exigências com as quais o ser estrangeiro encontra-se confrontado.

O quadro fenomenológico da dita experiência expõe termos essenciais a partir dos quais podemos avançar algumas consequências do exílio. Assim, por um lado temos, na mudança de país que nos torna estrangeiro, as condições de saída da terra natal, originária, do que se deixa para trás, do que já não se tem, seja por fuga ou escolha refletida.

As razões que motivam tal escolha variam (inclusive as que desconhecemos). Ainda do ponto de vista do ato que leva alguém a deixar a terra natal, o exílio abunda em ensino sobre noções essenciais, como a perda e a falta. No exílio se perde um pouco de tudo, se não tudo: perda da presença cotidiana de tudo o que é familiar, tanto de pessoas quanto de caminhos e objetos que balizam os trajetos de rotina. Com esta, a perda de um ritmo, de uma temporalidade, que se modula e modula os hábitos. Algo do real não retorna mais ao mesmo lugar.

Por outro lado, e concomitantemente, o encontro com a terra de adoção, a nova língua de expressão, outros códigos que orientam diferentes costumes – por mais que sejam os mesmos valores humanos da terra de origem – são os elementos exteriores ao desterrado que fazem dele um estrangeiro. Encontro, e desencontro, com novos modos de nominação que enquadra o campo de representação do novo universo que o cerca.

A experiência mostra que as modificações que acabamos de ressaltar perturbam e impõem ao sujeito um rearranjo subjetivo que necessariamente altera sua economia psíquica. Os efeitos de tais modificações são evidentemente singulares para cada um.

Eis aqui algumas formas de tais rearranjos e alterações que se constatam facilmente. Primeiramente, elas são "palpáveis", em virtude do desconforto, do incômodo cotidiano, dos efeitos de surpresa. Há um tempo de discordância radical entre a língua em que se pensa, a materna, e o trabalho de tradução necessário para compartilhar o que foi pensado, endereçá-lo. Não é anódino, para quem quer que seja, empregar outras palavras e distintos fonemas, enunciados em uma cadência e musicalidade própria a uma outra língua, para nomear os objetos ou dizer os afetos, a raiva e o amor, para expressar os desejos, para demandar os quereres, para recusar o que não se quer, para afirmar uma opinião. O entendimento recíproco pode tornar-se difícil, e a impossibilidade de saber se sou corretamente compreendido pode reforçar o constrangimento, que se traduz rapidamente em um sentimento de não pertencimento ao grupo, e, por conseguinte, de não reconhecimento. Acumular hesitações cotidianas reforça por vezes o descompasso do desterrado para com o resto, com os nativos, modificando profundamente sua economia psíquica, provocando ou reanimando, e exacerbando, formas sintomáticas dolorosas.

De fato, a experiência de trambolhar entre dois "tesouros dos significantes" é suficientemente radical para que Charles Melman se indague sobre o destino do sujeito na formulação de Lacan, segundo a qual "o significante é aquilo que representa um sujeito para um outro significante":

> *numa língua de adoção, o significante para aquele que aí está em posição de convidado – ou não, pouco importa – representa o quê, para um outro significante? Quero dizer, o que ele dá a entender àquele que fala essa língua de adoção? (Melman, 1992/2000, p. 200-201)*

Parênteses: se a relação de cada um com uma língua estrangeira é singular, a alteração à qual nos referimos ganha em intensidade e consequência para os que não são bilíngues. O que não significa que estes estejam indenes às incidências subjetivas do desterro. Nesse mesmo sentido, a dita alteração é muito mais aguda para um recém-chegado, com domínio ou não da língua, comparado com alguém cuja inscrição no laço social está estabelecida.

Outro aspecto geral, mas importante a ressaltar, são as intenções, os projetos que animam a vinda. A França, durante muitos anos – referimo-nos ao período pós-ditadura militar no Brasil –, era, fundamentalmente, "terra de estudos" para os brasileiros, de formação intelectual, qual fosse o nível. Mas temos observado nestes últimos anos um aumento da migração econômica.

Para qualquer um, o exercício da função simbólica e da sua capacidade de nomear encontra-se enraizado e estabelecido na língua materna. Lemos em Lacan a esse respeito algumas afirmações densas e lapidares em que ele destaca que "o poder de nomear os objetos estrutura a própria percepção", garantindo ao homem o sentimento de permanência das coisas e de "subsistência dos objetos numa certa consistência". Assim, Lacan enreda os três termos – nominação, consistência e objeto – e conclui que "o nome é o tempo do objeto" (Lacan, 1955/1978, p. 234).

Ora, note-se que a posição de estrangeiro introduz uma perturbação na capacidade de nomear (mesmo que momentaneamente) e uma alteração que pode fragilizar as relações objetais, provocando uma forma, como afirmamos anteriormente, de discordância tanto intelectual como afetiva, entre os significantes que ele traz em sua bagagem da terra natal e o uso dos que constituem a língua de adoção. É como se a tríade constitutiva do sujeito – nominação, consistência e objeto – devesse sofrer uma disjunção necessária para que o rearranjo exigido pela outra língua seja possível.

Seria enganoso pensar que o esforço exigido se reduz a um simples trabalho de aprendizagem de uma língua estrangeira. Ele impõe, no movimento disjuntivo que evocamos, uma forma de dessubjetivação, certa renúncia à matriz originária estruturante, mais ainda, a experiência requer uma submissão a um outro outro, ao qual as resistências e defesas subjetivas nem sempre podem ceder. É como se as novas exigências de nominação, como afirma Lacan, em sua função de apreender o objeto, se enfraquecessem e, correlativamente, ameaçassem a integridade da unidade imaginária do ser do sujeito. Por conseguinte, assiste-se ao desencadeamento de diferentes formas de vacilação na economia psíquica durante esse processo de alteração na consistência do sistema de representação.

A experiência nos ensina que, para alguns, elementos de sua história que até então mantinham-se discretos e silenciosos podem vir à tona violentamente, elementos não simbolizados ou recalcados, perturbando por vezes seriamente o arranjo sintomático psíquico do sujeito que garantia, até então, estabilidade em sua existência.

Se aqui podemos pressagiar consequências clínicas bastante heterogêneas no tocante ao âmbito da angústia, da identidade, inclusive sexual, passando pelo terreno das identificações mantenedoras das relações de reconhecimento ante o outro, vale destacar que a posição do estrangeiro pode ter em seu favor um ganho de sensibilidade que escapa ao nativo, demasiadamente tomado pelo que é costumeiro, pelo que não vê, não ouve, sem mais perceber as nuances do mundo que o envolve. Ou seja, o desterrado, distante de suas referências natais, depara-se e pode surpreender-se com tudo o que, para o nativo, tornou-se mundano.

Infelizmente, essa sensibilidade é minorada. Nós nos atemos pouco às sutilezas relacionais que poderiam ser enriquecedoras num processo de inserção. Aliás, podemos postular o contrário. A sutileza que pode emergir entre uma percepção ainda condicionada pela estrutura social da terra natal e o novo no qual se busca inscrição pode ser ressentido como um descompasso e, por conseguinte, como uma desvantagem relacional, provocando inibição.

Em tais circunstâncias, não é raro que as queixas identitárias e/ou o sentimento de choque cultural exacerbem-se e que as dificuldades com as quais o desterrado é confrontado passem a ser perscrutadas e justificadas como resultado, por exemplo, de discriminação. As ditas diferenças culturais podem servir de pretexto para justificar os impasses de uma vida conjugal, por exemplo, quando um dos cônjuges é nativo (francês), servindo de álibi para encobrir problemas banais que caracterizam qualquer casal, qualquer que seja a nacionalidade dos amantes. O pretexto cultural vale também para explicar o conflito com o colega (nativo) de trabalho, sem que sua responsabilidade subjetiva seja engajada.

Reduzir um conflito relacional a uma evidência que se pretende factual – "aqui sou estrangeiro, e este aqui é estrangeiro para mim" – responde por vezes a um ponto de resistência subjetivo: se os conflitos são estimados como uma constatação que não se pode contestar, a dimensão subjetiva é necessariamente evacuada e dispensada de sua implicação na natureza dos impasses do sujeito, reforçando a tendência a conceber a diferença, própria à condição de ser estrangeiro, como discriminatória. São situações que podem aguçar um sentimento de rejeição por parte do outro, de não reconhecimento, tomando formas clínicas diversas. Mas a recusa que o expulsa do campo do outro o remeterá às coordenadas que lhe são familiares. Donde, por vezes, há a emergência da nostalgia como afeto principal.

Ora, o esforço da resistência que inferimos aqui consiste em evitar um trabalho fundamental e necessário sobre os sentimentos de não aceitação, de não reconhecimento aguçados na condição de estrangeiro, mas que não são exclusivas a essa posição. Pois, sabemos, tais sentimentos são alguns dos efeitos próprios da negatividade (recalque, denegação etc.) constitutiva da divisão do sujeito forjada na terra natal.

A dita resistência bloqueia o movimento de remissão das dificuldades presentes – atreladas à condição de ser estrangeiro – ao passado, ao tempo que precede o desterro. Aceitar as consequências desse movimento implica uma reflexão sobre si que leva o sujeito a colocar em causa sua posição antes do exílio, tarefa psíquica que se revela particularmente dolorosa para aqueles que se encontram, por exemplo, em fase de decidir se retornam ou não para o lar natal, para quem o tempo de "adaptação" se eterniza e as lembranças tomam coloração nostálgica, com as consequências que implica esse afeto: saudades, tristeza e incremento de uma indisposição subjetiva a contemplar e apreciar as novas ocasiões que se apresentam, impedindo-o de introduzir variantes de abertura num circuito fechado e binário de "fico ou volto para casa?". Não é raro que a defesa que bloqueia a dita remissão deve-se à necessidade de conservar a idealização, da qual a nostalgia é uma das expressões.

Mais uma vez, trata-se de submeter-se ao movimento de "disjunção", a que nos referimos anteriormente, que implica uma perda de solidariedade – vivido por vezes subjetivamente como uma perda seca – entre os termos nominação, consistência e objeto, constitutivos da matriz simbólica originária de um sujeito, mas fundamentalmente necessário para que a posição de estrangeiro não o catapulte sistematicamente do campo do outro.

Esse movimento subjetivo, que aqui apresentamos como condição *sine qua non* para a inscrição, inserção – alguns chamam de assimilação – na terra de acolhimento, pode também ser sentido como uma falta cometida para com os protagonistas do seu romance familiar. Tenho tido um apreço particular por essa esfera da clínica há alguns anos. A crise migratória de 2015, que durante alguns meses chegava a mim como notícia televisiva da atualidade, passou a fazer parte de meu trabalho no consultório.

Nesse período, assistiu-se na Europa ao desembarque maciço de meninos e meninas, entre 16 e 18 anos, originários da África Subsaariana, que fugiam da guerra deixando suas famílias e suas terras de origem. Para as meninas, como causa, acrescentava-se a fuga de matrimônio forçado. Esses jovens que, como sabemos, atravessaram em condições inumanas o continente africano para chegar em terras europeias são marcados por diferentes registros do trauma: físico, às vezes sexual, e outros. Contudo, o aspecto que aqui pretendo ressaltar é o preço a ser pago relativamente a um sentimento profundo de traição que podemos nomear de simbólica. A culpabilidade que os afeta parece conter uma dupla face. Primeiramente, a culpabilidade de ter escapado do horror, diferentemente dos familiares que lá ficaram. A outra, que se acrescenta à primeira, se deve a um conflito de lealdade para com a tradição da comunidade que foi deixada para trás. Um exemplo eloquente é o jovem que não pode mais falar com seu pai por Skype porque este reprova sistematicamente o "*look*" do filho: corte de cabelo, vestimenta etc. Ou seja, seu processo de "ocidentalização", seu sucesso na terra de acolhimento, a realização dos seus projetos ficam comprometidos por algo interpretado como uma traição para com a tradição da comunidade de origem, diante da qual passaria a ser um estrangeiro. Para alguns, inversamente, e infelizmente, a condição de lealdade à tradição custará seu sucesso no país de acolhimento.

No espaço de que disponho aqui chamo a atenção apenas para uma diferença topológica nas zonas de conflitos desses jovens – originários de sociedades tradicionais, ainda que pós-coloniais – que exigiria um desenvolvimento aprofundado, levando em conta o estatuto do inconsciente em antropologia. Claude Lévi-Strauss o define antes de tudo por sua "função simbólica" e não como um "inefável refúgio das particularidades individuais, o depositário de uma história única" (Lévi-Strauss, 1949/1974, p. 232).

A experiência do desterro mobiliza elementos por vezes inéditos na vida daquele que se aventura – já apontamos suficientemente nesse sentido. Mas, em princípio, nada justifica que a posição de ser estrangeiro enquiste o sujeito, impossibilitando as remissões necessárias que têm por função (re)estabelecer as zonas de continuidades possíveis entre os "dois" estrangeiros que postulamos.

Poderia situar o *afora*, que justifica minha presença neste trabalho, em 2010, quando encontrei minha primeira paciente brasileira. Já fazia dezesseis anos que estava vivendo longe do Brasil, dos quais treze anos em Paris. Devo ainda mencionar que minhas primeiras férias na minha terra natal se deram somente após cinco anos no exterior. Mulher elegante, com aproximadamente 60 anos, frequentando a *high society* parisiense, veio me consultar pela indicação de sua sobrinha, que era minha amiga. Antes da nossa primeira entrevista, já havia, por acaso, cruzado com elas na rua. Nessa ocasião apresentou-me a tia. Graças a ela experimentei pela primeira vez, na prática clínica, alguns traços constitutivos da minha condição de "ser brasileiro" como esquisitamente, estranhamente familiares, ou, talvez, familiarmente estrangeiros. O interfone toca. Abro a porta e ouço um "Oi, Alfredo", inesperado para mim, pois, desde que havia deixado Porto Alegre, nunca um paciente tinha me chamado pelo meu nome, apenas pelo meu sobrenome. Com o seu cumprimento, percebo e sinto seu corpo se aproximar do meu para dois beijinhos.

Referências

Freud, S. (1997). Le fétichisme. In: S. Freud, *La vie sexuelle* (pp. 133-138). Paris: PUF. (Publicado originalmente em 1927).

Lacan, J. (1978). *Le Moi dans la théorie de Freud et dans la technique de la psychanalyse*. Paris: Seuil. (Publicado originalmente em 1955).

Lacan, J. (1999). *L'Objet de la psychanalyse*. Paris: AFI. (Publicado originalmente em 1965).

Lévi-Strauss, C. (1974). *Anthropologie structurale*. Paris: Plon. (Publicado originalmente em 1949).

Melman, C. (2000). Os efeitos subjetivos da migração linguística. In: *Um inconsciente pós-colonial, se é que ele existe* (pp. 197-209). Porto Alegre: Artes e Ofícios. (Publicado originalmente em 1992).

Psicanálise no Reino Unido: ascensão e declínio

Elis Cristina Davila Fernandez

 ## Introdução

Partindo do pressuposto de que problemáticas subjetivas são singulares e de que o percurso de cada sujeito e o de sua constituição psíquica são resultado de conflitos inconscientes, e considerando que esses conflitos são constantemente atualizados, a questão da migração, em primeira instância, evoca a entrada em um novo universo simbólico no qual está presente a possibilidade de criativamente intervir em um novo sistema de significação.

Em sua análise de James Joyce, Lacan (2016, p. 164) discute como não somos apenas recipientes passivos de significados culturais; ao contrário, podemos reformular esses significados. Isto é, o significante não é apenas uma produção do Grande Outro, a linguagem por excelência acolhe e mistura elementos do real e pode se tornar um instrumento maleável de significado contra--hegemônico.

A entrada em uma nova cultura causa uma perda, mas ao mesmo tempo propicia um encontro com um outro simbólico, e com isso novas potencialidades podem ser desenvolvidas. O modo como o sujeito lida com isso dependerá do que essa cultura oferece, do que ela evoca e de como o sujeito se relaciona com o novo e com o que deixou. Ou seja, a forma como o sujeito vai se apropriar desse lugar de alteridade depende da confluência de fatores externos e das diretrizes inconscientes que determinam seu destino psíquico. A ligação entre linguagem e migração foi central na vida de Freud. Freud foi um migrante quatro vezes, e como judeu a alteridade sempre o acompanhou. Foi confrontado com quatro diferentes línguas: tcheco, falado na Morávia e também a língua do seu meio social e de sua babá; iídiche, falado pela mãe; hebraico; a língua religiosa de seu pai; enfim, o alemão, língua em que é educado e de sua vida adulta após a migração para a Áustria.

Já no fim da vida, exilado em Londres, em uma carta a Raymond de Saussure, Freud evoca a problemática do migrante: "Talvez você tenha omitida a penosa questão do imigrante . . . Isso é – como devo dizer?! – a perda da língua em que se vive e pensa, e que nunca se poderá substituir por outra, por maior que seja o esforço emocional" (Freud, citado por Tourn, 2002, trad. minha).

Para Charles Melman (2010), o nascer como sujeito implica a abolição de todas as coisas a que temos apego: o país, a linguagem, e até a importância que a família tem na cultura de origem. A similaridade entre habitar uma nova linguagem e o processo analítico pode ser de alguma forma comparada a uma migração bem-sucedida, ou seja, perdas são elaboradas e novos significantes, incorporados.

Na minha experiência de migrante na Inglaterra, pude constatar certa perda simbólica da minha posição de analista. Vir do

Brasil, onde a psicanálise continua pungente, e chegar à Inglaterra, onde a psicanálise tem um reconhecimento muito modesto, demandou uma ressignificação até que eu compreendesse o que é a psicanálise nesse país. Darian Leader, um dos mais ilustres psicanalistas britânicos contemporâneos, diz: "People hate psychoanalysis in this country" ("a psicanálise é odiada neste país"; Widyaratna, 2013). Dar-se conta dessa realidade pode ser indiscutivelmente um choque para os psicanalistas brasileiros que chegam aqui iludidos com o legado de Freud, Anna Freud, Ernest Jones, Melanie Klein, Donald Winnicott, Wilfred Bion e Hanna Segal.

Para desenvolver essa questão, discutirei brevemente o percurso histórico da psicanálise no Reino Unido e alguns dos principais catalisadores que levaram Londres a ser a capital da psicanálise durante a década de 1930. Examinarei como uma convergência de fatores, como o impacto da Segunda Guerra Mundial na população britânica e a migração de Anna Freud e Melanie Klein, criaram um terreno sem precedentes para a disseminação da prática de psicanálise infantil e asseguraram o nascimento de uma psicanálise fundamentalmente britânica. Discutirei os motivos do lugar modesto que a psicanálise atualmente ocupa no Reino Unido: fatores como a separação entre psicanálise e psicologia, a revolução psicofarmacológica que ocorre nos anos 1950, o paralelo crescimento de outras formas de intervenção psicológicas de vertente mais cognitiva, mas também as razões culturais.

Nesse sentido, argumentarei que a práxis psicanalítica vai contra o *ethos* britânico que reforça a supressão de todo comportamento que indique vulnerabilidade ou sofrimento.

Ernest Jones e a Universidade de Cambridge

De acordo com o historiador Kuhn (2017), em 1911 um grande número de médicos praticava psicanálise no Reino Unido. Freud e suas teorias eram temas comuns em conferências médicas, nem mesmo teorias controversas ligadas a sexualidade tiveram resistências significativas. Para a maioria da classe médica, o que realmente interessava era a viabilidade da prática psicanalítica nas instituições psiquiátricas. Vale ressaltar que, embora a psicanálise fosse entusiasticamente promovida, isso ocorria dentro da categoria das "novas psicologias", que abrangia vários tipos de psicologia experimental e novas ideias de psicoterapia.

Ernest Jones foi crucial para o desenvolvimento da psicanálise no Reino Unido, sendo o mais próximo e fiel colaborador de Freud, difundindo suas teorias, institucionalizando a profissão de psicanalista no campo médico, mas também ativamente facilitando a vinda para Londres de Freud e sua família, bem como de vários outros psicanalistas europeus que fugiam do antissemitismo.

Foi com Carl Jung que Jones organizou o primeiro congresso de psicanálise em Salzburg, Áustria, em 1908, onde conheceu Freud. Nesse mesmo ano Jones mudou-se para o Canadá, onde iniciou um período de quatro anos no Hospital Geral de Toronto e começou a ensinar psicanálise, experimentar técnicas psicanalíticas e participar ativamente do processo de estabelecimento da Sociedade Psicanalítica Americana, que ocorreu em 1911. Em 1913 Jones retornou a Londres, criou o *International Journal of Psychoanalysis*, o qual editou até 1939, e fundou a Sociedade Psicanalítica Britânica, com apenas quinze membros; entre eles, somente dois tinham experiência na prática de algo parecido com a psicanálise (Pauskauskas, 1996).

A proliferação de ideias psicanalíticas no Reino Unido no início do século XX também se deve à recepção da psicanálise na Universidade de Cambridge (Cameron & Forrester, 2017; Kuhn, 2017), não apenas o berço da elite intelectual britânica, mas também o principal centro científico do Reino Unido. Entre os psicanalistas com grande associação à Universidade de Cambridge estão John Rickman, James e Alix Strachey, Karin e Adrian Stephen, Joan Riviere, Susan Isaacs, Donald Winnicott e John Bowlby.

Em 1890, William Rivers iniciou o ensino de psicologia experimental nessa universidade, e Charles Myers, seu aluno, se tornou a principal figura no desenvolvimento da psicologia em Cambridge. Em 1910 Rivers associou-se a dez colegas com interesses que iam da antropologia à educação e fundaram a Sociedade Britânica de Psicologia.

O interesse de Myers na psicologia e o seu engajamento em examinar processos e transtornos mentais o levaram, em 1913, a prover fundos anonimamente para criar o laboratório de psicologia de Cambridge. Na inauguração, Myers explicitamente reconheceu a importância da psicanálise para o desenvolvimento da psicologia (Cameron & Forrester, 2017). Vale lembrar que o desenvolvimento das novas psicologias produziu uma mudança de paradigma na forma de entender e tratar o paciente psiquiátrico. Esse deslocamento se intensificou no período pós-Primeira Guerra.

A partir dessa época, as ideias de Freud começaram a ser utilizadas no tratamento de trauma pós-guerra e, no âmbito social, a psicanálise se tornou um meio para examinar o trauma coletivo sem precedentes que arrebatava o país. Um dos textos de Freud que exemplifica esse momento histórico é *Além do princípio do prazer* (1920-1922/1955), em que a noção de forças opostas – instinto de morte, Tânatos, e de vida, Eros – produz uma experiência humana composta não apenas de busca do prazer, mas também de violência e autodestrutividade. Intrinsecamente associadas à recepção da psicanálise em Cambridge, as teorias de Freud ganham o apoio do grupo Bloomsbury,[1] de forma promissora e íntima.

A Hogarth Press, fundada por Leonard e Virginia Woolf, foi a editora oficial das obras de Freud (Karin Stephen, cunhada de Virginia Woolf, era psicanalista). Seus tradutores e editores eram o irmão e a cunhada de Lytton Stratchey, James e Alix Stratchey. Essa proximidade intelectual com o Bloomsbury garantiu a familiaridade do pensamento psicanalítico não só nos meios literários de vanguarda, mas também nos círculos políticos (Cameron & Forrester, 2017).

Na década de 1930, a preocupação com a prática da "psicanálise selvagem" e a necessidade de tornar a psicanálise uma ciência aceita na área médica levaram Ernest Jones a criar novas diretrizes que excluíam a participação de não membros na Sociedade Psicanalítica Britânica e promoviam a psicanálise como profissão autônoma (Forrester, 1991).

As implicações de tornar a prática da psicanálise exclusiva a membros associados à Sociedade por um lado inibe o crescimento da psicanálise num discurso científico mais amplo das "novas psicologias", mas por outro assegura o reconhecimento da psicanálise na área médica. A consequência direta de divorciar a psicanálise da psicologia foi o isolamento do ensino da prática psicanalítica. Diferentemente do Brasil, onde psicanálise faz parte do currículo de Psicologia, o que facilita substancialmente sua propagação, no

---

1 O Bloomsbury era um grupo de escritores, artistas e intelectuais formado em 1905, que se reunia no distrito londrino de Bloomsbury para discutir ideias pouco convencionais como feminismo, casamento aberto e direitos dos homossexuais. Entre seus membros se incluem a escritora Virginia Woolf, o economista John Maynard Keynes e o escritor e crítico Lytton Stratchey.

Reino Unido a psicanálise pertence a uma área teórica e prática isolada das outras formas de tratamento psicoterapêutico.

Psicanálise britânica

Durante as décadas de 1920 a 1940 Londres recebeu um grande fluxo de migrantes psicanalistas fugidos do antissemitismo e se tornou o centro da psicanálise no mundo (Frosh, 2005).

Em 1938 Freud e sua família deixaram Viena e chegaram a Londres. Dois dias depois de sua chegada, Freud escreveu: "o triunfante sentimento de liberdade é muito fortemente misturado com o luto, pois passei a muito amar a prisão de que fui libertado" (Akhtar, 2014, p. 215, trad. minha). Freud gravou uma breve mensagem para a rádio estatal BBC em que fala sobre a importância da psicanálise. Já em estado avançado de câncer, sua voz faz transparecer sua fragilidade, mas também certa ternura. Freud morreu um ano depois, sob ameaçador céu de Londres em guerra, antecipando os bombardeios alemães.

Durante a Segunda Guerra todas as capitais britânicas foram fortemente bombardeadas, o que levou o governo a incentivar abrigos coletivos em áreas abertas e a criar um programa maciço de evacuação de crianças para regiões rurais – um quarto da população foi realocada. Crianças em idade escolar acompanhadas por professores foram enviadas para vilarejos onde famílias desconhecidas as abrigavam. Essa operação de evacuação infantil foi chamada de Operação Pied Piper (que se refere ao conto folclórico alemão "O flautista de Hamelin"). A situação de não saber para onde iam, o que fariam e quando voltariam, muitas vezes tendo de ficar em abrigos por tempo indefinido, por falta de famílias suficientes para abrigá-las, expôs toda a população de forma muito pungente a experiências traumáticas de perda e separação.

Assim, os anos que seguiram à chegada de Freud foram os mais importantes na história da psicanálise britânica: os efeitos da Segunda Guerra Mundial elevaram o papel da psicanálise infantil; mais do que em qualquer outro lugar do mundo, as perdas da guerra se tornaram um terreno de grande aprendizado e desenvolvimento da prática psicanalítica.

Sob o choque das bombas, analistas migrantes que já haviam desenvolvido trabalho em psicologia infantil, como Anna Freud em Viena e Melanie Klein na Alemanha, e analistas locais, como John Bowlby e Donald Winnicott, foram convocados para amenizar os efeitos psíquicos da guerra e tratar de suas vítimas mais visíveis, as crianças.

A psicanálise passou a ocupar um lugar de importância na saúde pública, operando em vários locais como: orfanatos, reformatórios juvenis, hospitais e rádios; ela exerceu um profundo impacto no entendimento da relações mãe-filho não só em nível clínico, mas também social. A segunda geração de proeminentes psicanalistas, como Melanie Klein, Anna Freud, John Bowlby, Susan Isaacs e Donald Winnicott, não somente desenvolveu novas teorias, mas também influenciou profundamente o destino da psicanálise britânica.

Em 1940, Anna Freud e sua companheira Dorothy Burlingham fundaram o orfanato Hampstead War Nurseries, um centro para crianças e famílias vítimas dos bombardeios em Londres. Anna Freud se refere à experiência como um experimento no qual o tratamento e a observação de crianças ajudaram no desenvolvimento de novas teorias infantis. Quando a guerra terminou, o orfanato Hampstead War Nurseries se tornou um instituto para psicanálise infantil chamado Hampstead Child-Therapy Courses.

Os estudos e observações de Anna Freud e Dorothy Burlingham estão documentados em vários livros, como *Young children in war--time*, *Infants without families* e *An experiment in group upbringing*. A contribuição de Anna Freud para a psicanálise foi resumida em duas obras: *Research at the Hampstead Child-Therapy Clinic (1956-1965)* e *Normality and pathology in childhood* (1965).

Bowlby, que no princípio da guerra era psiquiatra do exército, se juntou a Winnicott e Melanie Klein em Cambridge, cidade que abrigava grande número de evacuados. Quando partiu para a Escócia, Melanie Klein manteve constante correspondência com Bowlby. Durante esse período Klein analisou Richard, um menino de 10 anos, trabalho que culminou na sua obra *Narrativa de análise de uma criança* (1994), em que reflete sobre suas teorias, sentimentos e dilemas evocados por esse tratamento.

Como Anna Freud, Donald Winnicott também se incumbiu de tratar crianças desabrigadas, trabalhando na operação de evacuação do governo. Preocupado com os efeitos da falta de vínculos emocionais e com o comportamento delinquente, Winnicott formou centros onde a membros era dado o papel simbólico de figuras paternas e maternas.

No âmbito intelectual foi um período de grandes conflitos internos na Sociedade Psicanalítica Britânica. Em 1942, se iniciaram as famosas "Discussões Controversas" – Anna Freud e Edward Glover se opõem à legitimidade psicanalítica das teorias de Melanie Klein, e há uma cisão interna em que grupos se dividem entre kleinianos e vienenses.

Ainda que, em 1943, Susan Isaac, no texto "The Nature and Function of Phantasy" [A natureza e função da fantasia] (que depois foi publicado em *Developments in Psychoanalysis*) – considerado seminal na história da psicanálise britânica –, argumente que o conceito psicanalítico de fantasia (como articulado por Melanie

Klein) está intrinsecamente relacionado à teoria freudiana de fantasia, as discussões entre vienenses e kleinianos continuaram até 1944, quando Klein apresentou seu trabalho "The emotional life of the infant" [A vida emocional do bebê] (King & Steiner, 1992). Com grandes aliados, como Winnicott e Bowlby, Melanie Klein assegurou seu lugar na Sociedade Britânica de Psicanálise. Outros psicanalistas, como Hanna Segal e Herbert Rosenfeld, expandiram suas ideias demarcando o destino da Sociedade Britânica e da escola das relações de objeto.

Nos anos 1950 a psicanálise continuou se difundindo no âmbito social. A BBC, por exemplo, produziu documentários sobre casos clínicos de Freud, como o Homem dos Ratos. Winnicott, o mais carismático e acessível psicanalista britânico, tinha um programa de rádio no qual discutia o desenvolvimento emocional infantil de forma didática e encorajava pais a seguirem suas tendências naturais. Baseado nesse programa de rádio, Winnicott escreveu *A criança, a família e o mundo de fora* (1964). Até sua morte, em 1971, Winnicott foi figura proeminente na Sociedade Britânica de Psicanálise, que presidiu duas vezes.

Revolução farmacológica e a cultura britânica

Em 1940 o uso de lítio, primeira droga psicotrópica (moduladora de humor) no tratamento da depressão maníaco-depressiva, trouxe grande esperança no campo psicofarmacêutico. Nos anos 1950 antipsicóticos e antidepressivos começaram a ser largamente desenvolvidos em laboratórios. William Sargant, um dos mais renomados psiquiatras britânicos da época, profetizava que nos anos 2000 as drogas eliminariam os distúrbios mentais das sombras dos municípios e das loucuras de Freud (Porter, 2002).

A psicofarmacologia prometia vários ganhos, por um baixo custo, como eliminar o sofrimento psíquico, a institucionalização, o uso da psicanálise e de cirurgias irreversíveis como a lobotomia. Também assegurava à psiquiatria uma identidade de maior importância dentro do campo médico. Até os anos 1950 a psiquiatria de alguma forma respeitava os preceitos psicanalíticos e ambas andavam em caminhos paralelos. Com o advento da psicofarmacologia essa ligação se rompeu. Associado à revolução farmacológica que veio permitir uma pílula para qualquer problema, ocorreu o crescimento de novas técnicas psicoterapêuticas mais pragmáticas para a eliminação e o gerenciamento de sintomas.

A partir dos anos 1960 a popularidade da psicanálise começou seu franco declínio no Reino Unido. Alguns autores alegavam que, apesar da propagação de ideias psicanalíticas e do reconhecimento da importância da escola de relações objetais, a psicanálise não era realmente incorporada à prática psiquiátrica britânica. Um extensivo corpo de pesquisa do período pós-Segunda Guerra Mundial testificou a rejeição da psicanálise no Reino Unido por falta de validação científica e pragmatismo (Rudnytsky, 2013).

Além disso, para lidar com a imensa devastação que se esperava durante a Segunda Guerra, políticas públicas tentaram gerenciar o sentimento nacional promovendo atitudes estoicas. Por exemplo, em 1939, com o intuito de evocar um espírito contido e resoluto, o governo britânico disseminou pôsteres com os dizeres: "Keep calm and carry on" ("Fique calmo e prossiga"). Esse tipo de raciocínio reafirma elementos do *ethos* britânico demonstrados por máximas populares como: "Never complain, never explain" ("Nunca reclame, nunca explique") e a expressão "Stiff upper lip" ("Lábio superior rígido"), que, embora de origem estadunidense, é usada tradicionalmente no Reino Unido para se referir a um traço de caráter britânico: a falta de demonstração de emoções diante de situações adversas – o tremor do lábio superior denunciaria uma fraqueza, apontaria medo ou vulnerabilidade.

Em abril de 2017, o príncipe Harry causou polêmica ao dizer que a repressão de suas emoções após a morte da mãe, Lady Diana, o levou a anos de sofrimento e que, com 20 anos, buscou tratamento psicoterápico. Seu irmão, príncipe William, condenou o estigma que problemas de saúde mental têm no Reino Unido e apelou para que as pessoas abandonassem o "stiff upper lip" e se sentissem mais abertas para discutir suas emoções (Prince William says keeping a stiff upper lip can damage health, 2017). Uma mudança simbólica de tal magnitude demanda uma mudança de valores culturais e a aniquilação do discurso dominante que estabelece uma equação entre demonstração de emoções e fraqueza e que critica a cultura da terapia alegando que esta produz sujeitos frágeis, irresponsáveis e vitimizados.

Critica à cultura da terapia

A "cultura da terapia" é um termo que tem sido utilizado nos meios sociológicos para definir uma generalizada emocionalização na cultura que já ocorre há vinte anos. Esse suposto excesso de emoção está ligado não apenas à falta da contenção desses sentimentos, mas também à busca de autorrealização e autodescobrimento. A "cultura da terapia" reflete uma maior capacidade de reflexão. Trata-se de uma preocupação relativamente nova em que se prioriza o bem-estar em vez de trabalho e conquistas (Richards & Brown, 2002).

Esse trabalho de reflexão, que conduz a processos terapêuticos, é considerado, por alguns dos mais renomados sociólogos britânicos, como Frank Furedi (2004) e Nikolas Rose (1999), altamente debilitante.

Para Furedi, a cultura da terapia promove passividade e autolimitação, o sujeito se torna frágil, vulnerável, sua preocupação com suas questões o leva a uma dependência da *expertise* terapêutica, causando ansiedade e apreensão, em vez de encorajar o potencial humano. Em sua visão, o maior legado da cultura de terapia é o encorajamento da vulnerabilidade e a narrativa de impotência. Terapia, em vez de dar suporte, encorajaria conformidade e um "sujeito diminuído" (*"diminished self"*). Esse senso de vulnerabilidade levaria o indivíduo a se sentir menos responsável por suas escolhas e comportamentos que antes eram entendidos como pecado ou falha moral, e na cultura da terapia são chamados de adicção. O discurso de determinismo psíquico alienaria o indivíduo e não o responsabilizaria por suas ações; sua falha moral seria racionalizada.

Similarmente, Nikolas Rose, um dos mais respeitados socialistas ingleses, em *Governing the Soul* (1999), alega que a sinergia entre psicologia e suas afiliadas – "psi" – constrói uma ideia de que autonomia e autodeterminação são valores a serem conquistados para suportar o peso da liberdade. Para Rose, a autoridade terapêutica criou um novo vocabulário e formas de pensar e se comportar. Sob essa autoridade terapêutica a nova ontologia relacional teria se engendrado de forma que ditaria não apenas como o indivíduo deve governar sua vida, mas também como interagir e pensar em todos os domínios relacionais, essencialmente prescrevendo o modo como o indivíduo experiencia a vida.

Outros autores britânicos também acusam a "cultura da terapia" pela exploração comercial de livros de autoajuda e pela criação de uma cultura de vitimização. Embora haja um claro extremismo na posição desses autores em sua crítica, esse posicionamento parece revelar o que Darian Leader, já citado, diz: "este país odeia psicanálise". A psicanálise representa o que deve ser evitado.

O consagrado jornalista e historiador britânico Leo McKinstry (2017, trad. minha) explicita claramente esse ponto:

> *Alguns, como nossos príncipes, talvez vejam isto (a cultura da terapia) como uma moda, um sinal de que o Reino Unido está se tornando mais aberto e humanitário. Eu acredito que o oposto seja o caso. Não há compaixão quando se encoraja uma vasta porção da população a acreditar que estão tomados por distúrbios mentais. Pelo contrário, é o cúmulo da crueldade roubar as pessoas de fé em sua própria sanidade e resiliência.*

Ou seja, buscar ajuda terapêutica vai contra o ideal estoico britânico, em que por um lado há a crença na primazia da razão sobre as emoções, e o recurso terapêutico impossibilitaria o indivíduo de exercer sua resiliência e de se autorresgatar em momentos de sofrimento psíquico e conflito, e por outro há o medo de que em momentos de crise, se o indivíduo entrar em contato com suas emoções, ocorrerá um colapso. São esses mandatos imaginários que condensam o simbólico no qual é fundado o sujeito (não dissociado dele) e a psicanálise britânica.

Contudo, apesar desse mandato simbólico que faz com que a psicanálise seja quase que subversiva, como sempre é o caso, ela sobrevive no Reino Unido em um nicho que se sustenta reproduzindo seu discurso de falta. Referências trazidas por migrantes são pouco afetadas pelo estoicismo britânico, isto é, embora exista um período de estranhamento do que significa na cultura britânica a psicanálise e ser um analista, segue-se um momento de realização, em que a linguagem continua operando na sua incapacidade de dizer tudo. A resolução britânica não dá conta de conter o mal-estar que persiste; isto é, o furo no simbólico não desaparece com a adaptação a um discurso estoico, e é justamente nesse buraco que reside a psicanálise, em escutar esse mal-estar sem a intenção de restituí-lo ao seu lugar sem lacunas; no qual o sujeito pode, para além do seu encontro com esse mal-estar, advir no que há de imprevisível.

Referências

Akhtar, S. (2014). *Immigration and acculturation: mourning, adaptation, and the next generation.* Washington DC: Rowman & Littlefield Publishers.

Cameron, L., & Forrester, J. (2017). *Freud in Cambridge.* Cambridge: Cambridge University Press.

Forrester, J. (1991). *The seductions of psychoanalysis: Freud, Lacan and Derrida.* Cambridge: Cambridge University Press.

Freud, S. (1955). *Beyond the pleasure principle.* In S. Freud, *Standard Edition of the complete psychological works of Sigmund Freud* (Vol. 18, pp. 7-64, J. Strachey, Trans. and Ed.). London: Hogarth. (Publicado originalmente em 1920-1922).

Frosh, S. (2005). *Hate and the "Jewish science": anti-semitism, nazism and psychoanalysis.* London: Palgrave Macmillan.

Furedi, F. (2004). *Therapy culture: cultivating vulnerability in an uncertain age.* London/New York: Routledge.

King, P., & Steiner R. (1992). *The Freud-Klein Controversies 1941-1945.* London: The New Library of Psychonalysis.

Klein, M. (1994). *Narrativa da análise de uma criança.* Rio de Janeiro: Imago.

Kuhn, P. (2017). *Psychoanalysis in Britain, 1893-1913: Histories and Historiography*. London: Lexington Books.

Lacan, J. (2016). *The Sinthome – The Seminar of Jacques Lacan, Book XXIII*. Cambridge: Polity Press.

McKinstry, L. (2017). Our obsession with mental health is far from healthy. *Express*. Recuperado de: https://www.express.co.uk/comment/columnists/leo-mckinstry/803114/mental-health-illness-campaign-lobby-depression-obsession-leo-mckinstry

Melman, C. (2010). Transcript of a talk given by Charles Melman and simultaneously translated by Cormac Gallagher at an international Conference Why was Psychoanalysis Founded by an Emigrant? which was hosted by the New Studies on Hysteria, Dublin in collaboration with the *École Pratique des Hautes Etudes en Psychopathologies*, Paris and held on December 9th, 2017 in Marino Institute.

Pauskauskas, A. (1996). *The complete correspondence of Sigmund Freud and Ernest Jones 1908-1939*. Cambridge: Harvard University Press.

Porter, R. (2002). *Madness: a brief history*. Oxford: Oxford University Press.

Prince William says keeping a stiff upper lip can damage health. *BBC News*. Recuperado de: https://www.bbc.co.uk/news/uk-39625897

Richards, B., & Brown, J. (2002). The therapeutic culture hypothesis: a critical discussion. In T. Johansson, & O. Sernhede (Eds.). *Moulding Identities: Lifestyle, Pleasure and Reflexivity* (pp. 97-114). Goteborg, Sweden: Daidalos.

Rose, N. S. (1999). *Governing the soul: the shaping of the private self.* London: Free Association Books.

Rudnytsky, P. (2013). *The psychoanalytical vocation: Rank, Winnicott and the legacy of Freud*. London: Routledge.

Tourn, L. (2002). Freud exilé. *Topique*, 3(80), 15-22.

Widyaratna, K. (2013). Interview with Darian Leader. *The White-Review*. Recuperado de: http://www.thewhitereview.org/feature/interview-with-darian-leader/

Conceitos e práticas

Érica Raquel Rocha de Oliveira

Sed hombres de mal gusto.
Yo os aconsejo el mal gusto,
para combatir los excesos de la moda.

Antonio Machado

O propósito original deste texto era descrever fragmentos de casos em que os idiomas português e espanhol se misturam na fala de alguns pacientes durante as sessões. Algo que, podemos afirmar, ocorre com muita frequência, mais em pacientes brasileiros que em pacientes *hispanoparlantes*. Mal comecei a escrever sobre o tema, percebi a linearidade de minha proposta: estava adotando um olhar antropológico. Flagrei-me fazendo separações taxativas, culturais, e de incidências generalizadas, ligadas a possuir um idioma ou outro. E refleti bastante sobre o que significaria falar uma língua. Que, mais do que possuirmos um idioma, o fato de sermos possuídos por uma língua, apalavrados e marcados por ela por meio dos significantes maternos, nos faz construir um corpo. De modo que uma língua constitui e marca as bordas de um corpo, e sem isso não há corpo.

Colette Soler (2013) recorda a afirmação de Lacan de que *não se é* um corpo, nem se nasce com um, é algo que ocorre como efeito das marcas causadas pelos significantes. A mesma coisa pode-se dizer de um idioma: não se é um idioma, tem-se um idioma, é algo adquirido por meio do outro. E, consequentemente, a aquisição de uma língua é possibilitada pela entrada do sujeito no campo da linguagem. É o passaporte e o visto para a condição do falasser. Os ecos dessas marcas significantes que afetam o corpo é o que esperamos fazer ressoar como analistas.

Então não pude deixar de me perguntar o que significava adotar o idioma de outro país; se isso implicava uma espécie de afastamento do sujeito de suas marcas; se essa espécie de excursão de uma língua a outra era testemunha desse hipotético afastamento. Quis então generalizar e chegar a conclusões: possui estatuto de ato falho cada aparição de uma palavra estrangeira. Mas não era o momento de concluir, era o de ver. E principalmente de fazer-me uma pergunta que até então não estava formulada: quando Lacan fala da língua e do significante, refere-se a um idioma? O significante é uma palavra? Qual estatuto clínico poderia oferecer essa questão?

Antecipo que essa interessante questão será abordada no final deste texto, mediante a narração de um fragmento de caso. Por enquanto será postergada. Sim, como muitas outras coisas que foram postergadas e modificadas devido ao golpe da pandemia de covid-19.

Estamos no dia 23 de março de 2020 em Buenos Aires. Da noite para o dia o grande assunto para o mundo inteiro é a pandemia. O contágio por esse misterioso vírus. Os números de mortos. As probabilidades de contágio. A modificação das rotinas: quarentena sim, quarentena não, eis a questão. Um novo conjunto de regras para os movimentos e o "contato social".

Há três dias a cidade está praticamente vazia. Funcionando, apenas alguns supermercados, negócios de comida, farmácias e outros pouquíssimos comércios. Não se sabe até quando vai durar a quarentena nem como vai avançar ou retroceder a temida pandemia.

Hoje, 31 de março de 2020: prorrogação da quarentena até 13 de abril. Nos noticiários os assuntos são os mesmos: primeiros óbitos por coronavírus; teme-se mutação do vírus; temem-se consequências que vão desde o ponto de vista sanitário ao econômico. E esse microscópico inimigo da humanidade funciona como Cérbero,[1] que, ao retorcer seu rabo de serpente, determina e envia os recém-chegados a distintos setores do inferno. Péssimo momento para ser velho ou com baixa imunidade. Péssimo momento para os trabalhadores informais, ou autônomos... Nos jornais online, mais do mesmo, publicam cifras, descensos, quedas na bolsa, desemprego, loucuras acumuladas pelo atual presidente de turno, Bolsonaro (que vai passar para a história como um débil mental genocida)...

Como a maioria dos colegas de profissão, substituí a modalidade clássica de atendimento realizado em consultório para online ou remoto; por tempo determinado pelo curso da pandemia. A totalidade dos meus pacientes aderiu ao atendimento online sem questionamentos. Vale a pena informar algo muito local, de Buenos Aires, nesse ponto: sempre houve muita divisão nas opiniões dos analistas entre atender online ou presencialmente. Muitos, ortodoxos, rejeitam terminantemente essa posição, alegando que

---

1 Demônio do poço, era o cachorro de três cabeças guardião da porta do reino de Hades, o inferno grego: assegurava que os mortos não saíssem e que os vivos não pudessem entrar.

"o corpo" do analista, a presença física é fundamental numa análise. Sinceramente nunca tive notícias de nenhuma fundamentação teórica séria e exaustiva sobre o assunto. A uma simples e primeira vista, acho que isso forma parte de preconceitos e pontos que ainda não foram estudados, tanto como a passagem de um paciente da cadeira para o divã. Ou até mesmo o uso do divã. Exceto por tradição, ou ritual de analista, sabemos mesmo por que o usamos?

E, voltando às repercussões da pandemia na mídia [permitam-me uma digressão, e que me sigam num pequeno exercício de imaginação. A pandemia existe fora da mídia? Digo, se apagarmos a televisão, desconectarmos internet e jornais, existirá a pandemia? Imaginemos um indivíduo chegado do nada, ou de um lugar sem acesso a nenhum desses dispositivos, e que portanto não sabe do que está acontecendo, pois também não tinha quem lhe contasse; esse sujeito caminhando por Buenos Aires pela primeira vez se encontraria com uma cidade muito bonita, quase sem poluição, pouquíssimas pessoas na rua, alguns supermercados abertos, algumas farmácias, poucos carros. Haveria uma pandemia para esse sujeito?], nem bem todas as notícias começaram, apareceram conjuntamente muitas declarações/mensagens, publicações maciças de colegas via redes sociais. Uma dessas mensagens copiadas e coladas exaustivamente por muitos foi tão repetida, mas tanto, que passei a desconfiar que essa repercussão pudesse indicar algo: uma espécie de *febre* em certa prática que insiste nominar-se dentro do campo da psicanálise.

No dia 22 de março de 2020 começa a viralizar no Facebook:

Me uno a essa iniciativa:

Sou psicóloga e se durante estes dias você se sentir com alto nível de estresse, crise de ansiedade ou angústia, ou se conhece alguém que está atravessando essa situação nesse período de isolamento social/quarentena, pode escrever-me. Estou disposta a escutar-te e oferecer meu apoio voluntário online durante esse período delicado.

A saúde mental também é importante!

#vocenaoestásó #contagiandosolidariedade #fiquemosemcasa #noscuidemosunsaosoutros

Me sumo a la iniciativa:

Soy psicóloga y si durante estos días te encontrás en una situación de alto nivel de estrés, crisis de ansiedad o angustia, o si conoces a alguien que esté atravesando por esta situación durante este periodo de aislamiento social, no dudes en escribirme. Estoy dispuesta a escucharte y brindarte mí apoyo voluntario online en ese periodo difícil.

La salud mental también es importante!

#noestassolo #contagiandosolidaridad #yomequedoencasa #yotecuidotumecuidas

Rapidamente verifico a aderência de muitos colegas que copiam e colam essa mensagem nos seus murais; entre eles alguns fazem o mestrado de Psicanálise, outros, os cursos de formação de diversas escolas, outros, mais experimentados, já fizeram mestrados, cursos, inclusive dão classes de formação. *E por isso essa mensagem me chama a atenção.* Não me surpreenderia ler esse tipo de mensagem escrito por aderentes de alguma corrente de psicologia, ou até mesmo dessas carreiras terciárias que, sendo bem honesta, me parecem absurdas, como *coach* ontológico, tarotista, e todas as práticas desse gênero e espécie... Mas veio de colegas essa mensagem. E instituições com tradição em formação, como a Escuela de la Orientación Lacaniana (EOL) e a Escola Freudiana, fizeram a própria versão do "me uno" ou "me sumo", oferecendo – sem que ninguém demandasse – análise gratuita aos profissionais da área da saúde... Algo muito parecido ao texto disseminado e, devo admitir, preocupante. Não tão preocupante quanto a pandemia, mas preocupante, enfim: é da saúde da psicanálise que estamos falando. De modo que parece adequado e pertinente não deixar isso passar em branco; e fazer alguns comentários, breves para não cansar o leitor, que além do mais poderá depois se aprofundar em cada um desses pontos, se houver interesse. Vejamos alguns tópicos para repensar nossa psicanálise.

Sobre a angústia

Essa espécie de leitura em que a angústia é em si mesma outra infecção, um mal, vírus que devemos eliminar, como profissionais da "saúde mental", e, portanto, em nome do bem-estar. Um analista combate a angústia? Ou um sintoma, quando a angústia se instala como sintoma? É tarefa do analista curar o sintoma? Freud, desde os primórdios, nos dissuadia do levantamento do sintoma, e também do *furor curandis*. Lacan, na altura do Seminário 11, nos deixou reflexões muito valiosas, ao fazer a releitura e reformulação do texto freudiano de *Inibição, sintoma e angústia*. A angústia como a última instância de atravessamento da inibição e do sintoma; como o maior grau de dificuldade e de movimento. Sim, é um afeto que vem do real. Curar um sujeito da irrupção de seu real? Essa é a ambição?

Na mensagem não fica claro se entendem angústia como um equivalente do medo ou se a pensam de outra forma; em qualquer um dos casos, promessa de curá-la é um delírio em si mesmo. É correto e perfeitamente descrito por Freud e manuais de psicopatologia que o medo pode desencadear tanto uma fuga como uma paralisia. E dá a impressão (se me permitem informalidades) de que a palavra angústia se misturou com tantos outros afetos, inclusive com a mal chamada por outros territórios de ansiedade, que todo mal-estar termina tendo o mesmo tratamento: numérico. Então a ansiedade, ira, tristeza, angústia e tudo o que estiver nesse saco de gatos passa a ser uma quantidade permitida pelo profissional da saúde, *um pouquinho sim, muito não...* Já sabemos que não. E se fosse possível que uma terapêutica pudesse arrancar a angústia de um falante? Vamos imaginar: se fosse possível, qual seria o custo para o sujeito?

A questão fundamental se aproxima e é necessária uma pergunta: qual o estatuto que damos hoje à angústia? De forma sucinta e seguindo Lacan, damos a ela estatuto de único afeto que não mente. É de enorme impacto essa frase (ou deveria ser!), e é preciso repeti-la em voz alta. *O único afeto que não mente.* Estamos diante de algo que tem a máxima importância pela relação com a verdade do sujeito. Esse afeto que não mente às vezes possibilita o ato. Conduz ao ato, a derrocar sua certeza, a da verdade. É uma bússola: "A angústia não é sem objetos, não é sem objeto" (Lacan, 2006, p. 101). O sujeito encurralado pela angústia encontra-se preso, implicado e afetado no mais íntimo de si. E então...?

Sobre isolamento

A leitura de "isolamento social" como causa traumática *per se*: nunca atenderam a indivíduos com traços de caráter obsessivo, que nunca deixam de habitar sua decorada redoma de aço, com ou sem outros, mas nunca sem seu outro, esse último bem preservado e defendido? O *bunker* costuma ser algo muito típico nesses casos.

E o problema é atravessá-lo. A referência aqui é ao fantasma e ao id, onde o sujeito faz sua quarentena...

Por outro lado, verifico uma leitura "válida para todos os sujeitos", uma leitura homogênea e patológica do confinamento. A criação da patologia "confinamento". Outra mais, como o distúrbio de déficit de atenção (DDA) de antes. Assume-se que ter companhia física, próxima, é sempre "saudável". Faz pensar na fábula do porco-espinho tomada por Freud (1996) de Schopenhauer: o porco-espinho, para se livrar do frio, procura a proximidade de outro porco-espinho; quando se aproximam, é inevitável espetar-se com os espinhos, então buscam novamente a distância.

Nunca o confinamento, esse velho fantasma do sujeito, será como o de outro sujeito. E definitivamente, por essa razão, não podemos pensá-lo como padronizado. Nem dar por suposto que o confinamento vai causar angústia. Por que causaria angústia estar em quarentena? O sujeito já não está blindado pelo próprio inconsciente? Como se não pudesse estar completamente isolado, sem laços e no meio de muitos ao mesmo tempo? Por acaso o sujeito muda de fantasma ou inconsciente pelo fato de sair ou não da própria casa?

Nunca escutaram os versos do poeta Camões, cantados pelo grupo de rock dos anos 1990, *Legião Urbana:*[2] "é solitário andar por entre a gente..."?

Sobre a caridade

Essa medida de caridade, de oferecer *apoio* grátis, misturada com o afã de "emergentologista", pai de santo, sacerdote... Ao cartel dos filantropos é necessário informar que, para um indivíduo

2 Música "Monte Castelo".

desesperado, pagar às vezes pode ser um alívio. Pagar inclusive com o pouco que tem, ou pagar caro e bem pago, pode ser um alívio. E a recuperação da dignidade.

Agora, bem, também devemos considerar a caridade como essencialmente antipsicanalítica. Em teoria. Mas, infelizmente, na prática, principalmente em hospitais psiquiátricos públicos, uma regra. Esse tema se mistura com questões objetivas e econômicas dos sujeitos internados, que quase sempre são de miséria e abandono. A psicanálise ocupa um lugar muito firme nos hospitais de Buenos Aires. Porém, poucas vezes esse lugar é remunerado. Fora essa população, em situações em que deveríamos pensar que forma de pagamento entra em jogo, dos sujeitos que não se encontram na indigência, isso não leva ao pior? Poderíamos inclusive reforçar um sintoma de impotência naqueles sujeitos que fazem sintoma com o dinheiro. Nesses casos, esse oferecimento sempre leva ao pior, isto é, não leva o sujeito a procurar soluções nem invenções com o sintoma.

Mas, fora os casos extremos, em geral acontecem muitas coisas quando o sujeito paga. O dinheiro não é insignificante na clínica. E o analista paga também, sempre paga. Consigo mesmo, paga; com a retirada da própria posição de sujeito, paga. Com os ideais, paga. Com a sua pessoa, paga.

Resulta-me inacessível entender a posição de um analista fazendo um chamado nas redes, isto é, demandando, ao fazer a oferta do serviço, o atendimento grátis; em benefício de um necessitado, nesse caso nominado como sem recursos de pagamento, que nem demandou nada. Como o analista paga pelos ideais *próprios*, e com o próprio ser, quando emergem sinais da vocação de sacerdócio?

Sobre a demanda

Nenhum psicanalista é necessário. Nem deveria posicionar-se como tal. Não nos dirigimos às necessidades dos indivíduos, também não nos dirigimos aos indivíduos. Nosso problema é o sujeito do inconsciente. Sujeito entendido, como no inglês *subject* e no francês *sujet*, como o *assunto*. E, em todo caso, se existe algum chamado que a psicanálise faz é à aparição desse sujeito.

Proposta

Proponho então perguntas epistemológicas não epidemiológicas para o campo da psicanálise. Desde já, nenhuma dessas perguntas é uma tentativa de negar a gravidade da pandemia e de seus efeitos. Minha tentativa é delimitar nosso campo de ação e deixar para outros campos científicos o que é do campo deles. É do nosso campo, desde os começos da psicanálise, a distinção da realidade e do real, como algo elementar. Não trabalhamos com a realidade, isso deixamos para os epidemiologistas; trabalhamos com os registros real, imaginário e simbólico e com o quarto registro do *sinthome*;[3] este último, agregado à lógica dos três registros, no fim do ensinamento lacaniano.

Também não trabalhamos com a experimentação, nem com as estatísticas, não nos importa – mas somos empíricos, trabalhamos com casos, teorias matemáticas, da linguagem, do discurso e com hipóteses; a nossa mais firme é a do sujeito suposto saber.

A essa altura devemos afirmar algo que às vezes não parece tão óbvio: que não é na realidade onde localizamos o real. Localizamos o real na teoria. Que o define como o impossível de dizer, como a

---

3   Conceito lacaniano, assunto do *Seminário 23. El Sinthome*.

pedra em que se tropeça sempre e no mesmo lugar. Não é na realidade que está esse real.

Podemos dizer que praticamente desde os começos da psicanálise Freud substituiu a ideia de realidade pelo conceito de realidade psíquica; e a partir daí seus desenvolvimentos teóricos sobre o trauma: "Os sintomas histéricos eram efeitos persistentes de traumas psíquicos; particulares condições impediram a elaboração consciente das massas de afeto que correspondiam a eles, e por isso elas se forneceram uma via anormal de inervação corporal" (Freud, 2007, p. 264, trad. minha). De modo que a noção de trauma, separada de traumatismo, está ligada fortemente à noção de causa. Com Freud, o apoio está na tese do inconsciente como saber, e responsável pelas formações do inconsciente, entre elas o sintoma; que é possível de ser dito graças à interpretação analítica. Até aqui, somos freudianos.

Com Lacan temos outros recursos de leitura. Como a topologia. A banda de Moebius para ler, entre outras questões, a imbricação de dentro e de fora. A banda indica que não é possível percorrer alguma parte sem chegar a outra, que a ideia de interioridade/ exterioridade está refutada. Mas temos de situar o lugar onde está discutida esta exterioridade-interioridade; a resposta é: no sujeito. E em nenhuma outra parte. O vírus não existe no sujeito. Existe para o organismo, mas não para o sujeito, que é o assunto da psicanálise. Nosso assunto da psicanálise continua sendo o sujeito e não o organismo, portanto a realidade que atendemos aqui é a psíquica.

Agora sim, o inicial

Os começos imprimem marcas. A orientação lacaniana nos indica que todo começo tem a estrutura de um *ato*; ou seja, tem como antessala uma encruzilhada, uma escolha forçada. Forçada, sem garantias, inédita. É uma marca indicando que haverá um antes e um depois. A estrutura do ato, então, indica que não há retorno ao estado anterior. Pois bem, meu início na prática psicanalítica foi um ato. A moldura desse ato teve e tem as seguintes contingências: nunca pratiquei no Brasil, me formei na Argentina. De modo que desde o começo não atendi numa só língua, numa só cultura. Já de entrada atendia a brasileiros migrantes, estrangeiros latino-americanos e argentinos. A seguir vou descrever um caso em que duas culturas, a brasileira e a argentina, se misturaram como numa banda de Moebius.

Vamos chamá-la de P. Fazia pouco que P. estava de volta a Buenos Aires. Morou durante muitos anos em São Paulo; lugar onde, relatava, havia passado os melhores anos de sua vida. Lá, se afiançou na profissão, ocupou bons cargos nas suas áreas de atuação, estava contente com o próprio desempenho, recebia o reconhecimento dos colegas e, além do mais, tinha muitos amigos, conheceu o marido brasileiro, se casou etc. – descrevia sempre um paraíso perdido.

Sentia que sua existência perdia sentido em Buenos Aires. Seu regresso, depois de dezessete anos de migração, foi apressado pela doença e pelo envelhecimento da mãe, "tive que voltar, mas não queria". De maneira que não conseguia reconciliar-se com o inexorável fato de ter voltado. Sentia-se mais estrangeira do que nunca em Buenos Aires; e, em São Paulo, sentia-se em casa, acolhida. Frequentemente o assunto de se algum dia voltaria ou não para o Brasil era o principal tema de muitas sessões. Havia deixado uma porta aberta em São Paulo: um apartamento que não conseguia vender. E se perguntava se deveria vendê-lo ou não.

Queixava-se de estar levando uma vida monótona, insatisfatória e paralisada. Estava dividida. Tão dividida quanto estava quando partiu. Em análise se deparou com algumas questões que, pensava, haviam sido deixadas para trás com a migração, mas persistiam. Por exemplo, a sensação de desamparo e de ser estrangeira em sua própria terra. Essas persistências, entre outras maneiras, se faziam presentes por via do idioma. Escutar e falar espanhol todo o tempo a levava direto a esses lugares. No decorrer das consultas foi descobrindo que estava prisioneira de uma fuga, que havia dezessete anos já não podia ser levada a cabo. Não podia mais fugir.

Muitas vezes eu não entendia muito bem o espanhol de P.; ela captava quando isso acontecia (era professora de espanhol para estrangeiros) e como *boa paciente*, em tom professoral, explicava. E muitas vezes no meio dessa explicação ela se deparava com o fato de ela mesma não ter entendido completamente o que dissera. Então elaborava novos sentidos. Podemos afirmar que a minha ignorância foi fundamental para levá-la a associar livremente. Minha primeira lição como praticante: fundamental é não entender.

Esse aprendizado foi marcante. Não compreender, não traduzir, é o que está no coração da interpretação analítica: a ignorância é nossa condição como analista. No decorrer da análise P. fez uso dos dois idiomas. E esses usos permitiram a aparição do mal-entendido, que não depende de um idioma em si mesmo. Usou as duas línguas como objeto plástico, no sentido das artes plásticas, ou de um poema. P. foi se sentindo mais confortável com as próprias inconsistências, com os desvios de identificação em que se percebia ora argentina, ora brasileira. Ao mesmo tempo a entrada em outra cultura e a adoção de uma nova língua a confrontaram com o impossível de ser assimilado e de ser dito em qualquer um dos dois idiomas. De modo que o primeiro plano dessa análise passou de Argentina sim/Argentina não aos modos de reconhecimento de sua singularidade.

P. interrompeu a análise quando considerou que era suficiente até onde tínhamos chegado. Não posso afirmar que foi um fim de análise no sentido estrito, de como entendemos um fim de análise para analistas. Isso seria uma questão mais extensa e não poderia ser abordada em poucas palavras, senão em outro artigo. Porém, os avanços lhe permitiram sentir entusiasmo pela própria diferença e a ajudaram a modificar detalhes de sua vida cotidiana para dar lugar à estrangeira que ela é e sempre será, em toda parte.

Concluo que é possível, desde outra língua ou idioma aprendido, tocar as fibras do falasser. Sabemos que a teoria do significante lacaniana esclarece que um significante não é uma palavra, podendo ser inclusive todo um texto, com muitas palavras; ou algumas sílabas dentro de uma palavra. Por que não poderia aparecer em outra língua, então? O significante, nossa realidade de trabalho analítico, é principalmente uma oposição a outro significante, em que o sujeito se encontra no meio. Literalmente! Não é nem o significante 1, nem o significante 2, está entre S1 e S2; é a divisão que, ao ser evocada, por não poder cumprir a função de representar-se em 1 ou 2, produz nossa materialidade e realidade de trabalho, que obedece ao chamado ao mesmo tempo que evanesce: o sujeito. Assim como a impossibilidade de sua representação, que indica que o assunto será sempre outro. De modo que o analisante que fala da falta de dinheiro, da covid-19, de uma separação amorosa, da vizinha que escuta música bem alto etc. está sempre falando de outra coisa, sem se dar conta.

Referências

Freud, S. (1996). Psicología de las masas y análisis del yo. In S. Freud, *Obras completas* (Vol. XVIII). 9ª ed. Buenos Aires: Amorrortu.

Freud, S. (2007). *Tres ensayos de teoría sexual y otras obras (1901-1905)*. In S. Freud, *Obras completas* (Vol. VII). Buenos Aires, Amorrortu.

Lacan. J. (2006). *La angustia. Seminário 10*. Buenos Aires: Paidós.

Soler, C. (2013). *El cuerpo en la enseñanza de Jacques Lacan.* Recuperado de https://agapepsicoanalitico.files.wordpress.com/2013/07/colettesoler-elcuerpoenlaensenanzadejacqueslacan.pdf

Deixar-se causar pela estrangeiridade

Gabriela Gomes Costardi

Outrora eu era daqui e hoje regresso estrangeiro,
Forasteiro do que vejo e ouço, velho de mim.

Fernando Pessoa

Freud definiu a cura psicanalítica como uma cura pelo amor. A fala que o paciente enuncia só é transformativa e provoca alguma cura porque se endereça a um outro que não é qualquer. O analista é um outro que mobiliza o afeto do paciente, sua vontade de falar, sua expectativa de ouvir. Sem essa mobilização, que se chama de transferência, não há tratamento psicanalítico possível. Por outro lado, o analista se empresta para que o paciente faça uso dele da maneira que lhe convier melhor, um modo de dizer que ele se abstém de se satisfazer pessoalmente na relação com o paciente. Nesse sentido, o analista é qualquer um, aquele que o paciente precisa que ele seja.

Certamente, essa relação entre paciente e analista não é uma relação recíproca, mas díspar. O analista é qualquer um, mas não um qualquer. E, dessa condição, ele não compartilha o regime de reconhecimento do paciente. Ele não é uma fonte de validação de um certo conjunto de valores, de regulação de condutas, de instauração de ideais. Ele introduz na equação da análise um elemento enigmático, um ponto descoberto do tecido de suposições que conectam os participantes de uma mesma cultura. E, por causa da presença desse buraco, os ditos organizadores da forma de vida do paciente balançam, como no jogo Resta 1, em que a casa vazia vai fazendo os pinos se moverem pelo tabuleiro.

No jogo da análise, o analista é um sujeito meio desavisado do lugar das coisas, ora um ingênuo que recebe as mentiras sinceras do paciente, ora um curioso que quer saber das coisas menos prováveis, e, às vezes – só às vezes –, ele se mostra advertido da presença do sujeito do inconsciente. Em suma, a posição do analista é a de um estrangeiro, ele não compartilha o código cultural do paciente, e portanto pode fazer as perguntas já respondidas pelos acordos tácitos daqueles que nadam no mesmo mar linguístico--cultural; além disso, ele também é um estrangeiro no sentido de não ter direito ao voto, ou seja, sua opinião sobre o que é melhor para o paciente não entra na conta da direção do tratamento.

Uma psicanalista a autorizar-se no estrangeiro

A concepção de que o analista está na posição de estrangeiro em relação ao paciente me acompanhou quando me mudei do Brasil para os Estados Unidos. E disso deduzi que minha condição de estrangeira teria um peso em minha prática clínica no país para o qual migrei. Mudei-me para Los Angeles, na Califórnia, por razões familiares, interrompendo uma prática clínica em psicanálise lacaniana que vinha acontecendo havia cinco anos no interior de São Paulo. Nos Estados Unidos, cada estado tem especificidades legais, políticas e culturais bastante distintas, e, por isso, minha experiência representa sobremaneira o cenário do sul da costa oeste americana.

A primeira questão com a qual lidei foi a perda de um caminho que eu entrevia e me engajava em trilhar enquanto estava no Brasil. Eu fazia parte de uma instituição de psicanalistas e dava passos no sentido da transmissão da psicanálise e da constituição de uma rede de pares que me permitia estabelecer uma prática com pacientes. Eu vislumbrava um certo caminho a seguir para colocar em ato meu desejo de avançar em minha prática clínica e até mesmo contribuir com a transmissão e a reinvenção da psicanálise. A mudança de país não derrotou meu desejo, mas me deixou sem bússola em relação a como percorrer o caminho.

A comunidade de analistas lacanianos em Los Angeles é bastante reduzida e dispersa, e a ideia de que eu poderia integrar um coletivo existente foi dando lugar à percepção de que era preciso integrar a fundação de algo que pudesse responder pela formação do analista lacaniano naquele espaço. Ficou claro que fundar algo exige muito trabalho, persistência, coragem, e, principalmente, abertura para o novo. Fundar é diferente de reproduzir um modelo já existente em uma realidade nova; fundar exige validar o que é singular e diferente em cada contexto, combinar, criar, dar espaço para algo novo aparecer. O trabalho de fundação não estava nos meus planos, e esse é dos maiores desafios que ainda enfrento. Discutirei um aspecto dessa questão ao final deste texto.

Iniciei minha prática clínica no Brasil, a partir de minha graduação como psicóloga, e a condição de psicanalista foi sendo carregada como que a reboque, bem como alimentada por minha inserção em uma comunidade de psicanalistas. Entretanto, a mudança para Los Angeles gerou tanto a perda do pertencimento a essa comunidade psicanalítica quanto a perda do lugar de psicóloga.

Após um período inicial de adaptação, durante o qual terminei meu doutorado e me dediquei a aprender a língua e a me familiarizar com a cultura local, decidi que estava na hora de retornar à prática clínica no país estrangeiro. Nesse momento, sem uma licença válida para atuar como psicóloga, precisei enfrentar a questão de me nomear como psicanalista para além de qualquer diploma ou certificação – em outras palavras, colocou-se a questão da autorização.

Autorizar-se é uma operação que se coloca a cada psicanalista, ao engajar-se em uma prática com pacientes. Lacan tratou essa questão na "Proposição de 9 de outubro de 1967 sobre o psicanalista da escola", em que o autor celebremente afirma que "o psicanalista só se autoriza de si mesmo. . . . Isso não impede que a Escola garanta que um analista depende de sua formação" (Lacan, 2003, p. 248). Por um lado, há o ato de autorização do sujeito que se analisa e que passa a psicanalista; por outro lado, há alguns outros psicanalistas que constituem a escola de psicanálise e oferecem um tipo de garantia ao psicanalista, derivada da própria lógica da formação. Isso coloca em jogo a dupla vertente da formação do psicanalista, que se lança na prática em um ato de risco pessoal, mas necessariamente referido a um laço social específico, que Lacan denominou escola.

Certamente, a autorização a que me refiro não diz respeito ao final de análise, o qual também se refere à escola, mas àquele momento em que o analisante se autoriza a adentrar a prática clínica, na qualidade de analista ainda em formação. Dessa forma, as condições que advieram de eu ter me tornado estrangeira tiveram efeitos subjetivos importantes e inesperados para meu percurso como psicanalista.

Profissão regulamentada

No momento em que eu lidava com a questão da autorização, recebi um encaminhamento de uma paciente brasileira, que iria inaugurar minha clínica no país estrangeiro. Daí, começou um impasse sobre como me estabelecer em um cenário em que regulações estatais têm uma força muito grande, especialmente se comparado ao cenário brasileiro.

Nos Estados Unidos, há uma forte aliança das práticas legais tanto com o capitalismo quanto com o controle social. O que é importante para a questão que discuto aqui é a indústria de ações civis e criminais contra profissionais que cometem infrações às regulamentações que regem seus campos de atuação. Uma das consequências disso é que os profissionais buscam se filiar claramente a certos tipos de licença profissional para ter clareza de quais regulações precisam seguir a fim de se protegerem de ações legais.

Além disso, há um mútuo controle entre os profissionais de saúde mental, os quais usam a regulação estatal como reserva de mercado e ativamente se opõem a outros profissionais que trabalham sem licenças. No caso, os psicanalistas recebem licenças de institutos de formação para atuar como psicanalistas e rechaçam psicanalistas não licenciados.

A psicanálise lacaniana, por sua vez, está na contramão do imperativo da regulamentação e, até mesmo, resiste a isso na intenção de preservar a lógica de sua formação e a ética de sua práxis. A formação em psicanálise lacaniana se dá como um percurso muito singular, percorrido tanto no divã quanto em meio a uma escola de analistas. Verificar a existência de um analista é verificar uma transformação subjetiva, e isso não pode ser substituído pelo cumprimento de requerimentos para o recebimento de licenças do Estado.

O analista precisa tanto se submeter ao tratamento psicanalítico quanto se haver com questões presentes em uma escola, como saber e não saber, ensinar/transmitir e aprender, inventar saberes novos, dialogar com saberes estabelecidos por outras áreas, participar do discurso contemporâneo, conviver com pares, verificar resultados etc. Nessa lógica, ninguém se torna psicanalista por ter cumprido requerimentos universitários, além de todos os outros definidos por um conselho profissional. E, num contexto em que regulamentações são imperativas, uma separação precisa ser feita entre a lei que rege o grupo social e a ética do psicanalista. Em meu caso, persegui a validação de minha licença como psicóloga paralelamente à minha prática como psicanalista. Percurso bastante espinhoso, o qual me rendeu alguns bons frutos, como a vontade de desenvolver recursos para dialogar com o discurso médico desde a perspectiva da psicanálise.

A língua do outro

A psicanálise é uma prática de fala. Em muitos casos, as nuances linguísticas permitem ao psicanalista reconhecer uma posição enunciativa do analisante. O uso de uma palavra fora de moda ou de contexto, um trocadilho, e outros modos particulares de expressão podem indicar algo da singularidade de quem fala; e, muitas vezes, são índices da presença do inconsciente. Lembro-me, por exemplo, de como o estranhamento do repetido uso por uma analisante da palavra "embaraçado" para explicar algo que estava emperrado, que não andava, indicou a presença de um significante relativo à história infantil de uma menina com cabelos cacheados longos que sofria para pentear as melenas. O significante também se perpetuou no afeto que indicava a presença do sujeito, da menina tímida que se embaraçava na presença do outro à mulher que carregava um certo embaraço de existir e que passou a se satisfazer desse lugar.

Enfim, um dos importantes modos de dar voz ao inconsciente é pela demarcação de palavras mal colocadas, repetidas, enviesadas. Como lidar com isso quando se é um estrangeiro e a capacidade de reconhecer as nuances da língua é diminuída? Certamente, há um caldo comum de linguagem que o analista precisa compartilhar com o analisante para minimamente acompanhar a cadeia significante que se desenrola do lado do paciente. No entanto, penso que o psicanalista estrangeiro retira vantagem da condição de o inconsciente ser um terceiro para ambos os participantes da cena psicanalítica. A linguagem como dimensão de alteridade tanto ao analista quanto ao analisante é bem exemplificada quando Goldenberg (2006) relata sua interpretação sobre as associações de uma de suas pacientes relativamente a um sonho. Ela sonha que ocupa todo o céu e associa isso com um filme. Tendo conhecimento sobre o filme, o analista pontua: "A mãe judia". Mas, em vez de tomar o significante *judia* como adjetivo relativo ao substantivo mãe, a paciente o toma como o verbo *judiar*, revelando que sua questão era a crueldade da própria mãe. Nesse caso, "a mãe judia" vem do discurso do outro tanto para o analista quanto para o paciente.

Outro exemplo é quando, em uma situação de análise, a analista aponta o significante "severo" em um sonho da paciente, indicando que aquela palavra não fazia parte do vocabulário comumente utilizado por ela e apontando o fato de que a formação do sonho exige a ligação entre o resto diurno e os significantes que carregam o desejo infantil. As associações da própria paciente, no entanto, levaram à revelação de que aquele termo estava ligado principalmente a um trabalho que ela atualmente fazia, relativo à avaliação de transtornos mentais, os quais deviam ser classificados com os especificadores leve, moderado e severo, apontando a severidade de seus impasses com a atual atividade profissional, o que não era um tema visualizado no sonho até então. Ou seja, a analista aponta para uma direção, mas o alvo está em outro lugar, e o trabalho do inconsciente se coloca a partir do ato do analista, mas não como consequência da precisão de sua interpretação em termos semânticos. Nesse sentido, o analista atua como um estrangeiro, ao qual escapa uma parte do sentido convencional do discurso do paciente.

Finalmente, outro viés da questão da língua se colocou em meu atendimento a crianças brasileiras que migraram para os Estados Unidos com a família. Espera-se das crianças que falem a língua do outro sem dificuldades, que se adaptem sem rusgas ao processo de migração. Entretanto, essas crianças que atendi levavam mais tempo do que haviam lhe dado os adultos para "soltar a língua", estranhavam os modos de socialização que encontravam na escola, e demonstravam que a apropriação da fala não é um fato natural, ou um resultado linear da exposição aos estímulos necessários, mas requer também um consentimento do sujeito a se submeter ao código do outro.

Os efeitos sobre a transferência

Em meu percurso no país estrangeiro, iniciei uma prática clínica com pacientes nativos em uma clínica comunitária. Os impasses da condição de estrangeira se colocaram, inicialmente, pela percepção dos pacientes sobre meu sotaque. O contato telefônico inicial gerou, algumas vezes, a pergunta sobre minha nacionalidade, e, algumas outras vezes, a resistência a aceitar tratar-se com uma estrangeira. Como navegar essa demanda de soar como um nativo? Tarefa impossível, certamente, e esse foi um momento gerador de angústia, quando me senti colocada à prova no novo contexto.

Minha angústia advinha, em parte, de uma expectativa que eu nutria de corresponder ao ideal que era endereçado à instituição. A transferência dos pacientes era endereçada à instituição em primeiro lugar, e esta era vista como lugar de especialistas que vão aplicar técnicas para sanar o sofrimento dos pacientes. Ou seja, o saber científico é o agenciador desse tipo de discurso e o paciente é o objeto do discurso. Trata-se, nesse caso, o sofrimento humano como doença biológica, quando eliminar os sintomas psíquicos são o alvo principal do tratamento, como se não dissessem da verdade do sujeito. E, assim, o terapeuta dá ferramentas atestadas cientificamente ao paciente para que ele lide com seus problemas e se cure.

Essa é uma posição que percebo bastante forte nas demandas de tratamento que recebo nos Estados Unidos. Muitos pacientes trazem consigo categorias do DSM,[1] tanto autoaplicadas quanto recebidas de profissionais médicos, que se tornam peças importantes do tratamento. Eles demandam educação sobre seu transtorno mental e cura dos sintomas, a partir de uma posição de continuidade entre o terapeuta e o médico.

Por outro lado, o desafio que eu enfrentava no Brasil me parecia ser, em geral, um pouco diferente. Pois, mesmo quando o paciente não demandava uma análise propriamente, sendo o alívio de seu sofrimento seu único objetivo, penso que havia uma concepção mais ou menos aceita de que a terapia é um lugar a que a pessoa vai para falar de si com alguém, e não para receber a fala de alguém sobre si. Nesse sentido, o terapeuta está mais alinhado com o sábio, o padre, o professor, o melhor amigo do que com o médico. Em suma, a terapia se assemelha mais a uma cura pela fala do que a procedimento baseado em evidências científicas.[2]

---

1 *Diagnostic and Statistical Manual of Mental Disorders*, em inglês, ou *Manual Diagnóstico e Estatístico dos Transtornos Mentais*, em português.

2 *Evidence based therapy* é uma expressão bastante utilizada no inglês para o

Em minha experiência, quando o sofrimento do paciente é formulado, logo de saída, em termos de um nome diagnóstico, há um curto-circuito no discurso. Após a enunciação de "Tenho PTSD",[3] "Sou *borderline*", ou "Meu filho tem ADHD"[4] e o oferecimento de algumas informações, espera-se que o doutor fale daquilo que ele sabe sobre o sofrimento que acomete o paciente. Há pouco espaço para o não saber se colocar a trabalhar. Por outro lado, utilizar termos como tristeza, angústia, nervosismo, falta de prazer com a vida, insatisfação consigo mesmo e com os outros etc. abre um espaço maior para que o sujeito se ponha ao trabalho da fala, ou seja, essas palavras corriqueiras têm um sentido amplo e, logo, é preciso que se faça o esforço de formular algo a mais, correndo o risco de experimentar a falta que o falar instaura e, com isso, deixar lugar para o estabelecimento da transferência.

No período em que atuei na instituição onde comecei meu trabalho com pacientes nativos, tive de lidar muito com essa questão. Minha angústia aparecia quando eu tentava cumprir com o ideal institucional. Naquele contexto, como em tantos outros, o estrangeiro não era o exemplo do ideal, ao qual cairia bem o papel de especialista. Ao contrário, o estrangeiro com sotaque diferente, com um uso meio estranho das palavras, que não entende o que está se passando "como um de nós", está mais perto da posição de excluído, de marginal, de resto. Isso não é incompatível com a posição do psicanalista, como já desenvolvi antes neste texto, mas é avesso sem dúvida à posição do especialista que governa o lugar atribuído ao terapeuta na cultura, especialmente na cultura americana.

---

tipo de terapia que se baseia em evidências científicas. Termo emprestado do campo médico para o campo de terapias psicológicas.

3 *Post-traumatic stress disorder*, em inglês, ou transtorno do estresse pós-traumático (TEPT).

4 *Attention deficit hyperactivity disorder*, em inglês, ou transtorno do déficit de atenção e hiperatividade (TDAH).

Diferentemente, quando eu sustentava minha posição sem querer corresponder ao ideal do especialista, a reação dos pacientes tornava-se muito mais plural, de acordo com aquilo que cada um singularmente buscava no tratamento. Uma paciente com forte traço paranoico se acalmava com o fato de achar que eu não entendia bem as coisas, ela me explicava o sentido das palavras e sentia que podia controlar melhor o que eu sabia sobre ela. Eu ser uma estrangeira teve um efeito pacificador para essa paciente.

Um paciente obsessivo me ensinava as coisas que eu supostamente não sabia sobre a cultura americana e sustentou, inicialmente, sua transferência nesse "menos" que eu carregava para ele. Isso se transformou ao longo do tratamento, mas o lugar de estrangeira foi fundamental para que ele estabelecesse sua transferência. Como último exemplo, um paciente histérico entendia que sua sanha de questionar os ideais da sociedade americana era compartilhada por mim, segundo minha condição de estrangeira, sustentando uma transferência de trabalho no início do tratamento. Quer dizer, a condição de estrangeira passou a ser um significante qualquer do lado da analista, a partir do qual a transferência se estabeleceu, conforme o que Lacan (2003) desenvolveu.

Os pares

Finalmente, retomo um ponto sobre as dificuldades da questão da fundação de um espaço para o discurso psicanalítico na cidade para a qual migrei. Tenho me engajado na constituição de uma comunidade de psicanalistas lacanianos em Los Angeles, no intuito de fomentar um espaço para a continuidade da minha formação e para outros que queiram se engajar nesse processo.

Há alguns psicanalistas lacanianos atuando na cidade, os quais perseguiram suas análises e formações em instituições ou de fora da cidade ou de fora do país e promovem a interação entre pessoas locais e analistas dessas instituições. Faço parte de uma instituição internacional que foi trazida para a cidade por outro colega psicanalista. Muitas atividades têm sido promovidas e atraído participantes com certa consistência. No entanto, após vários anos, percebo certa estagnação no sentido do estabelecimento do discurso do analisante entre os participantes desses grupos e atividades.

Minha leitura dessa realidade aponta um traço da cultura local como contribuindo de forma significativa para essa dificuldade. Trata-se da noção de apoiar uma boa causa. É um traço da cultura americana que as pessoas apoiem causas com as quais se identificam, no sentido de fazer parte de grupos e contribuir monetariamente para que continuem existindo, vide o papel crucial da filantropia nessa cultura. Em várias situações, manifesta-se o discurso de que fazer parte do grupo de psicanalistas e participar de atividades é uma forma de dar suporte a uma causa importante, uma vez que vários participantes são interessados na teoria lacaniana por vias diversas. Entendo que apoiar a causa da psicanálise possa funcionar como uma defesa a deixar-se dividir por ocasião do encontro com a psicanálise e, a partir disso, o que poderia ser um engajamento com esta enquanto práxis fica barrado.

Nesse sentido, penso que essas reuniões de pessoas ao redor da psicanálise podem ser caracterizadas como fenômenos de grupo no sentido trazido por Freud (1921/2011), a saber, o fato de que as pessoas se ligam afetivamente por laços identificatórios, pois se percebem semelhantes em relação a um ponto específico. No caso, o interesse pela teoria lacaniana é o ponto comum que faz as pessoas apoiarem a existência de grupos lacanianos como uma causa e, por consequência, se identificarem entre si. Isso é o avesso de uma relação de desejo, o qual diz respeito a um investimento libidinal que traz à tona as causas de cada um, sem que estas constituam uma causa comum.

Referências

Freud, S. (2011). Psicologia das massas e análise do eu. In S. Freud, *Psicologia das massas e análise do eu e outros textos (1920-1923)* (Paulo César de Souza, Trad., pp. 13-112). São Paulo: Companhia das Letras. (Publicado originalmente em 1921).

Goldenberg, R. (2006). *Política e psicanálise.* Rio de Janeiro: Zahar (Kindle Edition).

Lacan, J. (2003). Proposição de 9 de outubro de 1967 sobre o psicanalista da Escola. In J. Lacan, *Outros escritos* (pp. 248-264). Rio de Janeiro: Jorge Zahar.

Um fantasma de nossa época?

Maria Roneide Cardoso

 Pisar em terra estrangeira, conta a lenda, propicia a entrada no campo do fantasma, não sem que algo venha logo recobri-lo. Esse mundo em miniatura do fantasma individual é dificilmente percebido, no discurso consciente, como vinculado ao "fantasma de uma época". O saber inconsciente que recobre os dois campos, o do fantasma fundamental e o de suas determinações discursivas, torna nebulosa a relação íntima entre eles. Dela nasce a invenção do amor, e a da transferência, possivelmente para recobrir o real e o estranhamento do que produz o desejo no sujeito: a falta.

Durante quase dois milênios, e talvez já na cultura grega antiga, manteve-se em uma aura de mistério nebuloso a questão do desejo feminino. O consenso foi, por muito tempo, de que o amor era feminino ou feminizava, enquanto o desejo sexual era apanágio dos homens, pelo menos no tocante ao seu exercício.

Desde o século passado, ao menos no Ocidente, quatro momentos de conquistas políticas foram cruciais para a emancipação das mulheres e o começo da mudança: a partir dos anos 1920, a conquista do voto; nos anos 1960-1970, o direito à anticoncepção e a liberação do aborto (Simone Veil, França).

Após os feminismos mais identitários dos anos 1990 (Judith Butler, Estados Unidos) e avanços de algumas leis de equiparação salarial e de participação de mulheres na vida política, surge o movimento #MeToo (2017). Com ele, um momento mais sutil de uma palavra íntima se libera, em meio às controvérsias, e revela uma prática antiga de abusos sexuais em vários campos: no cinema (Adèle Haenel), na literatura (Vanessa Springora) e no esporte (Sarah Abtibol), para citar apenas sua repercussão atual na França. Esse novo capítulo vem ainda lembrar que as relações de abuso de poder ligadas à sexualidade feminina, mas não só como apontam os casos de pedofilia, se sustentam na cumplicidade silenciosa de toda uma época. Traz ainda a questão complexa do "consentimento" feminino aos atos de abuso sexual, grande embaraço do direito. Esse novo feminismo, apesar das controvérsias e dos equívocos, parece ser também fonte de ética, de uma palavra que possa incomodar, mas também advertir.

O que me parece relevante é que, com os avanços feministas do século XX, o mistério nebuloso do desejo feminino, negado durante muito tempo, exceto o materno, tenha se deslocado para a esfera do desejo e do amor na relação sexual. Lá onde Freud se perguntava sobre "o que quer a mulher",[1] Lacan apostrofa "a relação sexual não existe",[2] e é talvez por isso mesmo que o mistério

---

1 Segundo Lacan (1986, p. 18), Jones relatou o que Freud teria confiado a sua analisante e amiga Maria Bonaparte: "Apesar dos meus trinta anos de experiência e de reflexão, a questão para a qual não tenho resposta é a seguinte: o que quer a mulher?". Ou, mais precisamente, o que ela deseja, segundo o termo alemão *will*.

2 Não confundir o sexo com a relação sexual, pois trata-se aqui de uma lógica na qual Lacan ressalta a falta de um significante que pudesse dar conta de um

recai finalmente sobre essa última. Que uma mulher possa desejar e não somente consentir na posição de *objeto de desejo* no fantasma masculino é um avanço íntimo, mas também político, lento e viabilizado sobretudo pela emancipação de direitos e pela liberalização da sexualidade dos anos 1960-1970.

Ora, esse novo horizonte de possibilidades trouxe consigo igualmente novas dificuldades para homens e mulheres. Desde que o mistério se deslocou para a esfera da relação sexual, outras insatisfações apareceram, entre as quais: o desengajamento de parceiros, a volubilidade do desejo e a impossibilidade de amar. O que acompanha essas queixas, sem que se apresentem como tal, é o discurso de autonomia do desejo: ele me leva *"par le bout du nez"*, "é mais forte do que eu", em consonância com a autonomia do sujeito – "é minha escolha", "sou eu quem decide" –, o que por si só parece contraditório. Um fato curioso é que a clivagem entre amor e desejo já não parece ser o apanágio da sexualidade masculina, a exigência de paridade obriga.

Seria um fato novo o que vemos se perfilar como certa positivação da *posição de objeto* nas relações sexuais, e de *posições de objeto* intercambiáveis, cujo fantasma evoca uma "liberdade" quase irrestrita de escolhas e de possibilidades de situações de gozo? O romance de Jonathan Littell, *Une vieille histoire, nouvelle version* (2018), é nesse caso exemplar. Seria este um fantasma de nossa época? Para Littell, parece tratar-se também de uma velha história.

---

saber sobre o sexo. Ou seja, não há, na estrutura do sujeito, traço algum de um significante que pudesse fundar a relação sexual. Esse *signifiant manquant* é o falo, que está fora do sistema, que torna assim o gozo sexual da ordem do real e radicalmente forcluído: "é que no sistema do sujeito o gozo não é simbolizado em lugar algum, nem tampouco simbolizável" (Lacan, 2006). Outra precisão de Lacan (2001): não há saber sobre a relação sexual "formulável" na estrutura, e logo trata-se de uma *falha* estrutural no/do sujeito.

No seu romance, o narrador, ao longo da narrativa, em vez de abrir janelas, empurra portas em um corredor sombrio, que se abrem sucessivamente para uma série múltipla de experiências de gozo. Ora homem, ora mulher, ora transexual, ora criança, o personagem explora assim uma vertiginosa combinação de *posições de objeto* nas relações sexuais representadas.[3] O próprio autor o define como um romance sobre a pulsão. Não seria ele também sobre o que estou tentando definir como o "fantasma de nossa época", ou seja, sobre o viés alienante da suposta liberdade de escolha do sujeito moderno?

O testemunho do personagem, no final do livro, é significativo dos impasses do que seria uma "objetalização" da pulsão desarrimada do desejo e do amor. Trata-se da impossibilidade de encontro com o outro, com uma *figura humana*, como diz o narrador, com uma *presença* que pudesse ser *vagamente reconfortante*, para que pudessem *caminhar juntos para aliviar os passos*, pois em cada cenário o encontro não se dá, *il n'y avait rien*, e ele continua sua errância, somente abrindo novas portas, evitando assim algumas aberturas...

Sabemos que o desejo é a experiência central de uma análise; mesmo que o amor, ou o desamor, o encubra por um tempo, no melhor dos casos ele vem acalmar nossa miséria. O mistério parece assim não ser outro senão o desejo de homens e de mulheres, muito além de suas satisfações ou insatisfações sexuais. Ele é inextinguível, dizia Lacan. Se ele produz a falta, esta o relança e põe a nu a dimensão do impossível: os limites do gozo. Esse seria talvez

---

3   O exemplo do sexo virtual, sobretudo com avatares, parece propiciar a exploração desse universo de "fantasmas" no plural, ou seja, da produção de fantasias nas quais as combinações possam ser múltiplas e os lugares, intercambiáveis, sem que o corpo seja propriamente engajado, senão pelo olhar; como diria Lacan: "o sujeito figura ali como *objeto a*, como resto de gozo". A função da tela servindo ao mesmo tempo de projeção e de proteção.

outro modo de definir a castração: o que o desejo deve à lei simbólica e coletiva no tocante às prescrições de gozo e de interditos de uma época.

Em outros termos, "o desejo humano tem essa propriedade de ser fixado, adaptado, cooptado, não a um objeto, mas sempre essencialmente a um fantasma" (Lacan, 1958-1959/1996, aula de 12 nov. 1958, p. 27). Lacan salienta também que seria redutor situar o desejo e analisá-lo unicamente em função da referência puramente objetal. Enquanto, no fantasma, o que se perfila é justamente a relação singular que o sujeito entretém com o *objeto a*, e é nesse sentido que podemos articular as determinações simbólicas que o motivam, mas que são ignoradas por ele. Como entender as incidências desse fantasma de positivação do *objeto*, de "objetalização", a partir do debate atual dos casos de abuso sexual que vieram à tona com o movimento #MeToo?

Uma das funções do fantasma é evitar a experiência da falta na relação sexual, ao menos tentar encobri-la. Mas por que evitá-la se ela é o que limita o gozo, mas também o que o favorece ao relançar o desejo sexual e a possibilidade de amar? Sendo o sujeito separado de modo constitutivo do objeto, a outra função do fantasma fundamental, contrária ao recobrimento da falta, parece ser a de arrimar pulsão, amor e desejo, mesmo quando amamos e desejamos o "inferno". O fantasma feminino, ao menos algumas de suas versões, traz à luz alguns esclarecimentos sobre essas duas funções aparentemente contraditórias.

O movimento #MeToo permitiu que a palavra se liberasse e revelasse algo sutil sobre o "consentimento" feminino, sobretudo quando se trata de casos de abuso sexual de menores que se apaixonaram por seus agressores e o meio artístico ao qual pertenciam silenciou sobre isso. Um dos exemplos atuais é o de Vanessa Springora (2020), cujo livro nos lembra que nos anos 1970, em nome da liberalização dos costumes e da revolução sexual, devia-se defender o "gozo livre de *todos* os corpos", inclusive dos púberes e dos adolescentes. Ela narra o modo como o abuso se deu, ao ritmo das *ligações perigosas* construídas pela ficção de seu agressor/escritor, Georges Maltzeff, em torno de um amor "celeste e carnal" inflamado por "uma voz longínqua de uma jovem ideal, composta de todas as outras", virgens e púberes, cuja "prosa ingênua e desatualizada" utilizava "termos universais e atemporais da literatura epistolar amorosa" (Springora, 2020, p. 90). Uma nova versão sulfurosa do amor cortês? Fantasma que angariou adeptos e até mesmo defensores no meio intelectual dos anos 1970. A narrativa mostra também a devastação vivida pela adolescente, que amou e desejou o "inferno", que "consentiu" ao fantasma do escritor, ao servir de objeto e de instrumento não somente a uma ficção literária apimentada de dom-juanismo, mas também aos jogos de manipulação e de abuso sexual.

Temos também os casos mais prosaicos, mas não menos graves, de "consentimento" de mulheres que amam maridos dos quais apanham e que, mesmo maltratadas, levam tanto tempo para deles se separar. Quando isso acontece, o drama pode terminar em tragédia, como mostram os feminicídios, quando os ex-companheiros não aceitam traição ou separação: recusam-se a conceber que suas ex-mulheres possam desejar outra coisa que não seja eles mesmos, inclusive outro companheiro. Como explicar esse "consentimento" bizarro senão pelo fato de que certa versão do fantasma feminino parece estar cooptada pelo fantasma de uma época na qual se reduz a mulher à sua *posição de objeto* na relação? Basta lembrar que durante muito tempo, e ainda pode ser o caso em muitas culturas, elas foram *objeto de troca* entre tribos nas culturas primitivas *e de posse* nas mais tradicionais. Isso não é invenção do feminismo e de feministas. Podemos dizer também que as denúncias de abusos sexuais que vieram à tona com o #MeToo não são fruto apenas de uma revolta feminina, esse movimento é também e fundamentalmente político, por isso angaria tantas vozes contra, quanto a favor, características dos antagonismos políticos.

Jean Paulhan (1954/1999), no prefácio da *História de O*, de Pauline Réage (que escreveu para ele esse romance erótico-masoquista como uma carta de amor), diz o seguinte: *"Quem confessa o quê? Que tudo nelas é sexo..."* e que elas não desejam outra coisa senão se submeter e obedecer. (Será?) A personagem O, uma mulher liberada, torna-se voluntariamente escrava de seu amante, por quem se deixa sodomizar, açoitar e mesmo ter seu corpo marcado a ferro quente com as iniciais de seu proprietário. Por amor, ela se submete a todas as suas fantasias sexuais. No prefácio, Paulhan, o destinatário do romance, analisa a história "edificante" de um grupo de escravos liberados nos Estados Unidos que, decepcionados de estarem largados na natureza com a Guerra de Secessão, retornam ao antigo senhor e lhe suplicam que os retome.[4] E a história se repete... como aquela da frivolidade da fala de um presidente que compara sua jovem mulher com a esposa mais velha de outro e a ridiculariza em público, mostrando com isso o quanto odeia "as mais velhas" e as "feias" que continuam sendo amadas e desejadas por seus companheiros. Ele certamente as descartaria.

O que seria a *père-version* da qual falava Lacan senão uma certa "versão do pai", no que ela tem de perversa mas também de constituinte de certo fantasma de uma época? Seria sem dúvida um erro reduzir os homens ao modelo duvidoso de seu sexo, por exemplo Harvey Weinstein, como fizeram algumas feministas; outro erro seria reduzir os 57 milhões de eleitores à pessoa do presidente, pois sabemos que a identificação se dá a alguns de seus traços simbólicos ou imaginários. Muitos homens se identificaram com a fala do presidente citada anteriormente, mas muitos outros

---

4   Ver também Nancy Huston (2018).

não se solidarizaram com ela. Muitas mulheres foram contra e outras tantas a favor. Muitas silenciaram; difícil saber o que disseram para si mesmas. Talvez tenham se deprimido, não sem razão.

Uma pista interessante de reflexão se encontra também no romance *A Vênus das Peles (1870)*, de Sacher-Masoch (Deleuze, 1967), uma versão masculina de um fantasma masoquista, em que o personagem Severin é agente ativo para instituir um contrato em que ele se tornaria o escravo do amor cruel de uma mulher hedonista, Wanda, que apenas "obedece ao gozo e ao prazer". A *Vênus de pedra Wanda*, envelopada no seu casaco de pele, fetiche de imperadores, consente, não sem reservas, aos pedidos de Severin de ser chicoteado como um lacaio: "quem não sabe submeter o outro à sua própria lei, logo sentirá sobre sua nuca um pé pronto para esmagá-la". A relação entre os sexos é vista assim sob o prisma da dominação, cujo fantasma consiste em representar a "natureza" *cruel* da mulher e o contrato nos moldes da escravidão. No final do romance, o personagem esclarece a sua motivação:

> *É que a mulher, como a natureza a criou e como ela atrai o homem atualmente, é sua inimiga. Ela não pode ser para ele senão uma escrava ou uma déspota, jamais a sua companheira. Isso somente acontecerá quando ela tiver os mesmos direitos que ele e quando sua educação e seu trabalho forem iguais aos dele. No momento, só temos uma alternativa: ser o martelo ou a bigorna, tu compreendes? Fui um burro e me tornei o escravo de uma mulher, tu compreendes? De onde a moral da história: quem se deixa açoitar, merece o açoite... Mas como viste que suportei bem os socos, a bruma rosa suprassensual de minha imaginação se dissipou e ninguém mais me deixará tomar as fêmeas*

sagradas de Benares e o galo de Platão pela imagem de
Deus. (Deleuze, 1967, p. 248, trad. minha)

Enaltecê-la pela crueldade para melhor destroná-la? Entre o ideal da Vênus cruel de Sacher-Masoch e o da Virgem pura e púbere de Maltzeff há um mundo, mas nesses dois mundos ficcionais vemos aflorar certo fantasma de sua época.

Será que a experiência analítica reencontra sempre o mesmo real? Arrisco uma resposta: o real está sempre aí, mas é possível que não seja sempre o mesmo. Se a sobredeterminação da falta é uma constante intrínseca do desejo humano, o real no qual ele se inscreve se modifica com o passar do tempo, pois o que era impossível numa época pode deixar de sê-lo em outra; temos como exemplo o desejo feminino. Mas será que basta criar as condições efetivas para seu exercício, como passou a acontecer em algumas culturas com as conquistas políticas femininas do século XX?

Esse momento de transição que vivemos, no deslocamento do mistério para a problematização da relação sexual e amorosa, ganha em profundidade na clínica, e não somente quanto à elaboração do fantasma feminino. Entretanto, em função das controvérsias atuais e de algumas derivas, observo muitos homens se sentirem acuados e receosos com o dito acirramento da "guerra dos sexos". Alguns psicanalistas chegam a supor uma ressurgência do matriarcado. Não estou certa. Minha questão é muito mais simples: será que é possível mudar um pouquinho a história da miséria da relação entre os sexos e dos casais na qual as mulheres estariam menos fadadas à *devastação* e os homens ao próprio *sintoma*, como disse Lacan (2005)? Essa possibilidade de mudança talvez seja um voto a partir de uma brecha aberta pela experiência e pelo discurso analítico atuais. Ou seria uma esperança vã trazida pelos novos tempos de pós #MeToo? Ou ainda um velho otimismo incurável?

* * *

Os mitos de volta às origens, da volta para o lugar de onde saímos – paraíso terrestre ou celeste, ventre materno ou país natal – são fantasmas tão antigos quanto o mundo. A problemática da terra perdida e da terra prometida faz parte do imaginário de todo migrante. No entanto, a experiência radical do exílio e da migração não é outra senão a da separação, do impossível retorno à origem e alcance do ideal, no que ela tem de mais antigo e atual. A porta de entrada é uma janela, a do fantasma... que tão logo aberta tende novamente a se fechar.

Se uma língua estrangeira propicia o acesso a outro sintoma, como se costuma dizer, coisa da qual não estou tão certa, o mesmo não parece acontecer com o fantasma dito individual; não se inventa *ex-nihilo* um novo fantasma sem que o sujeito se faça apanhar pelo próprio, inscrito nas determinações simbólicas de sua história singular e nas de sua época, sendo impossível dissociá-las. O fantasma feminino parece funcionar em sintonia, mas também em dessintonia, com o fantasma masculino. O que prova ser possível uma mulher trocar de fantasma ao mudar de companheiro, mas o mais provável é que ela desconheça o quanto seu fantasma deve às determinações discursivas da época.

Podemos nos interrogar sobre a prática de Lacan (Haddad, 2002), nos seus últimos anos, em que deixava a porta de seu consultório aberta para que a fala de seu analisante pudesse ser ouvida, como se o fantasma que este vivia como único e pessoal pudesse, de alguma forma, se aparentar ao daquele(a) que esperava, na sala contígua, sua vez de falar. Como se o saber inconsciente estivesse na própria trama simbólica, nos mesmos discursos partilhados com outros. Interrogava-se com isso a própria prática analítica: em que medida se havia privatizado e confinado o saber inconsciente à esfera do privado? Como se a psicanálise fosse uma experiência da exceção e estritamente individual. Mas o que o fantasma fundamental deve ao político, no que ele tem de mais vasto, aos discursos a partir dos quais ele se funda e nos quais ele se sustenta?

Teria como ignorar o que se passa atualmente na política do Brasil e as incidências na experiência analítica de brasileiros na França? Sim, mas talvez não seja recomendável, tendo em vista que o discurso capitalista atual e o que ele tem de mais feroz na política, os discursos populistas de extrema direita, incidem no que vivemos de mais íntimo. Diante deles, a angústia. Como não se angustiar com um discurso isento de limite e de ética? Os próprios partidos de esquerda acabam imobilizados e resistem principalmente reagindo a esse discurso. Se ele cliva a própria política, como também as famílias e as amizades, por que não clivaria as relações amorosas? E o faz de modo bem mais insidioso, no que ele pode revelar de um desejo obscuro e nefasto, o da negação do outro. Não é de surpreender que a ressurgência do ódio ao desejo feminino, ao corpo da mulher, ganhe terreno com esses novos discursos do populismo conservador.

Mas por que elegemos representantes políticos cujos discursos s'affranchissent, se libertam, de todo limite e ética? De onde vem o fascínio por um discurso direto, sem filtro e segregativo como o de representantes de governos da extrema direita atual? O romance *1984*, de George Orwell (2017), nos dá uma pista sobre até onde esse discurso pode ir e nos levar. A narrativa tem como pano de fundo a *Novalíngua* instituída pelo regime totalitário representado no romance. Tal regime tinha por projeto a destruição sistemática de diferentes formas discursivas para diminuir as possibilidades de expressão. Ao abolir vocábulos e ao excluir ideias antagónicas, visava restringir o campo da expressão e do pensamento, para que o empobrecimento da língua assegurasse sua permanência no poder. Uma tentativa utilitarista do uso da linguagem como instrumento: dar-nos a ilusão de que o que desejamos é nos submeter e obedecer às ordens militares, religiosas e econômicas promovidas pelo sistema em questão. Retorno de um velho fantasma? No caso do Brasil, espero que seja apenas uma fantasia passageira e de mau gosto: a de eleger um "herói sem nenhum caráter" e, o mais grave, pelo voto direto.

* * *

A modernidade nasce com as Grandes Navegações e as descobertas do Novo Mundo, dando início assim às levas de deslocamentos migratórios mares afora. Surge também o sonho, tão real quanto imaginário, da abolição de fronteiras: o ir e vir de um lugar a outro e de uma língua, e cultura, a outra. Já o século XX traz em seu bojo dois fenômenos – a mundialização e a numerização – que são a extensão desse sonho antigo de promoção de um mundo sem limites. Em que medida a experiência do fantasma individual, em língua estrangeira, não é favorecida por essa "versão fantasmática moderna", como evocada na obra de Jonathan Littell, de um acesso irrestrito e ilimitado também aos objetos, intercambiáveis, mesmo na esfera íntima e privada?

Se existe a nova versão de uma velha história, o dito "fantasma de nossa época", ela não seria própria do Brasil, nem tampouco dos brasileiros, o que é uma evidência. Fiz todo esse caminho talvez para dizer que não existe uma especificidade de análises feitas em língua ou país estrangeiro. O que não quer dizer que não existam algumas especificidades que possam parecer, para alguns leitores, generalidades. Para os que já migraram, trata-se de uma experiência da qual não se sai ileso. Se muito angustiante, pode levar alguém a fazer uma análise.

Ora, a passagem pela língua e cultura estrangeiras atualiza sobretudo uma experiência antiga, a da separação, o que curiosamente favorece a elaboração do fantasma. Um dos motivos talvez seja o fato de que são análises para as quais já se tem tempo marcado para terminar, o retorno ao Brasil. A maioria de meus analisantes brasileiros sempre foi de estudantes universitários e de artistas que voltaram para o Brasil. Vivemos outros tempos, e atualmente muitos pensam em ficar, mas curiosamente estão voltando.

Uma questão clínica atual que merece aprofundamento, mas me restrinjo aqui a apenas evocá-la, é a da diferença das demandas de análises de franceses e de brasileiros. A maioria dos meus analisantes franceses busca uma analista para fazer psicoterapia, enquanto os brasileiros, para fazer uma psicanálise. Por que os analisantes franceses precisam do suporte do olhar e da voz do analista para um trabalho terapêutico? Como se o problema para eles não estivesse tanto na alteridade da linguagem, no lugar simbólico que ocupam, mas na relação especular e imaginária com o outro. Enquanto para o analisante brasileiro essa via especular não é tão necessária, ele busca sobretudo algo que constitua lugar de endereçamento ao Outro. É claro que ambos os eixos, do outro ao Outro, estão relacionados, mas não deixa de ser um fato recente que merece nossa atenção.

Quanto a fazer análise em língua materna ou estrangeira, trata-se de uma escolha singular, mas não de um simples livre-arbítrio. O mesmo se dá com escritores: há os que precisam escrever em outra língua para poder se subjetivar, como se algo da simbolização na língua materna não pudesse operar na escrita, ou simplesmente para se distanciar de sua balada ensurdecedora, o *ronronar* da língua materna do qual falava Lacan (1974/2015); outros, ao contrário, precisam dessa prosódia familiar para que o obscuro e o que foi esquecido possam advir. Ambos talvez tenham a convicção de que aquilo que pode ser dito em uma língua não possa sê-lo na outra. Mas sabemos que não é na língua que a experiência propriamente da análise se dá, mas na fala, no discurso. Até porque o inconsciente não é nacionalista, pelo menos ainda não. Mas, do jeito que vão as coisas, isso pode mudar.

Outra especificidade é a de poder circular entre língua materna e estrangeira, o que pode nos alertar sobre algo curioso: uma porta que se fecha em uma língua pode abrir-se na outra. Essa janela é quase um "fantasmar". Efetivamente, existem coisas que só se pode dizer em determinada língua; por exemplo, em francês, não existe a palavra *namorar*, temos de traduzir por *sortir avec* ou *fréquenter*, lá se foi e se perdeu toda a nuance, o que não quer dizer que não se namore em francês. Por outro lado, é somente em francês que se pode dizer *faire l'amour* para transar. Como se por pura magia da palavra pudéssemos fazer o amor acontecer quando transamos. Isso é "fantasmar". "Fazer o amor", dá vontade de inventar ao pé da letra a mesma expressão na língua brasileira, *le brésilien*, como dizem os franceses.

Talvez uma última advertência: copulamos com o outro, mas "fantasmamos" na língua, materna ou estrangeira, o que equivale dizer que entre o eu e o outro está o muro da linguagem com o qual nos (de)batemos, como dizia Lacan,[5] causa de muitas alegrias e de tantas misérias...

Referências

Deleuze, G. (1967). *Présentation de Sacher-Masoch, avec le texte intégral de* La Vénus à la fourrure. Paris: Minuit.

---

5   Lacan (2002, aulas de 25 maio 1955 e 1º jun. 1955) fala do "muro da linguagem" quando elabora o Esquema L.

Haddad, G. (2002). *Le jour où Lacan m'a adopté. Mon analyse avec Lacan.* Paris: Grasset.

Huston, N. (2018, 28 jun.). #MeToo ou les fracassées du "oui". *Libération.*

Lacan, J. (1970). Radiophonie. In J. Lacan, *Autres écrits.* Paris: Seuil.

Lacan, J. (1986). *Séminaire VII: L'éthique de la psychanalyse.* Paris: Seuil.

Lacan, J. (1996). *Séminaire VI: Le désir et son interprétation (1958/59).* (Documento interno da Association lacanienne internationale). Aula de 12 nov. 1958.

Lacan, J. (2002). *Séminaire II: Le moi dans la théorie de Freud et dans la technique de la psychanalyse.* Paris: Seuil. Aulas de 25 maio 1955 e 1º jun. 1955.

Lacan, J. (2006). *Séminaire XVI: D'un autre à l'autre.* Paris: Seuil. Aulas de 12 mar. 1969 e 14 maio 1969.

Lacan, J. (2009). *Séminaire XXIII: Le sinthome.* Paris: Seuil.

Lacan, J. (2015). *A terceira.* (Proferido originalmente em 1974). Recuperado de: https://www.freud-lacan.com/getpagedocument/10320

Littell, J. (2018). *Une vieille histoire, nouvelle version.* Paris: Gallimard.

Orwell, G. (2017). *1984.* Paris: Folio.

Paulhan, J. (1999). Le Bonheur dans l'esclavage. In P. Reage, *L'Histoire d'O.* Paris: Pauvert. (Publicado originalmente em 1954).

Reage, P. (1999). *L'Histoire d'O.* Paris: Pauvert. (Publicado originalmente em 1954).

Springora, V. (2020). *Le consentement.* Paris: Grasset.

"Eles não sabem que lhes trazemos a peste..."

Mauricio Lessa

Como eu vou atravessar tudo isso, ainda não sei, mas estou determinado a persistir.

S. Freud, carta a Fliess de 26 jan. 1900

I

O simpático convite feito pelas organizadoras do presente volume deu-me a oportunidade de revisitar, na qualidade de analista, o tempo que antecedeu a vinda para Lisboa, os primeiros contatos com analistas portugueses e suas respectivas instituições e o estabelecimento de uma nova clínica nessa cidade estrangeira. Até então não havia me dedicado às questões que surgiram e se impuseram nesse percurso, tampouco ao que essa experiência me ensina.

É difícil falar do que se passou no tempo compreendido entre a comunicação do fim antecipado de cada uma das análises que tinha em curso e o efetivo momento de cada fim. Tarefa, talvez, para outra ocasião. Cabe aqui, no entanto, dizer que foram travessias difíceis e delicadas, na singularidade de cada análise e com desfechos muito particulares e por vezes surpreendentes.

Lembro aqui as indicações de Freud em "Análise terminável e interminável" (1937/2008c) a respeito do estabelecimento de um prazo fixo para o fim da análise do "Homem dos Lobos". Sem dúvida não se trata da mesma questão, pois Freud estabeleceu um prazo para o término como "recurso heroico" para avançar aquela análise estagnada. Mas julgo que ele antecipa aí a ideia de uma temporalidade lógica do inconsciente, quando fala de um tempo preciso para a intervenção, pois "um erro será irreparável" (Freud, 1937/2008c, p. 222). "O leão só salta uma vez", diz. Nesse sentido, o artifício da antecipação cronológica do fim não foi sem consequências, talvez mais para este analista do que para aqueles analisantes, pois esse "erro" de alguma forma impulsionou a saída do Rio de Janeiro, ainda que por seu sentido de errância.

Concomitantemente, outro "erro" de procedimento vinha sendo costurado no Brasil. Era o ano de 2015 e iniciava-se o processo que culminou no afastamento da presidente constituída. Um corte fora do tempo que trouxe, esse sim, nefastas consequências... É importante dizer isso porque o contraste entre a imensa desigualdade social brasileira e o estado de bem-estar social português não poderia ser maior. Vivia-se na época, em Portugal, sob um governo conhecido pela alcunha de "geringonça", que se caracterizava pela aliança improvável, mas bastante exitosa, dos partidos Socialista, Comunista e Bloco de Esquerda (mais à esquerda no espectro político). Lembro-me de escutar, logo nos primeiros dias em Portugal, um locutor de rádio dizer com bastante seriedade que "os comunistas afirmam que etc. etc. sobre tal assunto etc. etc.". Não poderia conceber uma diferença maior comparativamente à crescente demonização da política, sobretudo dos partidos políticos de esquerda no Brasil. Diante daquele contraste eu tornara-me, pouco a pouco, estrangeiro de meu próprio país.

Havia em mim, há algum tempo, um forte desejo de viver em Lisboa, cidade com a qual tenho laços ancestrais, mas as notícias de que não havia muito espaço para a psicanálise em Portugal desanimavam, pois pensava que, talvez, para cá vindo, não encontraria condições para voltar a clinicar.

Foi difícil constatar que a psicanálise não encontrou seu lugar na cultura portuguesa. Ainda assim é preciso reconhecer a perseverança de "alguns outros" colegas que encontrei em Lisboa, trabalhadores decididos e dedicados ao ensino e à transmissão da obra de Freud e de Lacan há muitas décadas. Além de um razoável número de instituições de formação freudiana, há duas instituições de orientação lacaniana, o Centro Português de Psicanálise, ligado à Association Lacanienne Internationale, e a Antena do Campo Freudiano, ligada à Association Mondiale de Psychanalyse. É bom lembrar também que as primeiras traduções de textos de Lacan em português, nomeadamente "A família", "O mito individual do neurótico" e "Shakespeare, Duras, Wedekind, Joyce", para citar apenas alguns, eram preciosas edições portuguesas e foram dos primeiros textos a que tivemos acesso em português no Brasil já nos anos 1970, ecos de Portugal reverberando no Brasil, para além da revolução de 25 de abril.

Sobre o que se diz quanto à literalidade dos portugueses, não cabe aqui fazer nenhum juízo de valor, porém, sem dúvida, é algo que, ousaria dizer, inibe a metáfora, mas não a impede, haja vista a constelação de grandes escritores e poetas que esse país produziu e produz e a importância que o povo português dá à literatura. O filósofo português Agostinho da Silva disse uma vez, algures, que "o brasileiro é *um* português à solta". Como aqui se usa dizer "brasileiro" para a língua que falamos no Brasil, podemos dizer, com

Agostinho da Silva, que o brasileiro é o português à solta. Para daí inferir uma "língua presa" portuguesa, acho eu. Uma língua que aprisiona o sujeito? Mas, como dizia Noel Rosa em seu samba "Feitio de oração", "Quem acha, vive se perdendo...".

Lembro aqui do possível dito de Freud a Jung, quando aportavam em Nova York diante de um entusiasmado comitê de recepção: "eles não sabem que lhes trazemos a peste...". Essa peste, que podemos traduzir pela discursividade que Freud inaugurava, segue produzindo seus efeitos mundo afora. Sabemos o que os americanos fizeram com essa "peste": criaram um subproduto da psicanálise, a "psicologia psicanalítica do ego", em confronto com os conceitos fundamentais da psicanálise, muito útil na tarefa de adaptar os migrantes ao *American way of life*. E os portugueses, o que fizeram com ela? Estariam a ela imunes?

O filósofo português José Gil, em seu ousado e consagrado livro (lá se vão treze edições) *Portugal hoje: o medo de existir* (2004), refere-se a Portugal como "o país da não inscrição", como uma marca deixada pelo regime salazarista: "A não inscrição não data de agora, é um velho hábito que vem sobretudo da recusa imposta ao indivíduo de se inscrever. Porque inscrever implica ação, afirmação, decisão com as quais o indivíduo conquista a sua existência" (p. 17). Nem o 25 de Abril (Revolução dos Cravos) deu cabo dessa "não inscrição", pois, segundo Gil (2004), recusou-se a "inscrever no real os 48 anos de autoritarismo salazarista" (p. 16). Como no Brasil, com a Lei da Anistia de 1979, "ampla, geral e irrestrita", que anistiou de presos e perseguidos políticos a torturadores, não houve julgamento da polícia política portuguesa (Pide), extremamente repressora e assassina, nem de responsáveis do antigo regime. "Pelo contrário, um imenso perdão recobriu com um véu a realidade repressiva, castradora, humilhante de onde provínhamos" (Gil, 2004, p. 16).

Freud, em "A psicanálise selvagem" (1910/2008a), diz: "Na primavera de 1910 fundamos uma Associação Psicanalítica Internacional [IPA], cujos membros se dão a conhecer mediante a publicação de seus nomes" (p. 226). Ou seja, na construção das bases da IPA, Freud indica que o analista deve inscrever seu nome no coletivo, para com isso delimitar e proteger o campo que se inaugurava. Essa inscrição "retira assim a responsabilidade da associação, em relação aos analistas 'selvagens', que causam prejuízo a si mesmos, aos pacientes e sobretudo à causa da psicanálise" (Freud, 1910/2008a, p. 226).

Faço uso da língua lacaniana para dizer, em breves palavras, que "para o analista a inscrição é um dizer que faz nó", citando Eduardo Vidal no artigo "Da inscrição na escola" (2016, p. 125), sobre a inscrição de membro na Escola Letra Freudiana. Numa escola, uma inscrição é um corte e um enodamento que a faz operar como nó. Ainda com Vidal,

> *A nodalidade dissipa o erro de se pensar a inscrição como a inclusão de um nome numa lista, no equívoco de a-na-lista. É como não lista que a Escola se faz no ato de cada inscrição. Trata-se de fazer marca do que cada um traz de seu encontro com a psicanálise". (Vidal, 2016, p. 125)*

II

Durante muitos anos, no Brasil, participei como representante da Escola Letra Freudiana no movimento de articulação das entidades psicanalíticas brasileiras – assim mesmo, com letras minúsculas, sem nome, uma não instituição. Esse movimento, iniciado no ano 2000, luta contra iniciativas do Congresso Nacional que visam à regulamentação da profissão de psicanalista. Para o movimento, o que está em jogo é o interesse de instituições de formação em psicanálise ligadas a igrejas evangélicas neopentecostais em adquirir legitimidade por meio de chancela do Ministério da Educação. No Brasil, os analistas não reivindicam do Estado nenhuma espécie de regulamentação. Esse movimento constitui um laço inédito em todo o mundo por articular um leque bem extenso de instituições/escolas de formação em psicanálise.[1] O fio que as articula é constituído pelos princípios enunciados por Freud em "A questão da análise leiga" (1926/2008b). O que estava em questão na escrita desse texto paradigmático era a acusação de curandeirismo contra Theodor Reik, levada ante um tribunal de Viena por um de seus pacientes, pelo fato de não ser médico. O caso, que teve desfecho favorável para Reik, reacendeu a discussão sobre quais seriam os profissionais habilitados a exercer a psicanálise. Foi, então, necessário a Freud explicitar sua clara posição ao lado da análise leiga, como fundador da psicanálise.

Nesse texto Freud orienta os analistas quanto ao que efetivamente regula a psicanálise, ao indicar que o saber leigo não é o não-saber, mas um saber regulado pela resistência interna do

---

1 Fazem parte desse movimento a Febrapsi, coletivo de instituições brasileiras ligadas à IPA, diversas instituições lacanianas, como Escola Letra Freudiana, Corpo Freudiano, Escola Brasileira de Psicanálise, Aleph – Escola de Psicanálise, Associação Psicanalítica de Porto Alegre – APPOA, Laço Analítico – Escola de Psicanálise, Escola Psicanalítica dos Fóruns do Campo Lacaniano e Tempo Freudiano – Associação Psicanalítica, algumas destas independentes e outras que respondem a duas internacionais diferentes; outras independentes não lacanianas são o Instituto Sedes Sapientiae de São Paulo – com dois grupos de formação em psicanálise, Departamento de Psicanálise e Formação em Psicanálise –, duas instituições de Porto Alegre – Sigmund Freud Associação Psicanalítica e CEPdePA –, o Círculo Psicanalítico do Rio de Janeiro e o Círculo Brasileiro de Psicanálise.

sujeito, produzido no tempo da transferência, quando poderá adquirir valor de verdade. Trata-se de um saber regulado por leis que determinam a sua construção, embora não seja um saber regulamentado por uma regra social. Podemos dizer que são as leis do inconsciente que encontram seu fundamento nas leis da linguagem. A única regra (fundamental) instituída por Freud é a da associação livre, que coloca em funcionamento o dispositivo específico de uma análise. Já em 1910, em "A psicanálise selvagem", Freud indica que esse novo campo de saber está longe de ser imune a regulações e verificações; no entanto, essas últimas devem ser tomadas como uma extensão dos princípios fundamentais da psicanálise.

Talvez o que haja de mais extraordinário nessa articulação seja que ela implica que quem dela participa pague o preço de trabalhar com uma orientação mínima, dela se valendo para abrigar a diferença e a alteridade, renunciando assim à Unidade Ideal.

É importante dizer isso, porque ter participado dessa articulação foi, para mim, como analista, uma experiência formadora. Nela pude testemunhar os movimentos que muitas instituições fizeram ao longo dos anos na direção da letra de Freud. No princípio havia ali um conjunto de instituições que defendiam a ideia de uma autorregulação, com a criação de uma confederação de entidades psicanalíticas, como forma de antecipar a iniciativa do Estado.

Lacan, em *Televisão* (1974/1993), refere-se à IPA como uma sociedade de assistência mútua contra o discurso analítico (SAMCDA), mas enfatiza que isso não impede que haja ali psicanalistas! "Eles não querem saber do discurso que os condiciona. Mas isso não os exclui dele: bem longe disso, dado que funcionam como analistas, o que quer dizer que há pessoas que se analisam *com* eles" (p. 32).

Com o tempo, muitas reuniões e algum embate, os discursos foram convergindo para um enunciado comum em torno dessa orientação mínima, traduzida pelo significante "leigo", sustentando que é preciso preservar a psicanálise de qualquer iniciativa reguladora – ou autorreguladora –, estranha aos princípios estabelecidos por Freud.

Em outros países, como França, Itália, e em alguns estados dos Estados Unidos, a iniciativa de regulamentação partiu do Estado e atendia a interesses corporativos e mercadológicos. No caso do Brasil, como já disse, a iniciativa parte de parlamentares ligados a grupos religiosos evangélicos que pretendem com a regulamentação validar seus cursos de formação.

Quando cheguei a Lisboa, em um contato breve com uma instituição portuguesa de formação lacaniana e, posteriormente, num contato mais efetivo com outra também de orientação lacaniana, soube que estava sendo criada em Portugal uma instituição que congregaria as diferentes formas de psicoterapias (Federação Portuguesa de Psicoterapia) e que do grupo de trabalho para a sua efetivação participavam, no comitê científico, membros de ambas as instituições. É bom dizer que, até o presente momento, o governo português nunca manifestou nenhum interesse pela regulamentação da psicanálise, e as instituições de formação sempre tiveram total independência para decidir como trabalhar e como propor as suas formações.

Foi muito interessante acompanhar o movimento da instituição que frequentava na época com relação à participação na criação da Federação. O frágil discurso que sustentava a adesão baseava-se no (talvez legítimo) interesse de que, com a Federação, se pudesse encontrar espaço para a difusão do discurso da psicanálise. Um lugar ao sol. Mas, como a psicanálise não é um saber que se adiciona aos outros e constitui as condições de sua própria transmissão, a perspectiva de participação nessa "unidade ideal" foi se desfazendo por si só, e, por fim, tanto uma quanto outra instituição declinaram de suas participações no referido projeto.

É importante dizer que, como disciplina, a psicanálise é um saber estrangeiro e não se ensina como outros saberes. Seu lugar não é na universidade e a sua transmissão implica que se faça a experiência de análise "na própria carne". O analista deve ter passado pela experiência do inconsciente e adquirir uma convicção de sua existência. Em relação à experiência, o conhecimento teórico mostra-se insuficiente, constituindo às vezes um obstáculo para chegar a esse outro saber.

Seu lugar tampouco é ao abrigo das psicoterapias que necessariamente implicam uma clínica em que o paciente deve estar referido a um modelo – por mais aberto que seja – diante do qual o psicoterapeuta é o guardião, o guia, o mestre de um saber.

Há uma passagem muito interessante no "Seminário VII: A ética da psicanálise" (1959-1960/1988) em que Lacan lança a pergunta:

> *O que lhes ensinar, e como, sobre o assunto para o qual dirigimos nosso leme com o título Ética da Psicanálise?*
> *Vocês estão sentindo bem que ele deve nos levar a um ponto problemático, não apenas na doutrina de Freud, mas do que se pode chamar de nossa responsabilidade de analista". (p. 111)*

Mais adiante, destaca dois termos correlatos para "fixação", que Freud utiliza nos *Três ensaios sobre a teoria da sexualidade*, no que se refere aos efeitos no que denomina "aventura libidinal individual":

> Fixierbarkeit *[que] é a fixação, com a qual constituí-*
> *mos o registro de explicação do que é inexplicável e*
> Haftbarkeit *que se traduz como se pode como perseve-*
> *rança, mas que tem, todavia, uma curiosa ressonância*
> *em alemão, pois sobretudo, quer dizer responsabilida-*
> *de, comprometimento. (p. 112)*

Lacan, nessa mesma lição, diz que se trata de nossa própria história coletiva de analistas. E prossegue:

> *Estamos apreendidos numa aventura que tem cer-*
> *to sentido, certa contingência, etapas. Não foi apenas*
> *com uma única tirada que Freud prosseguiu o caminho*
> *cujas balizas nos deixou. Pode ser também que este-*
> *jamos, pelos efeitos dos rodeios de Freud, agarrados a*
> *certo ponto da evolução do seu pensamento, sem ter-*
> *mos muito bem podido nos dar conta da contingência*
> *que ele apresenta, como todo efeito da história huma-*
> *na". (p. 112)*

Essa indicação situa eticamente cada um de nós analistas, não importa em que ponto estamos "agarrados na evolução do pensamento" de Freud nem em que lugar do planeta estejamos, pois não se trata aqui de geografia ou de nacionalidades, nossa responsabilidade é com a sustentação do discurso que nos fundamenta.

Lembro, para terminar, que em "O aturdito" Lacan (1972/1998, p. 45) diz que "o discurso analítico . . . é precisamente aquele que pode fundar um laço social purgado de qualquer necessidade de grupo". A posição do analista, no lugar que lhe é reservado por seu discurso, não conduz à identificação, ao traço e ao Ideal do eu, o que torna impossível aos analistas formar um grupo.

Referências

Balbi, L., Lessa, M., & Becker, P. (2009). A psicanálise é leiga: da formação do psicanalista. In S. Alberti, W. Amendoeira, E. Lannes, A. Lopes, & E. Rocha (Orgs.). *Ofício do psicanalista: formação versus regulamentação*. São Paulo: Casa do Psicólogo.

Freud, S. (2008a). Sobre el psicoanalisis "silvestre". In S. Freud, *Obras completas*. Buenos Aires: Amorrortu. (Publicado originalmente em 1910).

Freud, S. (2008b). Pueden los legos ejercer el análisis? Dialogos con un juez imparcial. In S. Freud, *Obras completas*. Buenos Aires: Amorrortu. (Publicado originalmente em 1926).

Freud, S. (2008c). Análisis terminable e interminable. In S. Freud, *Obras completas*. Buenos Aires: Amorrortu. (Publicado originalmente em 1937).

Gil, J. (2004). *Portugal, hoje: o medo de existir*. Lisboa: Relógio D'Água.

Lacan, J. (1988). *O seminário VII: A ética da psicanálise*. Rio de Janeiro: Jorge Zahar. (Publicado originalmente em 1959-1960).

Lacan, J. (1993). *Televisão*. Rio de Janeiro: Jorge Zahar. (Publicado originalmente em 1974).

Lacan, J. (1998). O aturdito. In J. Lacan, *Outros escritos*. Rio de Janeiro: Jorge Zahar. (Publicado originalmente em 1972).

Tardits, A. (2003). Sobre as formações do analista. *Revista da Escola Letra Freudiana: A análise é leiga: da formação do psicanalista*, 32(1), 107-129.

Vidal, E. (2016) Da inscrição na escola. *Revista da Escola Letra Freudiana: Documentos para uma Escola*, 4(1), 125-127.

A língua e o infantil: uma experiência de acolhimento à criança na perspectiva de uma estrangeira

Roberta Mazzilli

Quando fui convidada para participar deste projeto, senti-me duplamente bem-aventurada. Por um lado, o tema do estrangeiro rodeava meu mundo, ou melhor, o meu mundo havia se avultado a partir de uma experiência pessoal no além-mar. Por outro, esse chamado à escrita convocou-me a refletir, de maneira mais rigorosa, acerca de sensações e experiências que ainda não estavam claramente sedimentadas, nem mesmo nomeadas. Experiências que ainda estou tateando.

Começo, então, situando brevemente de que lugar escrevo. Atualmente de volta ao Brasil, morei na França, em Paris, de 2014 a 2018. Inicialmente, meu projeto profissional nesse país era o de realizar o mestrado. Porém, outros projetos foram se desdobrando...

Nos primeiros meses de *cidade luz*, com o início do ano acadêmico na universidade, em meio às inúmeras descobertas e ao exercício diário de adaptação que envolve a vida de uma recém-chegada, uma questão particular concentrava grande parte de minhas energias: tratava-se da *maîtrise*, ou seja, do domínio da língua francesa. Preocupada, comecei a questionar: o que fora fazer lá, afinal? Ao estrangeiro incumbe o domínio do idioma local para que possa conquistar um lugar na sociedade. Na França, em especial, a língua francesa é um forte elemento de identidade cultural e pertencimento.

Sentia-me inquietantemente desarvorada, como uma vez descrevera Freud (1919/2010): "Por exemplo, se nos perdemos numa floresta, talvez surpreendidos pela névoa, e, apesar de todos os esforços em achar um caminho conhecido ou demarcado, sempre retornamos a um mesmo local, caracterizado por certa formação" (p. 265).

No ensaio "Das Unheimlich", o psicanalista se propôs a estudar as experiências de encontro com a inquietude e o desamparo. Ele entendeu que essas experiências teriam em comum o fato de que, a partir desse encontro, vivenciaríamos o reaparecimento de algo que havia muito fora conhecido, familiar... Mas que teria sido ocultado, esquecido, reprimido. "Portanto, *heimlich* é uma palavra que desenvolve o seu significado na direção da ambiguidade, até afinal coincidir com o seu oposto. *Unheimlich* é, de algum modo, uma espécie de *heimlich*" (Freud, 1919/2010, p. 256).

Seguindo os passos do mestre, gostaria de experimentar o mesmo percurso, ou seja, uma vez na floresta, retraçar o caminho a partir do qual o *infamiliar* poderia se tornar, novamente, familiar. Minha forma de vivenciar o novo lugar de estrangeira foi, até onde os confins da escrita me permitem bordejar, algo que me aproximou da vivência de uma pequena criança, de um *infans*.

Infans é uma palavra latina composta do prefixo privativo "in" e do particípio presente do verbo "fari", que significa falar. Assim seria o *infans*, o bebê, aquele que ainda não fala.

> *Infans, então um "proletário" bastante específico, não tem a possibilidade de falar, exprimindo-se apenas por gritos, mímicas, gestos. Na maior parte das vezes, não queremos nem o escutar, nem o enxergar. Não o consideramos um ser humano à part entière, um "parlêtre", pois ele não pronuncia palavras, não produz frases, não diz "eu". É um embrião, um feto, um recém-nascido, um bebê, um lactente, uma pequena coisinha, ninguém, nada. Ele não tem o direito à palavra, ele está ausente do discurso social. (Dolto, 2009a, p. 111, trad. minha)*

De forma semelhante ao bebê que se vê impossibilitado de falar, o estrangeiro se encontra em dificuldade para se comunicar na língua local. Lanço então um questionamento: não seria essa vivência algo da ordem de um retorno ao *infans*? Que encontro, ou reencontro, com o *infans* emergiria do contato com a língua estrangeira?

De minha parte, que lugar me caberia nessa outra comunidade de falantes? Ora, para deixar de ser *infans*, para "falar", precisaria me arriscar. Parti à procura da soleira da floresta...

Dentre minhas experiências profissionais na França em diferentes instituições, a maior parte delas com crianças e suas famílias, uma delas marcou particularmente minha forma de ser e de me colocar em trabalho: trata-se da Maison Verte ("Casa Verde"), espaço de acolhimento, lazer e escuta voltado às pequenas crianças, acompanhadas de seus familiares.

Foi nessa pouco usual casa que eu também me senti acolhida. Desde então, a palavra acolhimento – *accueil* em francês – adquiriu um sentido determinante em meu percurso. A porta estava entreaberta e eu a empurrei...

Acredito que tenha sido a partir desse marco que comecei a construir meu mapa. Inicialmente no próprio ambiente físico da *maison* e do quarteirão – o metrô, o ônibus, a praça, a *boulangerie*... Em seguida, rotas conectando os nós da rede de atenção à infância em Paris. E, enfim, referências em torno de um universo que, em outros tempos e em outras paragens, já me fora muito íntimo, mesmo banal: fui me apropriando de um vocabulário, como quem (re)aprende o alfabeto: *maman, coucou, papa, doudou, dodo, tété, pipi, caca, calin, tétine, berceuse*...

Meu francês, ainda hesitante, pôde assim se manifestar, fazer-se escutar, progredir, avançar... inicialmente junto às próprias crianças, e, em seguida e delicadamente, com os adultos, pais, avós, babás e meus colegas de trabalho.

Minha necessidade de reconhecer o novo território aproximou-me das crianças, pois estávamos em expedição semelhante, tateando, apalpando e explorando o mundo à nossa volta. Não apenas o "mundo físico", mas também o "mundo das palavras".

Além disso, o sentimento de estranheza acalmou-se quando percebi, tal qual um bebê, que, muito além da linguagem verbal, comunicamo-nos a partir de nossa presença. Se do lado do bebê assim o é, não ocorreria processo semelhante do lado do analista? Passo, então, ao outro lado: não faria o analista o mesmo, escutar e fazer ressoar em seu corpo, antes de entregar a palavra articulada?

Foi a partir do meu encontro singular com essas crianças, a maior parte delas com a língua em sua fonte nascente, que pude me reencontrar com a psicanálise, em seu sentido mais profundo.

Na sequência, descreverei como se deu essa experiência, concentrando-me no trabalho com as crianças. Para isso, inicialmente, apresentarei a Maison Verte, que consistiu em um espaço privilegiado para esse percurso. Trarei a ilustração de um momento clínico lá vivenciado. Em seguida, mudarei de cenário e abordarei o atendimento de uma criança em um serviço ambulatorial de consultas na região parisiense.

Uma apresentação da Maison Verte

Ni une crèche, ni une halte-garderie, ni un centre de soins

Malandrin (2009, p. 21)

A Maison Verte abriu suas portas em 6 de janeiro de 1979, no 15º *arrondissement* de Paris, fundada por seis profissionais que trabalhavam com a infância, entre eles Françoise Dolto.[1] Desde sua criação, ela se apresenta como um lugar de acolhimento, lazer e escuta de crianças – do nascimento ao quarto aniversário –, sempre acompanhadas de seus pais ou de um adulto responsável. Ela é o fruto do desejo desses profissionais de colocar em ação uma estrutura original, que pudesse ajudar pais e crianças a superar as dificuldades cotidianamente vividas.

A chegada de um recém-nascido é sempre uma experiência perturbadora, afinal pais e bebês não seriam, eles também, estrangeiros uns aos outros?

---

1   Os fundadores: Bernard This, Colette Langignon, Françoise Dolto, Marie-Hélène Malandrin, Marie-Noëlle Rebois e Pierre Benoit.

O lugar que o recém-chegado passará a ocupar implica um rearranjo da relação do casal, modificando-a e perturbando-a. Essa situação pode tocar de diferentes formas cada membro de uma família, até que cada um possa reencontrar seu lugar. Além disso, nos grandes centros urbanos, mães e pais encontram-se comumente isolados nessa aventura.

A Maison Verte foi pensada, em primeiro lugar, como um espaço aberto na cidade e organizado em torno do acolhimento dos recém-chegados, onde cada membro da equipe teria uma grande disponibilidade para receber seus visitantes e interessar-se pelas questões que surgem naturalmente em todo novo pai e toda nova mãe. Mas não apenas: um espaço onde cada um pudesse arriscar-se ao encontro singular com a criança.

This, um dos fundadores, chama a atenção para a escolha particular do nome Maison Verte. Ele nos explica que a denominação foi dada pelas próprias crianças que a frequentavam: tendo ouvido dizer que *la maison* était *ouverte* (a casa estava aberta), algumas a nomeavam simplesmente *maison verte* (casa verde), em referência à proximidade fônica entre as palavras *ouverte* e *verte*. Ao mesmo tempo, os muros do local eram pintados de azul, mas uma parte dos visitantes os via verdes... "Seria ela verde ou estaria ela aberta?" (This, 2007, p. 48). Foi a partir desse jogo de palavras que ela foi batizada.

Se o próprio nome surgiu de efeitos de significação e de ambiguidade produzidos na língua francesa, não seria um sinal de que se trata, efetivamente, de um espaço permeável aos mal-entendidos da língua, e, assim, ao estrangeiro e ao outro?

Na época de sua inauguração, uma placa exibida em sua fachada apresentava-a aos visitantes, com os seguintes dizeres:

Nem uma creche, nem um jardim de infância, nem um centro de consultas.

A Maison Verte não seria nem um lugar onde os pais deixam suas crianças enquanto trabalham, nem um espaço educativo, tampouco um espaço de acompanhamento psicológico. Algumas especificidades demarcam seu lugar: para frequentá-la não há necessidade de inscrição; as famílias permanecem o tempo que desejarem; apenas o primeiro nome das crianças é perguntado, respeitando o anonimato. Ao final de cada visita, uma participação financeira, de montante livre, é realizada. Sua estrutura é inteiramente independente dos outros serviços existentes, por exemplo, de um centro social, um centro médico-psicológico[2] ou de proteção materno-infantil. Lá, todos os membros da equipe exercem a função de acolhedores.

Malandrin (2009), também fundadora, aponta que haveria dois âmbitos de acolhimento na Maison Verte: de um lado, trata-se de um lugar de socialização, que acompanha a criança na passagem da vida familiar à vida social; de outro, consiste num ambiente que lhe permite desenvolver sua questão, sem ser obrigada a fazê-lo por intermédio de um adulto. Aliás, em muitos casos, este não poderia mesmo fazê-lo, justamente porque não há escuta até o momento preciso em que essa mesma questão se organiza como um sintoma: "Na Maison Verte, quando os pais vêm com sua criança, podemos a partir do bebê que não fala compreender aquilo que a mãe não pode dizer" (Dolto, 1985/2009b, p. 419).

A escuta da dimensão inconsciente faz-se sempre presente. Todavia, como sublinha Malandrin, a prática de um acolhedor não é

---

2 Adiante, trarei a ilustração clínica do atendimento a uma criança recebida em uma estrutura desse tipo, denominada CMPP.

a mesma que a de um psicanalista em um serviço de consultas, em um hospital ou em seu consultório.

Exatamente por não ser um centro de tratamento, para frequentá-la não é necessário que a criança apresente um "sintoma", o que rompe com o dispositivo da cura. Por isso, faço a distinção entre o lugar do *psicanalista* e o lugar da *psicanálise*, que não devem se confundir: na Maison (Ou)Verte, ou seja, aberta para a *polis*, se o psicanalista não desempenha seu ofício clássico, a psicanálise, como forma de leitura da experiência humana, encontra todo o seu pertencimento. "Na Maison Verte, nós não fazemos 'ofício' de psicanalista, nós somos 'psicanalistas na cidade', ou seja, psicanalistas que, ao contrário, participam e falam em palavras e em atos" (Dolto, 2009a, p. 79).

Um dos princípios que fundamentam esse trabalho é o que chamo de *endereçamento à criança*, como resultado da constatação de que os adultos normalmente falam *das* crianças, mas pouco falam *com* elas. Nesse lugar singular, é sempre a criança que é acolhida. Ela, acompanhada de seus pais. Ela, a pessoa a quem nos dirigimos, a quem nomeamos e de quem escrevemos o nome no quadro de entrada. Então, a criança sente, desde quando ultrapassa o umbral, que se trata de um lugar feito para ela.

Os adultos também reagem a esse endereçamento. Não é raro que se sintam surpresos, desconcertados ou mesmo incrédulos diante dessa abordagem. "Ele é apenas um bebê! Não entende nada do que dizemos!", falam alguns. "Ele ainda não fala!", dizem outros. Há ainda os que nos abordam, sussurrando: "Estou passando por um período dramático! Não sei mais o que fazer... Mas meu filho não pode saber de nada!".

Feitas as apresentações, gostaria, agora, de compartilhar um momento clínico que me vem ao espírito, bastante simples, mas que ilustra o que pode emergir do encontro com a criança, no cotidiano dos acolhimentos.

Julie e sua mãe

Julie,[3] uma bebê de cerca de 16 meses, chega com a sua mãe pela primeira vez à Maison Verte. Eu as recebo no *hall* de entrada e vejo que ela permanece agarrada nas pernas de sua mamãe. Eis mãe e filha plantadas à minha frente. Havendo notado o embaraço inicial, coloco-me à altura da pequena: "Olá, Julie, eu me chamo Roberta e você está na Maison Verte. Nós não nos conhecemos e com tanta novidade é natural que você esteja apreensiva... Mas quero que saiba que aqui sua mamãe ficará o tempo todo com você. Ela não poderá ir embora sem você".

A cada chegada, cada acolhedor encontra seu estilo de se apresentar pela primeira vez a uma criança. Porém, uma mensagem essencial lhe é comunicada: nesse espaço ainda desconhecido, seus pais permanecerão com ela. Por meio de nossa palavra lhe damos essa garantia.

Observo que, durante nossas primeiras trocas, Julie permanece na mesma posição: ela me observa hesitante, e, com suas mãos, procura as de sua mãe, para se sustentar e se manter em pé. Esta, por sua vez, aparentemente mais familiarizada com o lugar, aproxima-se de mim. Ela quer falar e se mostra um pouco desconfortável: "Já frequentei aqui antes com as irmãs dela e tudo sempre se passou bem. Porém Julie ainda não caminha sozinha! Na sua idade, suas irmãs já caminhavam!". Conta-me, em seguida, que ultimamente não consegue mais dormir, pois a pequena acorda

---

3 Todos os nomes utilizados nas ilustrações clínicas deste texto são fictícios.

durante a noite e quer mamar, mas, uma vez dado o seio, só aceita deixar-se pegar no sono novamente se colada contra o corpo dela. Essa mãe, como a vejo então, está esgotada. A filha, quando desperta, exige firmemente sua presença. Enquanto a escuto, observo Julie, que presta atenção em tudo o que dizemos e participa da cena, sem soltar mamãe. Sinto algo que descreveria como uma densidade, como se o laço que liga essa criança à mãe não pudesse se esticar sem se romper.

Entendo que Julie já não é uma recém-nascida, porém reclama uma presença corpo a corpo para estar em segurança. Diante de tal necessidade, adquirir a marcha poderia lhe anunciar um impasse... afinal, quando caminhamos, o que ganhamos e o que perdemos? De um lado, perdemos o colo dos pais? De outro, ganhamos o mundo? E, para Julie, as perdas superariam os ganhos?

As hipóteses são muitas. No entanto, decido deixá-las em suspenso e não me precipitar. Há algo da ordem da suavidade que me orienta nesse breve encontro.

A mãe prossegue, descrevendo como para as irmãs mais velhas isso nunca tinha sido um problema. Em sua família, a motricidade e a marcha mostraram-se como vantagens... até então. Há algo em Julie, em sua singularidade, e na singularidade de sua ligação com a mãe, que questiona essa certeza.

Com o ar abatido, a jovem mulher me pergunta: "Existem outras mães aqui com os mesmos problemas que eu?". Respondo que é provável que sim e a convido a pendurar os casacos de inverno (até esse momento, permanecíamos na entrada), instalar-se e conversar com os outros. Eu me afasto e as deixo. No decorrer da tarde, percebo que Julie ultrapassou o *hall* e brinca com alguns joguinhos ao lado de sua mamãe, enquanto esta conversa com alguns pais...

Nas semanas que se seguem, revejo Julie na Maison Verte. Nessas vezes, está acompanhada da babá: prudente, a pequena permanece um período agarrada às pernas dela, mas, passado esse momento, que varia a cada passagem, parte para uma brincadeira, mantendo-se próxima.

Enfim, em um sábado, ela volta a nos fazer visita acompanhada da mãe.

Para minha admiração, dessa vez, esta chega com um ar diferente: não parece cansada, sorri e até mesmo conversa com a filha. Estou definitivamente surpresa! Nós nos sentamos ao pé da escada, no *hall*, e ela me confia que se sente muito bem nesse espaço: "descobri o quão importante é ter uma ocasião de estar apenas com minha caçula, sem suas irmãs". Acrescenta: "Ultimamente, também tenho notado que Julie entende tudo aquilo o que lhe digo... Estamos nos comunicando muito melhor que antes".

Graças a essa constatação, sua maneira de estar presente mudou. Ela me olha e, então, após uma breve hesitação, faz a pergunta que já estava preparando: "Desde quando as crianças entendem o que lhes dizemos?".

Essa breve cena ilustra os efeitos que podemos recolher *in loco* a partir da aposta que fazemos na criança-sujeito. Sabemos que um bebê, por sua imaturidade física e psíquica, ainda não pode, ele mesmo, valer-se da palavra falada. Ao mesmo tempo, desde seu nascimento, o filhote humano se mostra sensível a tudo aquilo que é dito, que *lhe* é dito, pelo seu entorno. Se observarmos um bebezinho com atenção, constataremos o interesse particular que demonstra pela voz humana. Como sustentou Dolto (1981/1996), veremos o quão precoce é seu desejo de escutar *outra vez* as palavras da mãe e como ele se coloca inteiramente a serviço disso.

Em sua prática como psicanalista infantil, ela se deu conta de que a maior parte das dificuldades relatadas nas consultas não era decorrente de uma doença ou um acometimento orgânico, mas da *falta de comunicação simbólica precoce* e dos *efeitos daquilo que permaneceu não resolvido pela palavra.* Tratava-se, sim, por parte dessas crianças, de uma linguagem do corpo que manifestava dificuldades precoces, não ainda traduzidas...

> *Uma mágica se produz quando os pais percebem que seu bebezinho compreende a fala e que se pode falar a ele daquilo que lhe aconteceu, daquilo que se vive por ele e do que lhe concerne. ... assim, a partir disso, uma descoberta essencial: o ser humano é um ser de linguagem desde a sua concepção; existe um desejo que habita esse ser humano; existem potencialidades que nós apoiamos ou que nós negativamos. (Dolto, 1985/2009b, p. 415, trad. minha)*

A meu ver, a Maison Verte é um lugar privilegiado de circulação da palavra, entre todos. Palavra que não se restringe à língua vernácula. Tudo o que a criança manifesta a partir de seu corpo – seu choro, seu grito, suas expressões, suas disfunções –, justamente quando não possui ainda outros meios para fazê-lo, é, também, linguagem.

Nesse sentido, Roy, acolhedora na Maison, sublinha que, ao criar condições de emergência da palavra, esse espaço também favorece que o *encontro* se torne possível. Ela toma o encontro como definido por Lacan, *Tiquê*, que traça uma ranhura no real e cuja função seria questionar algo da ordem do real. Se há encontro, há transformação, pelo próprio fato do encontro. A consequência irreversível da *Tiquê* se formularia, simplesmente, assim: há um antes e um depois (Roy, 2009, p. 104).

Poderíamos entender que houve encontro entre Julie e sua mãe, mas esse encontro não se deu magicamente. Tornou-se possível apoiado pelos princípios que alicerçam a Maison Verte, ou seja, a partir do lugar que atribuímos à criança, do endereçamento à sua pessoa, da aposta que fazemos na função da linguagem, e isso desde o momento em que cruza a porta de entrada... Dito de outro modo, lá se cuida das condições do encontro.

Gostaria, então, de mudar de paisagem para trazer outra ilustração clínica. Trata-se de um atendimento que ocorreu em um serviço de acompanhamento psicológico, um *centre médico-psyco-pédagogique* (CMPP). O CMPP é um estabelecimento médico-social que oferece acompanhamento ambulatorial para crianças e adolescentes, bem como aos familiares. Nesse tipo de estrutura são tratadas as questões relacionadas a dificuldades no plano emocional, relacional, familiar e escolar.[4]

Na vinheta que se segue, novamente estou às voltas com uma pequena criança e sua mãe. Entre ambas, o que se comunica, ou não? O que se transmite, ou não? No entanto, se com Julie era a marcha que se fazia questão, com essa criança é a própria fala que será interrogada.

---

4 A equipe de um CMPP é usualmente composta de psiquiatras, psicólogos, psicanalistas, assistentes sociais, fonoaudiólogos e psicomotricistas, que, juntos, decidem por um projeto terapêutico, incluindo atendimentos individuais ou grupais, em diferentes especialidades.

214 A LÍNGUA E O INFANTIL

Maya e sua mãe[5]

Maya, uma garotinha com cerca de 3 anos, chega para o serviço de consultas acompanhada da mãe. O que as traz ali? A mãe de Maya conta-nos que, recentemente, a filha começou a frequentar a creche e essa nova situação lhe disparou um sinal de alerta: notou que a filha não se comportava como as demais crianças, isolando-se delas: "Ela não procura os outros". No semestre seguinte, a menina entraria na escola maternal, o que gerou uma inquietação antecipatória na família: como iria ela adaptar-se à escola?

Há, ainda, uma particularidade, que nos é, então, revelada: "Maya ainda não fala".

Maya é filha de estrangeiros. Seu pai é nascido na Índia e sua mãe, na Turquia. O casal se comunica em inglês. A mãe tem como primeira língua o turco, mas é em curdo e em francês que escolheu comunicar-se com a filha; ela tem uma justificativa para isso: o curdo representa as origens de sua avó materna, enquanto o francês é a língua que a filha deverá assumir quando entrar na escola: "Maya é francesa, por isso ela deve falar francês".

Gostaria de fazer uma consideração de caráter mais amplo. Encontrei no CMPP, na Maison Verte e em outras instituições diversas famílias de migrantes ou estrangeiros. Entre esse público, era frequente a preocupação com a adaptação ao novo país, sendo que o domínio do idioma ocupava, comumente, um lugar central nesse processo.

---

5 Essa ilustração clínica foi retirada de uma experiência de estágio, durante o período do meu mestrado, no CMPP de Morsang-sur-Orge. Durante esse estágio, acompanhei atendimentos individuais de crianças e adolescentes, sob a supervisão de Christine Roy, psicóloga e psicanalista nesse serviço.

Na França, a integração do migrante e do estrangeiro é uma questão complexa, que está longe de apontar para uma solução... Esses pais estrangeiros creem, talvez ingenuamente, que, para que seus filhos se adaptem à nova cultura e não sofram segregação, a apropriação dessa outra língua seja suficiente. Língua que, cabe dizer, para eles próprios é uma *língua outra*.

A mãe de Maya está inserida nesse contexto e o momento de entrada da filha na escola maternal concentra grande parte de suas inquietações. Porém, esse "transplante linguístico" não vem sem consequências...

Assim, Maya é recebida para atendimento. Inicialmente, só aceita entrar nas sessões com a mãe; separar-se dela parece insuportável, o que vemos expresso por choros, gritos e batidas na porta.

Observo Maya, uma menina de pequenas e delicadas proporções, mas com uma agilidade que me impressiona. Desde o primeiro encontro, ela circula pela sala de atendimento e se interessa prontamente pelo giz de cera: pega-o, rabisca a lousa, joga-o no chão, pega outro e recomeça... Sua mãe intervém, manda a filha recolher os pedaços de giz espalhados pelo chão, mas Maya não se detém. Tentamos participar do jogo que se esboça em vão, a garota não nos deixa espaço... Então, repentinamente, muda de direção, larga o giz e busca outro objeto que lhe desperta a atenção.

Tenho a viva impressão de que a trajetória dessa menina é como a de uma borboleta. Voa de flor em flor. Se por uma fração de segundo pousa, logo levanta voo. Enquanto isso, nós, observadores de borboletas, seguimos seu movimento, sem, contudo, conseguirmos nos aproximar.

Os primeiros encontros com Maya desenrolam-se de maneira desconcertante e malsucedida.

Certo dia, ela chega para a consulta e, dirigindo-se à lousa, pega o giz, traça riscos e enuncia, em alto e bom som: "one, two, three, four, five-eight-nine... ten!". Entreolhamo-nos. Simultaneamente sua mãe delineia um largo sorriso nos lábios: "Estou ensinando-a a falar inglês. Ela já sabe contar até dez, vocês ouviram?". A reação da mãe causa-me um grande sobressalto. Por que ensinava inglês à filha? A ela, que chegara ao atendimento pois "não falava"... Não falava o quê? Em que língua? Maya não assumira uma língua. E, eu acrescento, uma *língua materna*...

Nesse momento, a psicanalista que atende ao caso dirige uma pergunta à mãe: "Gostaria de voltar a um ponto que me parece oportuno: como vocês se comunicam quando estão a sós?".

"Falo em curdo, a língua de minha avó."

"Mas o curdo foi também a sua primeira língua?"

"Não foi. Aliás, é verdade que não sou fluente. Mas gostaria muito de passar esse legado para a minha filha..."

"Você sabe... Vocês duas terão tempo suficiente para o curdo, o inglês e tantas outras línguas que desejarem. Mas agora, sabendo por que está aqui, parece-me essencial que fale com Maya da maneira que for mais espontânea para você. O que as crianças mais precisam nesses momentos é que haja uma comunicação de coração para coração."

Nesse instante, percebo que o seu sorriso se transformou e uma lágrima, então, escapou de seus olhos.

Acredito que esse encontro expressa, de maneira concentrada, a insólita vivência do estrangeiro, da qual, dessa vez, fui testemunha. Na minha condição de estrangeira, presenciei os impasses de Maya e sua mãe, elas também estrangeiras. Tanto para mim quanto para elas o francês representava essa língua "transplantada".

Youakim (2017), em sua prática, interessou-se pelas crianças bilíngues e observou um fenômeno digno de nota: *algumas* mães migrantes se comunicavam com seus filhos exclusivamente em francês, mesmo quando não o dominavam perfeitamente. Ele se perguntou o que estaria por trás disso e acreditava que, quando a língua de origem não era reconhecida socialmente, sua utilização poderia ser vivida do lado do embaraço ou da vergonha.

De acordo com ele, haveria "outra coisa" que também seria transmitida por meio da aprendizagem de uma língua de origem plenamente assumida, além da própria língua. *A contrario sensu*, se ela não pudesse ser plenamente assumida, algo se perderia... como um elo que fica faltando numa corrente.[6]

O que significa transmitir sua língua?

Na presente situação, essa mãe parece haver renunciado a comunicar-se com sua filha em sua língua, mas por quê? Essa moça se apresenta de maneira ambivalente: quer que Maya aprenda o francês (reconhece a importância do francês em seu contexto); porém não quer que o curdo se perca (representaria o curdo para ela uma língua de resistência?); ao mesmo tempo, não consegue transmitir quem ela realmente é – turca. Ela se encontra numa encruzilhada, puxada em diferentes direções e de maneira contraditória, com o seu lugar identitário abalado.[7]

---

6 Youakim é também acolhedor na Maison Verte e desenvolve a hipótese de que a "outra coisa" transmitida poderia ser a *lalangue* de Lacan: essa língua privada, entre uma mãe e sua criança, língua que inaugura o campo e o canto significante. Ainda, ele defende que a transmissão de uma língua plenamente assumida poderia constituir um fator de proteção à aparição de distúrbios da linguagem e do desenvolvimento.

7 Pergunto-me se o migrante turco, entre esses dois referenciais – o francês e o curdo –, não poderia se reconhecer ora como oprimido, ora como opressor.

Qual seria a história de sua chegada à França? E sua história pregressa? O que lhe foi transmitido, ou não, quando ela própria era criança?

Maya, por seu turno, responde a isso mostrando-se "sem lugar", como uma borboleta que não pousa, tampouco repousa. Penso que ela percebe que existe um profundo desacordo entre aquilo que é racionalmente falado por sua mãe – em curdo ou em francês, pouco importa, ambas as línguas não lhe vêm naturalmente – e tudo aquilo que ela deixa de lhe dizer.

Quando algo obstrui a comunicação entre uma criança e sua mãe, a criança intui que há algo estranho acontecendo, e essa intuição tem como suporte o próprio corpo: para os pequenos, o corpo a corpo da relação com a mãe, e, para os maiores, o seu corpo.

Dolto defendia que as crianças, muito antes de falar, compreendem todas as línguas. Essa ideia, se retirada de seu contexto, pode parecer estranha, mas se a considerarmos em sentido mais amplo, ou seja, na comunicação para além do que é dito, entenderemos o alcance dessa aposta... Então, dou novamente a palavra a Dolto:

> *Questão: Como podemos saber que a criança compreende a linguagem?*
>
> *F.D.: Eu não sei, mas é verdade. E ela compreende todas as línguas. Se uma chinesa fala a ela em chinês, uma árabe em árabe, e uma francesa em francês, ela compreende. Ela compreende todas as línguas. Talvez ela intua o que lhe queremos dizer. Talvez seja essa comunicação de um espírito a outro espírito. Disto, ela tem o entendimento. (Dolto, 1994, p. 215, trad. minha)*

O que considero essencial nessa mensagem, e que pude verificar a partir de minha prática, é que a criança percebe quando nos dirigimos a sua pessoa, percebe o afeto que transmitimos ao fazê-lo e a qualidade da nossa presença.

Dito de outra forma, o que enlaça um bebê em uma interlocução com a mãe não é a língua que está sendo falada, mas a própria intenção de comunicação. Quando há uma profunda intenção de comunicação do adulto para a criança, esse ato produz efeitos, independentemente da língua.

De meu encontro com Maya, Julie e outras crianças resta-me uma convicção: sim, a criança pode ainda não falar, mas tem apetite de comunicação – *de um espírito a outro* – desde o nascimento. Por menor que seja, ela possui, em si, recursos para fazer chamado ao outro. Caberá ao outro, no entanto, reconhecer e interpretar seu chamado, introduzindo-a numa comunicação possível. Comunicação a dois, a três, a quatro... a dez.

De volta à floresta?

Nas primeiras semanas em que frequentei a Maison Verte, quando chegava um bebezinho e eu me apresentava a ele, percebia-me capturada pelo encontro com seu olhar profundo. Eram trocas de olhares que perduravam incontáveis instantes e eu me via inteiramente imersa nessa experiência, atônita, à procura de uma palavra...

Acredito que, quando nos propomos a trabalhar com crianças muito pequenas, vivenciamos algo dessa ordem, uma perplexidade que remete à experiência de nosso próprio desamparo. Esse desamparo, precisamos afrontá-lo, se desejamos chegar ao outro lado da floresta.

Isso não vem sem me recordar de Lacan, que em sua obra sublinhou a dimensão do desamparo do ser humano, em geral, e da criança, em particular, dimensão constituída pelo enigma do desejo do outro.[8] De acordo com ele, quando nos inscrevemos na linguagem, encontramos, necessariamente, uma falta fundamental – uma falta-a-ser –, tendo em vista que nenhuma palavra pode dizer a última e definitiva verdade sobre o ser.

Se de um lado o encontro com o "mundo das palavras" acompanha-se de aquisições, de outro dele decorrem perdas: o acesso à "coisa". Faltam-nos palavras para descrever tudo o que vivenciamos. Existe sempre algo inacessível a elas, que permanece fora das possibilidades de simbolização, em qualquer língua.

Finalmente, sinto que retornei a meu ponto de partida, quando recorri a Freud, ao *infamiliar*, ao que insiste em se revelar – não seria o infantil? –, mas, igualmente, ao que nunca se deixa revelar por completo.

Seria a língua uma espécie de casa para o sujeito? Certamente, uma casa *ouverte*, pois, embora erigida com paredes, teto e fundações, também apresenta elementos de comunicação com o exterior, como portas e janelas. Essas mesmas portas e janelas que, ao se abrirem para o exterior, demarcam o limite de nosso íntimo território.

Nesse sentido, não constituiria também a Maison Verte, no tempo de passagem dos primeiros anos de vida, essa morada temporária, aberta à praça, à alteridade, enfim, ao encontro?

---

8   Para Lacan, o desamparo fundamental do sujeito corresponderia à angústia do bebezinho de não saber quem é e que lugar ocupa no desejo do outro – do qual depende inteiramente para a sobrevivência e que é, ao mesmo tempo, estrangeiro e familiar.

A criança chega ao mundo absolutamente dependente do abrigo que lhe é aprovisionado pelo adulto que a recebe. Paradoxalmente, apesar de seu desamparo, o *infans* tem recursos para fazer chamado ao outro. E, quando há encontro, de sujeito para sujeito, ele é transformador. Se apostarmos, se observarmos e se escutarmos, constataremos que o *infans* é passageiro...

Ao mesmo tempo, sempre levaremos algo do *infans*, radical estrangeiro, conosco. O inconsciente, este que não cessa de se fazer inscrever, não reconhece fronteiras, não tem tempo ou espaço.

Referências

Dolto, F. (1994). *Tout est langage*. Paris: Gallimard.

Dolto, F. (1995). *La difficulté de vivre*. Paris: Gallimard.

Dolto, F. (1996). *Au jeu du désir: Essais cliniques*. Paris: Seuil. (Publicado originalmente em 1981).

Dolto, F. (2009a). *Une psychanalyste dans la Cité. L'aventure de la Maison Verte*. Paris: Gallimard.

Dolto, F. (2009b). *La cause des enfants*. Paris: Robert Laffont. (Publicado originalmente em 1985).

Freud, S. O inquietante (2010). In S. Freud, *Obras completas* (Vol. 14). São Paulo: Companhia das Letras. (Publicado originalmente em 1919).

Lacan, J. (1995). *O Seminário, livro 4: a relação de objeto*. Rio de Janeiro: Zahar. (Publicado originalmente em 1956-1957).

Lacan, J. (2005). *O Seminário, livro 10: a angústia*. Rio de Janeiro: Zahar. (Publicado originalmente em 1962-1963).

Malandrin, M. H. (2009). Education / psychanalyse, l'impossible nouage? In F. Dolto, *Une psychanalyste dans la Cité. L'aventure de la Maison Verte.* Paris, Gallimard.

Roy, C. (2009). La Maison Verte, en tant qu'espace possible de rencontre. In F. Dolto, *Une psychanalyste dans la Cité. L'aventure de la Maison Verte.* Paris: Gallimard.

This, B. (2007). *La maison verte. Créer des lieux d'accueil.* Paris: Belin.

Youakim, Z. (2017). Au commencement était la langue: Quand la langue d'origine inscrit l'enfant dans sa filiation. In La Maison Verte, *Prévention, vous avez dit prevention?* Paris: L'Harmattan.

Migração e desenraizamento: criando um país psíquico para a solidão no contexto da intervenção mãe-bebê

Stephania A. R. Batista Geraldini

 Foi a busca de trabalho que fez nascer, existir o imigrante, e nele está contido o germe da imigração de povoamento. A emigração é o início do processo de sair de um país, ou seja, está na origem da imigração. A princípio, a presença do imigrante é estrangeira ou, pelo menos, percebida como tal, tornando-se assim uma presença provisória, ainda que se prolongue.

Segundo Sayad (1998), há uma distinção em relação à condição de ser estrangeiro, em um sentido mais amplo, e a de ser migrante, podendo ser este um estrangeiro que vai além das fronteiras, mas não pode ultrapassá-las. Em suas palavras:

> *Um estrangeiro, segundo a definição do termo, é estrangeiro, claro, até as fronteiras, mas também depois que passou as fronteiras; continua sendo estrangeiro enquanto puder permanecer no país. Um imigrante é estrangeiro, claro, mas até as fronteiras, mas apenas até*

> *as fronteiras. Depois que passou a fronteira, deixa de ser um estrangeiro comum para se tornar um imigrante. Se "estrangeiro" é a definição jurídica de um estatuto, "imigrante" é antes de tudo uma condição social. (p. 243)*

Nesses últimos anos o mundo tem acompanhado o deslocamento de milhares de pessoas que deixam seu país de origem, fugindo das guerras e condições de vida precárias, e buscam países onde possam viver em segurança e de forma mais digna. Koltai (1997) aponta uma condição importante do estrangeiro, que pode se prolongar e ser a mesma do migrante.

> *Para o senso comum, hoje em dia, estrangeiro é alguém que vem de outro lugar, que não está em seu país, ainda que em certas ocasiões possa ser bem-vindo, na maioria das vezes é passível de ser mandado para o seu país de origem, repatriado. A categoria sócio-política que o estrangeiro ocupa o fixa numa alteridade que implica, necessariamente, uma exclusão. (p. 7)*

Dentro desse contexto de ser migrante, um processo importante e que merece atenção é o do desenraizamento, que pode ser vivido mesmo em migrações não forçadas ou que não configurem exílio, pois existe uma ruptura com as raízes.

O presente capítulo tem por objetivo trazer à luz os efeitos psíquicos do desenraizamento, vivido durante o processo de migração, para uma mulher boliviana que residia em São Paulo havia sete anos quando nos encontramos pela primeira vez. O caminho escolhido aqui para dividir essa experiência foi: definir o que é o desenraizamento no campo da filosofia, onde nasceu tal conceito, e refletir sobre seus efeitos psíquicos, segundo a teoria de Donald

Winnicott; apresentar um recorte dos meus encontros com Nina e Daniel; refletir sobre o desenraizamento vivido por ela, bem como seu impacto na construção do seu processo de parentalidade, e as particularidades da minha escuta, como analista que já havia migrado e vivia um segundo processo de migração durante a elaboração desse trabalho.

Afinal, o que é o desenraizamento?

Encontramos na literatura a respeito do tema desenraizamento os trabalhos da filósofa francesa Simone Weil, que apresentou tal conceito após estudar a situação do operariado francês antes da Segunda Guerra Mundial. Para ela, o enraizamento:

> É, talvez, a necessidade mais importante e mais desconhecida da alma humana, sendo difícil defini-la. Um ser humano tem raiz por sua participação real, ativa e natural na existência de uma coletividade que conserva vivos certos tesouros do passado e certos pressentimentos do futuro. Participação natural, ou seja, ocasionada automaticamente pelo lugar, nascimento, profissão, meio. Cada ser humano precisa ter múltiplas raízes. Precisa receber a quase totalidade de sua vida moral, intelectual, espiritual, por intermédio dos meios dos quais faz parte naturalmente. (Weil, 2001, p. 43)

Vemos que para essa autora o enraizamento destaca a importância da comunidade para a existência do ser, bem como a relação desta com o passado e o futuro, no sentido de dar continuidade ao que existiu e ao que se imaginou para um tempo posterior. Existe uma transmissão aqui, que se dá entre as gerações e pela qual são perpetuados a língua, a forma pela qual o coletivo se organiza, os valores, as crenças, os costumes, as diferentes formas de viver de um povo.

Ainda segundo Weil, o oposto do enraizamento é o desenraizamento, este entendido como:

> *de longe a doença mais perigosa das sociedades humanas, pois multiplica-se a si mesmo. Seres verdadeiramente desenraizados não têm senão dois comportamentos possíveis: ou caem numa inércia de alma quase equivalente à morte, como a maior parte dos escravos no tempo do Império Romano, ou se jogam numa atividade que tende sempre a desenraizar, frequentemente pelos métodos mais violentos, aqueles que ainda não estão ou não o estão senão em parte. (Weil, 2001, pp. 46-47, grifo meu)*

A questão do desenraizamento foi pensada por ela no campo da relação entre homem e trabalho – na qual existia uma situação de opressão, fruto da necessidade extrema de produzir cada vez mais, que foi atendida pelo advento das máquinas, entrando em desarmonia com o ser humano e sua capacidade de produção. Mesmo se tratando de outro contexto, Weil contribuiu para refletirmos o desenraizamento vivido em alguns processos migratórios.

Dessa maneira, assim como a pressão para que se produzisse cada vez mais levou o operário a perder a noção do produto final do seu trabalho, o migrante que, muitas vezes, migra buscando trabalho para alcançar melhores condições de vida também se submete a determinadas condições que o levam ao afastamento de seus valores, crenças, costumes e formas de viver. Igualmente, ele pode passar a não ter clareza do lugar em que é colocado na relação com o empregador e do modo como isso afeta a maneira como vive e se relaciona na e com a nova cultura. Há no desenraizamento uma perda da memória coletiva, da língua, da origem, da cultura.

A teoria de Donald Winnicott: um recorte para pensar os efeitos psíquicos do desenraizamento

Na psicanálise, a teoria de Donald W. Winnicott aborda elementos importantes para refletirmos sobre os efeitos psíquicos do desenraizamento para aquele que o vive. Começando pelo início, Winnicott (1968/1994) deu lugar de destaque ao ambiente como elemento fundamental para a construção do *self*: "Há, de fato, uma diferença muito grande entre ter nascido filho de beduíno que vive nas areias escaldantes, de um prisioneiro político na Sibéria ou da esposa de um comerciante da úmida, porém bela, parte ocidental da Inglaterra" (p. 80).

Vemos que para ele o ambiente onde nascemos, a cultura, a história dos nossos pais faz toda a diferença para sermos quem somos. Winnicott ainda ressalta a importância da mãe suficientemente boa[1] como alguém que vai oferecer um ambiente favorável para o bebê se desenvolver e poder ser. A mãe suficientemente boa é aquela capaz de entrar em sintonia com as necessidades do bebê e lhe oferecer o que ele necessita, nem mais nem menos, apenas o suficiente, por meio das funções de *holding* (literalmente, segurar o bebê, sustentando-o, a princípio, fisicamente) – e essa sustentação se desdobra em sustentação psíquica, uma vez que no colo da

---

1 Para facilitar a leitura do trabalho, optou-se por usar a palavra mãe. Porém, o termo tem aqui o significado de cuidador principal ou primeiro cuidador, podendo ser a mãe, o pai ou qualquer outra pessoa que assume tal função.

mãe o bebê pode experienciar a continuidade de existir e, assim, ser – e *handling* (cuidados físicos, como trocar fralda, dar banho etc.) – enquanto manipula o corpo do bebê a mãe o humaniza, lhe proporciona uma organização simbólica e a experiência do corpo como morada dos afetos e emoções. É assim que ele pode habitar o próprio corpo, unificando psique-soma, processo que não é inato.

No começo, o bebê não existe sem a mãe. É no encontro com ela, que lhe atende quando ele necessita, que o bebê tem a ilusão de ter criado o que precisava, no início o seio/mamadeira. Também é no encontro com a mãe que ele se vê em seu rosto e pode iniciar o processo de integração, de existir como ser separado dela – processo que se desenvolve com a mãe podendo frustrar o bebê quando ele já pode suportar, apresentando-lhe o mundo em pequenas doses. É assim que ele passa a reconhecer que existe um ser diferente e fora dele, e que ele não o criou (Winnicott, 1966/1994).

No entanto, antes de descobrir que não criou, é extremamente importante que o bebê possa desenvolver a criatividade. Nascemos com um potencial criativo, que depende do ambiente e da interação com ele para ser desenvolvido. Por meio dos relacionamentos estáveis, uma área intermediária, em que há fenômenos transicionais ou lúdicos, é estabelecida. Essa área não é o eu nem o outro – está entre o bebê e a mãe, entre o indivíduo e o mundo –, é uma área onde se pode imaginar, criar. Assim, o espaço potencial é aquele que compreende a terceira área da realidade, que não é a subjetiva nem a objetivamente percebida, na qual se constitui a transicionalidade. A partir do transicional há uma evolução para o brincar, do brincar para o brincar compartilhado, e deste para as experiências culturais. São estas últimas que propiciam a continuidade da raça humana (Winnicott, 1971/1975).

Apoiado nessa teoria, Gilberto Safra (1999, citado por Maalouf, 2005) nos fala da importância do transgeracional. A relação entre a mãe e o bebê é marcada pelo que é transmitido entre as gerações – a história dos pais, dos avós, dos conflitos, das relações, do lugar da criança etc. –, pela história de cada família, que se constituiu em determinada cultura. Aqui a compreensão da existência humana abarca o aspecto ontológico.

Ele aponta a questão de sermos um e vários ao mesmo tempo, ressaltando o fenômeno transgeracional na comunidade:

> *Essa concepção compreende que o acontecimento humano é acontecimento que ocorre em meio à comunidade humana, como fenômeno transgeracional enraizado nos solos do mundo cultural e do mundo natural. O homem não existe sem a natureza e sem a cultura. (Safra, 2004, p. 44)*

Igualmente, ressalta que a questão do transgeracional não envolve apenas o que já foi, passado, mas também o futuro, uma vez que o ser humano carrega potencialidades de ser e de o objeto transicional fazer conexão da pessoa com sua etnia, ancestrais etc.

A partir daí, Safra (1999, citado por Maalouf, 2005) aponta duas questões importantes, em termos dos efeitos psíquicos do desenraizamento: a quebra do sentido de continuidade e a solidão. No primeiro, uma família que vive o desenraizamento pode ter o sentido de continuidade e tempo sequencial quebrado, e isso pode se perpetuar, ocorrendo então a experiência de viver o passado e a ruptura como eternos presentes. No caso da solidão, ela pode ser pensada como a angústia de cair no vazio, apresentada por Winnicott, uma vez que há uma ruptura com as raízes. Parece-me que ambos os efeitos se devem ao fato de se experienciar uma falta de sustentação, de *holding* por parte da nova cultura.

Encontrando Nina e Daniel

Encontrei com Nina e seu bebê, Daniel, no ano de 2016, no *setting* da intervenção na relação mãe-bebê. A díade aceitou fazer parte de uma pesquisa de doutorado (Geraldini, 2020), que derivou de uma pesquisa de pós-doutorado (Durand, 2016). Foram treze encontros, que se deram no equipamento de saúde[2] onde o filho mais velho de Nina, com possível diagnóstico de autismo, era atendido.

O objetivo do trabalho com eles era iluminar e dar sentido para as possíveis angústias que surgem ao lidar com a presença de um indivíduo com o transtorno do espectro do autismo na família e que pudessem estar dificultando o vínculo da mãe com o filho bebê. Durante as intervenções, ficou evidente que o processo de Nina de se tornar mãe estava em risco mais por causa da solidão que ela vivia na migração que pelo autismo do filho mais velho.

Nina, 34 anos, boliviana e mãe de F., 5 anos, e Daniel, 9 meses. Casada com H. havia 6 anos. O marido morava no Brasil havia dez anos, e Nina, havia sete. Conheceram-se no trabalho, e a primeira gravidez não foi planejada, ao contrário da segunda. Moravam na casa onde trabalhavam. H. cuidava de uma confecção de roupas e Nina, das crianças e dos serviços da casa. Uma de suas irmãs, com o marido e o filho de 10 anos, moravam e trabalhavam com eles. H. também tinha uma irmã que morava em São Paulo, com o marido e o filho. Eles trabalhavam na mesma confecção, mas moravam em casas diferentes.

Ela era a filha mais velha de um casal que teve sete filhos. Apesar de não contar muito como era a vida na Bolívia, repetia muitas

---

2   Centro de Atendimento Psicossocial Infantil (CAPSi): equipamento de saúde que faz parte do Sistema Único de Saúde (SUS) e que oferece atendimentos de cuidado da saúde mental para crianças e adolescentes até 18 anos. É composto de equipe multidisciplinar e realiza atendimentos interdisciplinares.

vezes que sentia saudade e queria voltar. Antes de migrar para o Brasil, trabalhava como doméstica em seu país. Hoje, seus irmãos que lá ficaram estudam, estão na universidade. Penso que é uma família humilde e batalhadora. Nina contava que eles eram bastante unidos e que se falavam toda semana.

Desde que por aqui chegou, nunca mais conseguiu voltar para a terra natal, apesar de desejá-lo todos os dias. A falta de dinheiro e o clima a impediam. Ela explicou que lá fazia muito frio e não queria que os filhos adoecessem.

Nina parecia não poder contar com ninguém. Era difícil saber se o outro não podia estar ali por ela ou se, de alguma forma, ela acabava assinalando que não precisava contar com o outro. Não queria sobrecarregar a irmã, não queria cobrar o marido... tinha de dar um jeito, já que a vida era sua.

> *Quando descobri que estava grávida, queria ir embora, ficar perto da minha família. Eu pensava: Quem vai cuidar de mim no dia que ganhar meu filho? Como vai ser? A gente ficou muito sozinho. Ficava muito triste, chorava muito. Não conhecia muita gente aqui . . . Eu fiquei muito triste, preocupada. Só queria ganhar o meu dinheirinho e voltar para o meu país. Agora, como fico?, pensei... (Nina)*

Falava de algo tão legítimo. Um sentimento de solidão e medo. Queria ser acolhida pelo conhecido, ao mesmo tempo que vivia a incerteza de ainda pertencer ao país que deixou, bem como à família e aos amigos, e se tudo continuava como era.

> *Aqui eu tenho tudo, meu marido, meus filhos, minha casa e o dinheiro, que é pequeno, mas tem. No meu*

país, não tenho nada. O H. fala para mim: Todo mundo muda. Não tem aquele amigo esperando por você. Todo mundo fez a sua vida. Eu fico triste, chorando. Quero ir embora. Lá tinha os meus amigos, a casa das minhas tias. Aqui eu só tenho que ficar aqui dentro e olhar meus filhos. Eu sei que é estresse. Tem muitas vezes que eu não consigo sair fim de semana. E ele fala: Lá não é a mesma coisa. Se você for lá, não vai achar aquele amigo que você tinha. E é verdade! (Nina)

Quando soube do possível diagnóstico de autismo do filho mais velho, F., Nina se sentiu, sobretudo, perdida. Parecia viver uma confusão de línguas, em que não se entende o que se fala. Aos poucos, tudo foi se organizando e ela conseguiu encontrar o CAPSi onde ele fazia tratamento. Contudo, para ela ainda era muito difícil lidar com o diagnóstico do filho, pois o via como uma criança que se desenvolvia bem. Tinha receio de Daniel também ser diagnosticado com o mesmo transtorno, ao mesmo tempo que dizia não se preocupar com isso. Caso acontecesse, agora ela sabia o caminho a percorrer. O que lhe afligia era o fato de terem lhe pedido, na escola de F., para conversar em português com os meninos, caso contrário não contribuiria para o desenvolvimento de sua linguagem. Português era um idioma que ela não falava bem.

Tal fato levou Nina a me contar que, apesar de ter o que precisava em sua vida no Brasil, não se sentia segura onde estava. Não falava só da vontade de retornar ao seu país – essa fala era frequente, bem como a fala de que sentia saudade da sua família –, mas de um não pertencimento, de uma impossibilidade de transitar com segurança.

Eu sempre tenho vontade de voltar. Aqui eu tenho tudo, trabalho, meus filhos, posto de saúde de graça, escola de graça. Meu país não tem nada. Mas eu não me sinto cem por cento aqui. Minha liberdade falta aqui. Lá a vida é outra. (Nina)

Algumas considerações

A literatura aponta que há um impacto negativo no narcisismo dos pais quando eles têm um filho com questões de saúde física e/ou mental. Lidar com o fato de que aquele bebê ou criança é uma produção deles, mas que não foram eles os determinantes para a ocorrência de tal diagnóstico é, muitas vezes, um caminho complicado e dolorido, além de ser, em alguns casos, quase impossível de transpor. Outro ponto importante é que, no caso do autismo, especificamente, há o fator genético, podendo tornar esse processo ainda mais difícil.

Moro (2005) assinalou a importância da cultura como lugar onde os pais se abastecem para desenvolver seu próprio jeito de serem pais, bem como lugar de ressonância para esse modelo particular de cada um. Essa autora, junto com Giraud (2004), ainda menciona o grupo como lugar que dá sustentação ao que foi construído ao longo do tempo em uma determinada cultura e sociedade. Penso que a língua se insere aqui.

Entendo que, para Nina, encontrar ressonância no grupo social e cultural, como forma de se fortalecer como mãe (Rochette, 2003; Moro, 2005; Giraud & Moro, 2004), se tornou mais complicado. O autismo do filho mais velho e o fato de ser migrante, tendo outro idioma, geravam um sentimento de não pertencimento ao grupo, ou porque este não conseguia acolher o que lhe

234 MIGRAÇÃO E DESENRAIZAMENTO

parecia diferente – lembrando das observações feitas por Freud (1919/1996) de que aquilo que não é reconhecido por mim como meu é estrangeiro a mim, ficando à margem, sobretudo da cultura e sociedade –, ou porque não havia confiança da parte dela de que esse mesmo grupo fosse capaz de acolhê-la.

Dessa forma, ela compartilhou, inúmeras vezes, o quanto se sentia sozinha por ter um filho com autismo e por ser migrante. Aqui, entendo que a falta de *holding* fornecido pela sociedade e nova cultura agravaram o sentimento de solidão. Encontramos em Winnicott (1958/1998) um conceito importante para refletir sobre esse sentimento trazido tantas vezes por Nina. Ele nos fala a respeito da capacidade de o sujeito estar só sem se sentir fracassado ou abandonado. Tal capacidade seria resultado da dedicação e cuidado consistente da mãe nos primeiros meses de vida do bebê.

Há três experiências diferentes para alcançar tal capacidade. Em um primeiro momento o bebê e a mãe são um só, evitando assim um contato prematuro do filho com os objetos não-eu. Em seguida, a partir dos cuidados recebidos, o bebê anseia se afastar da mãe, e é importante que ela lhe dê espaço para que isso aconteça, sem invadi-lo ou perder contato com ele. Aqui já se vê, ainda que de forma rudimentar, a capacidade de estar só na presença de alguém. Por fim, em um estágio de maturidade mais avançado, o bebê, após ter internalizado o cuidado recebido, pode experienciar momentos de solidão sem se sentir ameaçado em relação à perda da integração alcançada.

Isto posto, entendo que Nina falava da incapacidade de se sentir integrada quando estava sozinha. Considerando que estava apartada do grupo social mais amplo e que se sentia sozinha mesmo na presença do outro, a sensação de desintegração ou não integração – quando a integração nunca foi alcançada – era quase constante (Winnicott, 1958/1998). Nota-se que a capacidade de estar só difere do sentimento de solidão. Parece que a experiência vivida por ela era de não existência quando na presença do outro, e parecia ser bastante antiga.

Nina compartilhou seu sentimento de solidão em todos os nossos encontros. Sentia-se só por não estar em seu país, com os seus pais e irmãos; por ser excluída da relação do marido com suas cunhadas; por ser a única mulher da casa que tinha de cuidar das crianças, em vez de trabalhar na confecção; por não ter tempo para si; por não ter companhia aos domingos. Certa vez, disse que gostava da solidão, pois assim podia fazer as suas coisas: "Eu gosto da solidão. Meu marido sai com F. para jogar bola e, quando Daniel dorme, tenho tempo de fazer minhas coisas". Havia uma indiferenciação entre solidão e estar só.

Outro ponto importante para essas considerações é o que se refere à condição do migrante como a do estrangeiro, aquele que escancara o que está fora de mim, que é diferente do meu eu e que, por ter sua alteridade, é visto, muitas vezes, como ameaçador (Sayad, 1998). Essa parecia ser uma condição muito próxima da vivida por todas as mães das crianças com autismo, migrantes ou não, que vi na minha pesquisa de doutorado, já citada. O transtorno do espectro do autismo parecia ser o estrangeiro que não era bem-vindo.

Pensando no que nos disse Winnicott (1958/1998), me questionei se o autismo e a migração foram gatilhos para lançar luz à terra do desolamento habitada por Nina e essas outras mães, bem como ao desolamento que as habitava. Muito mais que os causadores desse desolamento, eram elementos que se conectavam com o que já existia, com a própria vida delas – com o que lhes fora transmitido psiquicamente por seus pais e com a forma pela qual podiam estar com os seus filhos – como se eles condensassem vivências e experiências anteriores. Igualmente, era como se o autismo e a migração fossem relevantes para que elas pudessem se conectar com a própria história de vida, com o intergeracional e o transgeracional. Funcionavam, de alguma forma, como um psiquismo em transparência (Bydlowski, 2002, 2007), chamando a atenção para o que precisava ser olhado, o que era do inconsciente.

Aprofundando esse ponto, parecia que a necessidade de terem outro filho, no caso de Nina e de quase metade das outras mães com quem encontrei, era uma tentativa de sair do isolamento, do desterramento, da necessidade de busca do contato. Dessa forma, mesmo conscientes do risco do transtorno do espectro do autismo, devido ao fator genético, havia algo delas, da vida emocional, do epigenético, que também estava em risco e precisava ser olhado, acolhido, trabalhado. Ter outro filho não era garantia de que seria possível sair do país solidão, bem como falar o próprio idioma com os filhos não garantiria a vivacidade no vínculo entre eles nem que ela pudesse criar os filhos com raiz. Era preciso, antes, fazer nascer um país interno, caso contrário a língua materna correria sérios riscos de continuar sendo a língua da desolação, que também é transmitida e pode ser perpetuada.

Penso que a intervenção realizada com Nina e Daniel funcionou como um processamento conjunto nosso. Os traumas não elaborados que apareceram por meio do inesperado que o autismo traz consigo e do que se pode viver diante do novo – novo país – na migração ganharam a possibilidade de serem significados. Criamos um país chamado intervenção, para que o isolamento vivido diante da marginalização social e cultural pudesse ser superado. Só assim seria possível se encontrar em qualquer outro lugar no mundo. Era urgente voltar a sentir a continuidade do ser e o tempo sequencial.

O interessante é que eu fui migrante antes de começar esse estudo. Imagino que minha escuta pode ter sido mais flutuante

(Turato, 2003) para acolher os aspectos mais específicos dos processos migratórios, como o isolamento, que também é característico do autismo. Quando o trabalho de campo do meu estudo se encerrou e se iniciou a análise dos dados, voltei a ser migrante e me tornei mãe, vivendo em outro país.

Apesar de a nova mudança de país ter sido uma escolha, de estar amparada pela minha família e ter encontrado um grupo em que me senti acolhida, passei a viver em uma cultura bastante diferente da minha, na qual os cuidados com a saúde mental, até havia pouco tempo, não existiam. Dessa forma, me vi sozinha como profissional dessa área, sem ter um espaço de troca com os meus pares, dentro ou fora de alguma instituição, bem como sem poder atuar na minha clínica particular ou em algum outro dispositivo.

Busquei aprender sobre e apreender a nova cultura na qual estava vivendo, quebrando as barreiras do isolamento e da solidão, não me sentindo acuada e com medo dessa nova experiência. Igualmente, não apaguei as pontes que me ligavam à minha cultura e aos colegas de profissão no meu país. Passei a realizar trabalhos via tecnologia remota, tanto na clínica quanto na academia, sempre como psicanalista e pesquisadora, não dando espaço para o desenraizamento em mim, sobretudo como profissional, e também fortalecendo e mantendo vivo o meu próprio país psíquico. Este, colorido com minha língua materna, meus hábitos e costumes, minha criatividade, meu fazer próprio a psicanálise que conheço e sigo conhecendo.

Acredito que até o fim, ainda que já não estivesse na presença das díades com as quais encontrei, construí com elas uma língua interna, criando um eixo para a comunicação com o externo. Encontro ressonância para tal ideia no que Davoudian (citada por Alves, 2015) menciona sobre a função do relato. Para ela, quando relatamos um acontecimento, temos por objetivo a coerência e a

coesão, então fazemos ligações. Tal construção religa os acontecimentos entre si e às emoções, de tal forma que, mesmo com o
encerramento do campo, a intervenção ainda se faz presente.

Referências

Alves, M. V. B. (2015). *No campo de batalha: um estudo das reações emocionais de pais de bebês pré-termo e suas relações com a parentalidade* (Dissertação de mestrado, Instituto de Psicologia, Universidade de São Paulo).

Bydlowski, M. (2002). O olhar interior da mulher grávida: transparência psíquica e representação do objeto interno. In L. Corrêa Filho, M. E. G. Corrêa, & P. S. França (Orgs.), *Novos olhares sobre a gestação e a criança até os 3 anos: saúde perinatal, educação e desenvolvimento do bebê*. Brasília: LGE, 2002.

Bydlowski, M. (2007). *La deuda de vida: itinerario psicoanalítico da la maternidad* (Irene Marinas y Pablo Marinas, Trads.). Madrid: Biblioteca Nueva.

Durand, J. (2016). *Vulnerabilidade de pais e irmãos de crianças com Transtorno do Espectro do Autismo (TEA): caracterização do vínculo e avaliação de um modelo piloto de intervenção* (Tese de pós-doutorado).

Freud, S. (1996). O estranho. In S. Freud, *Edição standard brasileiras das obras completas de Sigmund Freud* (Vol. XVII). Rio de Janeiro: Imago. (Publicado originalmente em 1919).

Geraldini, S. A. R. B. (2020). *Você me abre os braços e a gente faz um país: construindo um país psíquico para a parentalidade de mães em vulnerabilidade no contexto da intervenção mãe-bebê* (Tese de doutorado).

Giraud, F.; Moro, M.-R. (2004). Parentalidade e migrações. In L. Solis-Ponton (Org.), *Ser pai, ser mãe. Parentalidade: um desafio para o terceiro milênio.* São Paulo: Casa do Psicólogo.

Koltai, C. (1997). *O Estrangeiro: Um conceito limite entre o psicanalítico e o político* (Tese de doutorado em Psicologia Clínica, Pontifícia Universidade Católica de São Paulo).

Maalouf, J. F. (2005). *O sofrimento de imigrantes: Um estudo clínico sobre os efeitos do desenraizamento no self* (Tese de doutorado). Pontifícia Universidade Católica de São Paulo, São Paulo.

Moro, M.-R. (2005). Os ingredientes da parentalidade. *Revista Latinoamericana de Psicopatologia Fundamental, 8*(2), 258-273.

Rochette, J. (2003). Le ritual, la mère et le bébé: un dispositive de soin en périnatalité, les groups de présentation de bébé. *Revue de Psychothérapie Psychanalytique de Groupe, 1*(40), 93-126.

Safra, G. (1999). *A face estética do self: teoria e clínica.* São Paulo: Unimarco Editora.

Safra, G. (2004). *A Poética na clínica contemporânea.* Aparecida: Ideias & Letras, 2004.

Sayad, A. (1998). *A imigração ou os Paradoxos da Alteridade.* São Paulo: Edusp.

Turato, E. R. (2003). *Tratado da metodologia da pesquisa clínico-qualitativa: construção teórico-epistemológica, discussão comparada e aplicação nas áreas de saúde e humanas.* Rio de Janeiro: Vozes.

Weil, S. (2001). *O enraizamento.* Bauru: Edusc.

Winnicott, C. (Org.) (1994). *Explorações psicanalíticas: D. W. Winnicott.* Porto Alegre: Artes Médicas. (Publicado originalmente em 1966).

Winnicott, D. (1975). *O brincar e a realidade.* Rio de Janeiro: Imago. (Publicado originalmente em 1971).

Winnicott, D. (1994). *Os bebês e suas mães.* São Paulo: Martins Fontes. (Publicado originalmente em 1968).

Winnicott, D. (1998). A capacidade para estar só. In: D. W. Winnicott, *O ambiente e os processos de maturação* (pp. 31-37). Porto Alegre: Artes Médicas. (Publicado originalmente em 1958).

A psicanálise se resume a um divã?: impressões de uma psicanalista (em formação) na Holanda

Carolina Moreirão

 O mobiliário mais impregnado no imaginário das pessoas, que ligam o nome da psicanálise a este peculiar objeto, o divã, fora banido na Holanda. Após cem anos de psicanálise nos Países Baixos, a técnica de Freud parece ter perdido o seu prestígio.

Apesar de muita dificuldade em encontrar informações sobre o legado deixado por Freud na terra das tulipas, ao mergulhar nessa pesquisa o que foi encontrado a respeito é tão surpreendente quanto a escassez de informações e oferta da psicanálise por aqui, um terreno que parecia tão fértil no início do século XX, atualmente parece ter se tornado um *"onvruchtbare grond"* (solo infértil, em holandês).

De acordo com Vitto (2014), a história do movimento psicanalítico na Holanda é marcada por três momentos principais: os primeiros registros históricos, o envolvimento político e as dissoluções.

Inicialmente, em 1900, quando ainda não havia vestígios da teoria psicanalítica, os psiquiatras eram orientados por teorias somáticas, acreditava-se que a causa das doenças da "alma" estaria localizada no cérebro. Logo em seguida alguns médicos holandeses passaram a viajar para Viena, entusiasmados com os avanços de Freud, e em 1907 a psicanálise já estava sendo discutida em um Congresso de Psiquiatria.

Freud (1914/1996), no artigo "História do movimento psicanalítico", faz menção à Holanda como um país onde

> *a análise logo teve acesso facilitado pelas ligações pessoais com: Van Emden, Van Ophuijsen, Van Renterghem (Freud en zijn School) [1913] e os dois Stärckers que já trabalham ativamente, ocupados tanto com a prática como a teoria (p. 42).*

No mesmo artigo, em uma nota de rodapé, afirma que

> *o primeiro reconhecimento oficial da interpretação de sonhos e da psicanálise na Europa foi feito pelo psiquiatra Jelgersma, na qualidade de Reitor da Universidade de Levden, em seu discurso de 9 de fevereiro de 1914. (Freud, 1914/1996, p. 42)*

O segundo momento do movimento psicanalítico holandês ocorreu entre 1917 e 1932.

Surgiu então uma "sociedade" organizada por um pequeno grupo de psiquiatras que em 1917 fundou a Associação Holandesa de Psicanálise (Nederlandse Vereniging voor Psychoanalyse – NVPA). Em 1920 foi realizado em Haia o VI Congresso Internacional de Psicanálise (há registros da presença de Freud na cidade holandesa neste congresso). Como já havia algumas publicações, em 1930 foi criado o Instituto de Psicanálise Holandês (Nederlands Psychoanalytisch Instituut – NPI).

A psicanálise crescia de maneira acelerada, e calorosas cartas eram trocadas entre Anna Freud e outros psicanalistas, que viam nos Países Baixos um lugar promissor. Contudo, muitas resistências surgiam, principalmente ligadas à sexualidade, e algumas questões eram controversas na NVPA, como a entrada de leigos na sociedade psicanalítica e a questão da análise didática, o que gerou inúmeras discussões sobre quem estaria ou não autorizado a entrar para a sociedade.

O terceiro período da psicanálise na Holanda se deu após Hitler ter assumido o poder, em 1933, quando, em consequência disso, psicanalistas judeus foram da Áustria e da Alemanha para a Holanda. Os psicanalistas holandeses sentiram-se ameaçados por esses analistas altamente treinados que vieram como migrantes, ocasionando a primeira cisão e o surgimento de um novo grupo em 1947, intitulado Sociedade Psicanalítica Holandesa (Nederlands Psychoanalytisch Genootschap – NPG), conhecido como "Sociedade".

Em 2005 formou-se o Grupo Psicanalítico Holandês (Nederlandse Psychoanalytische Groep – NPAG), conhecido como "De Groep" ("O Grupo"). Apesar da distância no tempo, as duas novas sociedades foram produto de conflitos sobre o tratamento de analistas judeus na NVPA. Cabe ressaltar que, apesar das divergências, ambas as escolas pertenciam à Associação Psicanalítica Internacional (International Psychoanalytical Association – IPA) e seguiam o mesmo padrão "ipeísta" estabelecido para formação dos analistas, não existindo outra "escola de psicanálise" que não andasse de mãos dadas com a IPA e o seguro de saúde.

Diante desse cenário, o fato de ir morar em um país onde a psicanálise lacaniana não parecia ser tão bem-vinda e, ao que tudo indica, não existia até aquele momento nenhuma psicanalista brasileira – eu seria a "zero um" – me assustou e me pegou de surpresa!

Antes mesmo de sair do Brasil, ao buscar por escolas de psicanálise em Amsterdã e até mesmo em todo o país, fiquei um tanto preocupada, pois já havia iniciado o meu percurso na psicanálise havia algum tempo no Rio de Janeiro, por meio de minha análise pessoal, e mesmo ainda muito jovem me interessei pela obra freudiana. Em seguida, a graduação em Psicologia possibilitou um encontro com a psicanálise lacaniana; sustentada pelo desejo, a formação parecia estar apenas começando, e uma escola de psicanálise com uma pós-graduação na área clínica respaldada pelo ensino da teoria de Jacques Lacan me mantinham de maneira ativa na psicanálise.

Com o tempo algumas questões emergiram diante desse percurso, mas, pelo fato de estar envolvida com os estudos dentro do seu cenário teórico e prático, isso se diluía quando encontrava com meus pares e podíamos discutir por horas sobre a psicanálise. Porém, esse cenário mudou e, após inúmeras pesquisas, minha esperança de encontrar a psicanálise por aqui estava acabando, até que, como de costume, andava com minha bicicleta por aí e encontrei uma linda casa de frente para o canal em um bairro nobre da zona sul de Amsterdã, numa bela placa dourada reluzia o nome "Psychoanalyse" e algo mais escrito em holandês que eu não podia compreender, mas já foi o bastante para prontamente me dirigir a um senhor que parava a bicicleta dele.

Não hesitei e o abordei, fui logo me apresentando e, para minha surpresa, ele era um psicanalista. Perguntei como poderia fazer para entrar naquela instituição, pedir informações, conhecer a biblioteca, e ele me disse que a instituição não era "aberta", eu deveria mandar um e-mail e solicitar maiores informações; gentilmente me deu seu cartão e o site da instituição, mas nunca respondeu aos meus e-mails e nem a minhas chamadas.

Já a instituição de psicanálise prontamente me respondeu, e, para minha surpresa ("ou não" – como já dizia uma jovem senhora sábia da psicanálise, Maria Anita Carneiro Ribeiro), recebi um e-mail "padronizado" afirmando que deveria iniciar uma análise com um analista didata em média quatro vezes por semana, durante dois anos, e depois disso haveria uma avaliação para saber se eu poderia iniciar a minha "formação em psicanálise". Mesmo após ter dito que estava satisfeita com meu analista, que já havia iniciado minha formação em psicanálise no Brasil e que meu intuito era simplesmente me manter ativa na psicanálise, estudar e participar dos seminários, a secretária me reenviou o tal e-mail sobre os requisitos e assinou "com meus mais sinceros cumprimentos, fulana de tal" (achei melhor preservar a identidade aqui), e abaixo havia um logo que dizia "Nederlandse Psychoanalytische Vereniging", vinculada à IPA.

Sim, meu caro leitor, fui parar na IPA. Eu já estava desesperada e não poderia deixar a psicanálise escorrer por entre meus dedos, mas também não poderia vender minha alma para sabe-se lá quem. Após pensar, talvez não por muito tempo, mas o suficiente para saber que minha ética falava mais alto, assim como todo o meu percurso e investimento na psicanálise, decidi seguir meu caminho por outra via.

Lacan (1964/1985) inicia o seu "Seminário 11" com uma questão: "Em que estou eu autorizado?". A IPA acabara de excomungá-lo (termo derivado de Espinosa, escolhido pelo próprio psicanalista para dizer em que situação se encontrava diante do ocorrido) – após dez anos transmitindo seu saber, já não poderia fazê-lo, estava proibido. Nesse seminário, Lacan decide fazer um retorno aos quatro conceitos fundamentais da psicanálise, deixados por Freud, questionando o que os atuais psicanalistas faziam com o legado freudiano.

Entretanto, eu não poderia desistir do meu desejo, não seria justo comigo; talvez a única saída fosse aguardar um possível regresso. Por outro lado, o retorno ao meu país se tornava cada dia mais distante, e naquele momento meus livros estavam atravessando o oceano em um contêiner, navegando por aí. Via-me cada vez mais sozinha, confrontada com meu desejo, em um país cuja língua eu não dominava, sem psicanálise, sem livros e tentando sustentar meu desejo de maneira online (sem divã), com o meu analista do Brasil.

Apesar da diferença de fuso horário de cinco horas e o fato de ser totalmente incrédula do atendimento online, comecei a ter sonhos na véspera, atos falhos nas sessões e tudo a que tinha direito. Apostei minhas fichas também nos estudos online e tive boas companhias por um bom tempo, mas ainda me encontrava "tão sozinha quanto sempre estive em relação com a causa psicanalítica", parafraseando Lacan (1964/1985).

Os dias passavam e cada instante era desafiador, mas eu estava disposta a seguir meu desejo e construir algo por aqui, nem que fosse, como já dizia o sábio Chico Buarque, "tijolo por tijolo", ainda que isso se tornasse a minha própria causa na psicanálise no momento.

Dessa forma, insisti em outro contato que já havia feito do Brasil e que parecia ser mais adequado ao meu pensamento e, logo, fui encontrar com Mariela Vitto, uma psicanalista argentina que já vivia na Holanda havia mais de quinze anos e foi quem me ajudou a fazer todo o processo de validação do meu diploma como psicóloga e quem me apresentou o "Tailler Holandes", que atualmente consiste em dois encontros anuais de psicanálise, em espanhol e em holandês. Como estava em Amsterdã há apenas 3 meses, e dada a minha resistência a estudar o holandês, optei por participar dos seminários em espanhol. Durante os encontros pude fazer novos contatos e, assim, pensar em novas saídas de estudos e trabalho.

Era tão mais fácil quando havia a psicanálise em qualquer esquina, muitas vezes havia até conflitos de agenda de tantos eventos oferecidos na cidade maravilhosa, e agora eu tinha de lidar com a escassez. Pude observar que estava muito fechada a essa nova experiência, não conseguia perceber que estava no Velho Continente, no berço da psicanálise e que em poucas horas poderia estar no país vizinho, cujo solo se mantinha mais fértil para a psicanálise. Assim, me organizei para participar dos seminários mensais e dos eventos do Forum du Champ Lacanien du Brabant, ou seja, a mesma escola de psicanálise que frequentava no Brasil (Fórum do Campo Lacaniano do Rio de Janeiro).

Apesar de não dominar muito bem o francês, me arrisquei nessa nova empreitada. Por sorte, encontrei uma pessoa que acabara de se mudar para Amsterdã e frequentava o mesmo grupo de estudos de psicanálise que eu no Brasil, e ela também teve dificuldades em encontrar informações sobre a psicanálise na Holanda, então, passamos a ir juntas para os eventos de psicanálise em Bruxelas. Eu não imaginaria que hoje ela (Lina Petraglia) seria meu maior suporte na e da psicanálise por aqui e que uma linda amizade surgiria dessas nossas conversas nas idas e vindas para a Bélgica.

Logo no primeiro encontro: Colette Soler. Eu mal conseguia entender a metade do que ela dizia, mas Lina estava lá para me ajudar com as traduções e também com partes da psicanálise que me faltavam (que sempre seguirão faltando, mas eu já não estava tão sozinha). Agora eu tinha uma companheira para os estudos, e passávamos algumas tardes estudando os seminários, conversando, debatendo sobre os casos. Um tempo depois, tivemos um encontro afortunado com mais outras duas psicanalistas *hispanohablantes* (Andréa Hellemeyer e Carmina Espinoza), com as quais tivemos uma bela transferência de trabalho, estudávamos e produzíamos muito juntas.

Por alguns instantes imaginei que estivesse tudo bem, até receber um e-mail que dizia: "se você pretende levar sua análise a sério, procure essa pessoa". Seguindo os conselhos de Lucile Cognard, resolvi deixar as telas e voltar para o divã.

Logo comecei a ir com frequência a Paris para minha análise. Inicialmente parecia uma grande aventura me deslocar durante três horas e meia de viagem de trem para ir e mais três para voltar, sentia que nesse "bate e volta" era como se meus pulmões tivessem sido (re)carregados outra vez, e eu poderia suportar os desafios até a próxima ida.

Todavia, eu não me dava por satisfeita nem conseguia me conformar com o fato de a psicanálise ser tão escassa na Holanda e de existir apenas a IPA. Era difícil encontrar informações, os psicanalistas pareciam estar escondidos atrás do divã – que por sinal continuava proibido.

Segui pesquisando sobre esse estranho fato relacionado ao divã, e encontrei um artigo do jovem psicanalista Arthur Eaton (2017) no qual ele afirma que "A psicanálise clássica – na qual o paciente se deita no sofá três, quatro ou até cinco vezes por semana e se associa livremente – foi removida do pacote básico da Lei do Seguro de Saúde", bem como "na universidade, os cursos de psicologia e psiquiatria prestavam pouca atenção às ideias freudianas".

Apenas para situar o leitor, o seguro de saúde é obrigatório para todas as pessoas que residem na Holanda, e toda a área da saúde, inclusive a da saúde mental, faz parte desse "pacote", portanto muitas pessoas utilizam seguro para suas terapias.

De acordo com Vitto (2014, trad. minha), "o curioso é que o uso do divã foi proibido da perspectiva do seguro de saúde. O divã não podia mais ser usado em terapias chamadas psicoterapias psicanalíticas holandesas uma ou duas vezes por semana". Não eram apenas os seguidores da IPA praticantes da dita "psicanálise clássica" que estavam proibidos de usar o divã, mas todos aqueles que se encaixavam nesse grupo de "psicoterapia psicanalítica". Na ocasião foi alegado que, em comparação com as outras técnicas, a psicanálise era longa e cara e não fazia tanto efeito quanto as outras terapias embasadas em um "saber dito científico".

Assim, desde 2010, o atendimento *"face to face"* passou a ser permitido pelo seguro de saúde, privilegiando todas as outras terapias, exceto a psicanálise. Essa relação entre seguros de saúde e a psicanálise por si só já levanta inúmeras questões, mas nos detenhamos no tema do divã e sua proibição.

Freud (1913), em seu artigo "Sobre o início do tratamento", nos deixa a recomendação de "deixar que o paciente se deite em um divã [*Ruhebett*], enquanto nos acomodamos atrás dele, sem que ele nos veja" (p. 134), e ressalta que esse dispositivo tem um conteúdo histórico por ser o que havia sobrado da época da hipnose, a partir da qual se desenvolveu a psicanálise. Mas garante que, por diversos outros motivos, deve ser mantido – um deles seria pessoal, pelo fato de não suportar "ser observado fixamente por outras pessoas durante oito (ou mais) horas por dia" (p. 135) –, como o de evitar que o paciente observasse suas feições enquanto associava livremente. Essa privação, segundo Freud, geralmente é entendida pelos pacientes, embora haja resistência a ela, principalmente quando a pulsão de olhar (*Schautrieb*, o voyeurismo) desempenha um papel fundamental na neurose do sujeito.

Quinet (1991) enfatiza que "a principal razão do divã na análise não é, portanto, nem de ordem histórica e nem pessoal: ela se deve à estrutura da transferência". É possível observar isso quando Freud (1913) diz:

> *Mas me mantenho irredutível quanto a essa medida, que tem a intenção e o efeito de prevenir a mistura imperceptível da transferência com aquilo que ocorre ao paciente, de isolar a transferência e, no tempo certo, deixá-la aflorar como resistência, descrita de forma clara e precisa. (p. 135)*

O uso do divã tem como objetivo tirar o analista do campo de visão do analisando, e, segundo Quinet (1991, p. 39), com intuito de "dissolver a pregnância do imaginário da transferência, para que o analista possa distingui-la no momento de sua pura emergência nos dizeres do analisante". Sendo o analista agente devido ao efeito da transferência, deve-se manter como invisível, deixando espaço para os significantes emergirem, privilegiando a fala.

O convite para o divã é um ato analítico que marca a entrada em análise após as "entre-vistas" preliminares. "O divã é um leito de fazer amor – amor de transferência", seu objetivo não é o relaxamento, o entorpecimento, "se a cama é para dormir e sonhar, o divã é para relatar e despertar" (Quinet, 1991, p. 48).

Em análise existe apenas um sujeito, o analista está ali unicamente como objeto causa de desejo, ele ocupa uma função, não se trata de "*two-body psychology*", de um "olhos nos olhos"; essa reciprocidade deve sair de cena do "ele me olha" para surgir o "se fazer ver" da pulsão escópica, "o se fazer ver indica por uma flecha que verdadeiramente retorna para o sujeito, o se fazer ouvir vai para o outro" (Lacan, 1964/1985, p. 190)

Podemos observar, dessa forma, que o uso do divã funciona como um dispositivo para o tratamento analítico com finalidade de auxiliar na condução da transferência. Não nos esqueçamos de que a única regra fundamental deixada por Freud é a associação livre, em que o paciente deve dizer tudo o que vem a sua mente, sem eleger os fatos ou evitar a fala por vergonha de se expor ao analista, de maneira que a existência do divã não garante que haja análise, como a ausência do divã não implica a impossibilidade de uma análise. Pois como poderíamos pensar os atendimentos em instituições públicas de saúde mental, ou até mesmo nos dispositivos online tão presentes no nosso mundo atual? Não haveria análise sem divã?

Outra questão sobre a qual podemos pensar é que, independentemente da exclusão da psicanálise do plano de saúde, da proibição do uso do divã, da ausência da pluralidade de escolas de psicanálise e de sua escassez na área acadêmica, o inconsciente continua a existir, continua a emergir, e sempre que existir um psicanalista, haverá a possibilidade da escuta analítica e os caminhos a que a associação livre pode nos levar rumo a nosso desejo.

Ainda que Eaton (2017) seja otimista ao dizer que esse cenário tem mudado na Holanda, temos muito trabalho a fazer por aqui, precisamos nos reunir com nossos pares, saber o que estão produzindo, fazer circular a informação pelo mundo, compartilhar experiências, fazer novos laços nas redes.

Somos atravessados pelas tecnologias, um móvel não pode resumir toda a psicanálise, como nos diz Soler (2018):

> é crucial que os analistas estejam em sintonia com o seu tempo, isto é, que eles abandonem as velhas categorias, não para ceder às modas para fins de mercado, mas simplesmente para poder responder como analistas aos casos que lhes são endereçados neste início de século. (p. 222)

Atualmente, diante das circunstâncias impostas pelo corona-vírus, em que todos estão sendo atravessados por esse real avassa-lador, alguns psicanalistas resolveram ocupar mais as redes sociais para falar de como estamos nos adaptando nesse momento com os atendimentos, e uma das questões que surgiram logo no início foram relacionadas ao atendimento online, como se o inconsciente pudesse esperar os atendimentos presenciais retornarem: "os cor-pos ficaram em isolamento, confinados, mas o inconsciente seguiu em seu incansável trabalho" (Martinho, 2020).

Lembrando que a condição *sine qua non* para que haja uma análise é a transferência, ela seria o motor, mas ao mesmo tempo que impulsiona, emperra o trabalho analítico, por sua resultante resistência. Todavia, Lacan (1953), já em seu primeiro seminário, aborda esses conceitos em sua retomada da obra freudiana e apon-ta que a resistência estaria do lado do analista, demonstrando os desvios que os psicanalistas pós-freudianos de sua época come-tiam diante da condução equivocada da transferência.

Não deliberamos sobre a transferência, ela simplesmente acon-tece. "Eis por que o analista é menos livre em sua estratégia do que em sua tática", sendo a transferência a estratégia e a interpretação, a tática (Lacan, 1958, p. 595).

Ora, se o ponto crucial para que se inicie uma análise é a trans-ferência, por que alguns analistas ainda resistem ao tratamento online e se apegam tanto à "decoração" do consultório? Estamos caminhando cada vez mais para esse mundo "virtual"; "na clínica, com seu desejo decidido, o analista sustenta o discurso do analista e promove o tratamento do real, com as ferramentas tecnológicas das quais dispõe: Skype, WhatsApp, FaceTime" (Martinho, 2020). Assim, é preciso que os psicanalistas estejam de acordo com o seu tempo, do contrário deve renunciar à prática todo analista que "não conseguir alcançar em seu horizonte a subjetividade de sua época" (Lacan, 1953, p. 322).

Quinet (2020) nos trouxe em uma das suas *lives* uma frase inédita da psicanalista Glória Sadala, de que o *"setting* analítico é a transferência", ou seja, é de outra ordem o seu surgimento; cabe ressaltar que a presença do analista não é a presença física. Tomo emprestado alguns questionamentos da psicanalista para pensarmos essas e tantas outras questões, como: essa presença seria a presença do desejo de analista? A presença do desejo de analista seria o "móvel" inicial da transferência?

Isso não quer dizer que devemos deixar o divã de lado, mas, quando não pudermos fazer uso dele, que sejamos criativos, que estejamos dispostos a oferecer aquilo que o analista tem de mais precioso: a escuta analítica a partir da associação livre.

Referências

Eaton, A. (2017). *Tussen sofa en scanner.* Recuperado de: https://www.groene.nl/artikel/tussen-sofa-en-scanner

Freud, S. (1996). A história do movimento psicanalítico, Artigos sobre a metapsicologia e outros trabalhos. In S. Freud, *Obras completas* (Vol. XIV). Rio de Janeiro: Imago. (Publicado originalmente em 1914-1916).

Freud, S. (2017). Fundamentos da clínica psicanalítica. In S. Freud, *Obras incompletas de Sigmund Freud.* Belo Horizonte: Autêntica. (Publicado originalmente em 1856-1939).

Lacan, J. (1985). *O seminário, livro 11: Os quatro conceitos fundamentais da psicanálise.* Rio de Janeiro: Zahar. (Publicado originalmente em 1964).

Lacan, J. (1986). *O seminário, livro 1: Os escritos técnicos de Freud.* Rio de Janeiro: Zahar. (Publicado originalmente em 1953).

Lacan, J. (1998). *Os escritos.* Rio de Janeiro: Zahar. (Publicado originalmente em 1966).

Martinho, M. H. (2020). Recuperado de: https://www.flipsnack. com/moralsexualcivilizada/caderno-n-10-7nab53mzhm.html

Quinet, A. (1991). *As 4 + 1 condições da análise.* Rio de Janeiro: Zahar, 1991.

Quinet, A. (2020). *Análise on-line em tempos de quarentena* [vídeo]. Recuperado de: https://www.youtube.com/ watch?v=WEX2JAh7m1Q&t=2179s

Soler, C. (2018). *Lacan leitor de Joyce.* São Paulo: Aller.

Vitto, M. (2014, jun.). Algunas consideraciones acerca del Psicoanálisis en Holanda. *Boletín Latigazo,* 5. Recuperado de http:// uqbarwapol.com/latigazo-5-boletin-de-latigo/

Do estranho ao familiar

Maria Fernanda Schneider

 O desafio será trazer, para o papel, inquietações e reflexões geradas nesses mais de vinte anos de trajetória e trabalho com o inconsciente na cultura. Atender a singularidade dos diferentes casos e manifestações do sofrimento psíquico me vem acompanhando, até aqui, na construção de um conhecimento. As escolhas, de certo modo, desenham uma trajetória. Por razões profissionais e familiares meu percurso foi marcado por mudança de países a cada três anos e meio, em média.

Os temas que vão guiar o texto serão apresentados por meio de vinhetas clínicas. São eles: "O estranho" (Freud, 1919/1974), baseado na definição freudiana *Unheimlich*, que se refere a algo assustador e, ao mesmo tempo, familiar, e "expatriado", definido no dicionário como a pessoa que reside em um país que não seja aquele de origem, ou seja, que vive temporariamente (ou não) em lugar estrangeiro. Escrever é, por fim, colocar em palavras o real da clínica que muitas vezes, ao contrário, não se submete a palavras.

O real da clínica é difícil de ser narrado visto que dá conta de um sujeito que se volta contra si mesmo porque algo irrompe, toma de surpresa, pede "água". Um sujeito que fala do que é, mas também do que não é. Um sujeito que, no caso de meus pacientes, busca reescrever a sua trajetória dentro de um novo cenário.

A migração é, além de tudo, uma mudança que põe a identidade do sujeito em evidência e, ao mesmo tempo, em risco. Em risco porque é no momento em que se encontra com o novo cenário que deve ser capaz de criar também um novo modo de gozar, de dar conta do desejo aprisionado. E a psicanálise justamente, nesse sentido, fiel à ética do desejo, aponta sempre para algo que está além do bem-estar. O deslocamento forçado traz às famílias atualização de perdas. E a nova cultura contribui para a construção de uma linguagem simbólica, um novo código. É como se houvesse uma necessidade de se "re-escrever", se "re-falar". E é justamente ali que nasce meu lugar, fazendo a ponte entre o novo e o velho. É oportuno começar aqui com o caso de um menino a quem atendi em 2006 em um país da Europa. Com pouca idade, foi submetido ao convívio de outra língua.

Karla, mãe de um casal de gêmeos, chegou ao consultório pedindo ajuda. Referia-se ao total desconhecimento da origem dos "ataques de raiva" de um dos filhos. O casal de gêmeos tinha 5 anos. Vinham transferidos de um país da América Central em função de o pai trabalhar para um organismo internacional. A mãe e os filhos, com alguns meses de chegados, não falavam o idioma. Mesmo assim, optou-se por matricular as crianças em um jardim de infância local. Na primeira entrevista que tive com os pais, o acolhimento e a língua "em comum" (espanhol) propiciaram a criação do laço afetivo quase instantâneo. Tínhamos quase a transferência instalada.

A migração de Karla e sua família não havia sido voluntária. E o pequeno Miguel era, o que se pode dizer, o mais afetado. Miguel vivenciou o traumático na sua chegada, porque considerava que o novo lugar não lhe garantia um reconhecimento. Ataques de raiva em locais públicos e dificuldades com os limites em casa marcavam seus dias. A família compartilhava um estado de desamparo.

Fiz a proposta de incluir a irmã gêmea no trabalho, sempre com o consentimento do paciente. Além disso, e a partir do espanhol, foi possível criar uma "língua ponte" entre o idioma materno de Miguel e aquele falado na rua e no jardim de infância – a delimitação entre o mundo infantil e o adulto é tênue.

As crianças buscam compreender suas frustrações muitas vezes negando a própria infância. A criança não chega ao tratamento em nome próprio e sim pela demanda do outro. Nesse sentido é importante assegurar seu "lugar" no espaço analítico. O discurso que se constitui ao redor da criança oculta um não dito. A criança precisa aprender a saber. E a primeira atitude de Miguel foi a perplexidade. Estava surpreso que pudesse encontrar outra mulher que falasse "sua língua". Após alguns meses de trabalho, era o próprio paciente que, então, decidia a modalidade do encontro. Por vezes pedia que a irmã participasse. Outras vezes preferia estar só, com a analista.

Sabe-se que a manifestação do sintoma na infância anuncia que algo não vai bem. Dessa forma, o sintoma relaciona-se fortemente com as funções parentais. O discurso singular da criança ganha moldura por meio da inclusão do discurso parental. E é por essa razão que sempre optei por sua inclusão.

Ricardo Goldenberg (2013, p. 1) diz: "a psicanálise consiste na exploração das próprias origens, e na origem está a língua materna. O outro é, na mesma medida, aquele que nos constitui e desampara".

O sujeito que migra torna-se sujeito de uma ausência. E é dessa ausência que vem dar conta, porque ela se inscreve na sua trajetória, tanto na do analista como naquela do paciente, como modo de existência. Ele dá conta, em última instância, de sua ex-pátria, que se transforma em um vazio. O trabalho consiste em "costurar" aquilo que se rompeu ou "esvaziou". A ex-pátria funciona como "roupagem" para percorrer a nova estrada porque basicamente é por intermédio do que já possui que ele pode construir.

Já em outro país, em 2013, mais uma experiência clínica trouxe elementos para o pensar de minha práxis. O adolescente Otávio tinha 17 anos na época. Último ano da escola americana de uma capital do Rio de La Plata. O pai trabalhava para uma empresa estrangeira. A mãe, por sua vez, foi quem fez o primeiro contato pedindo atendimento para o filho. Otávio chegou ao consultório por causa de um episódio de *acting out* no laboratório do colégio. O relato era de que o adolescente teria solicitado ao professor um preparado químico que ingerido pudesse ajudá-lo a "se matar".

Em seu primeiro depoimento, já visivelmente mais confortável em função da identificação com a "nacionalidade da analista", referiu-se à notícia dada pelo pai no início daquele ano, momento da transferência imediata de escola, cidade e país. Dizia que o pai lhe havia dado um ultimato. Dizia, ainda, que, naquele caso, ele (Otávio) "não teria escolha". Era preciso aceitar "o pacote". O paciente passou a conviver, além da árdua "missão" proferida pelo pai, com três línguas. A sua, a do colégio e a da rua.

Era preciso dar conta de um imperativo avassalador. Otávio não podia escolher. E o adolescente precisa "mergulhar" no novo. Ao mesmo tempo que estão construindo sua identidade, percebem que "ser um igual" pode ser algo mais seguro. E esse foi o caminho escolhido pelo paciente. Uma vez que já havia sido feito o desligamento da autoridade parental e os pais já não ocupavam lugar idealizado, o adolescente se encontrava no momento de construir sua própria referência. E, naquele momento, a paterna estava fazendo um imenso ruído.

Era importante naquele momento entender o código do grupo. Nada melhor do que a construção do laço para esse aprendizado. O laço constitui o sujeito. Na transferência, o paciente construiu também a linguagem que, com dificuldade, o levou ao primeiro encontro – o encontro com uma garota.

A clínica ressalta a fragilidade dos vínculos. A urgência da palavra no lugar do ato. Otávio encontrou, na convivência regular do tratamento, o espaço para falar, também, do aprisionamento do desejo. O espanhol e o inglês representavam, inicialmente, para o paciente, terreno árido. A falta de opção deu lugar ao desespero que, naquele momento, foi aplacado pela construção da transferência.

A propósito de "O estranho", o sujeito que se encontra pela primeira vez distante de sua história, país, língua e cultura vive uma espécie de troca psíquica que pode trazer consequências negativas ou positivas para sua trajetória. E o papel do analista, detentor do capital simbólico, é indispensável para transformar o estranho em íntimo, ou ao menos conhecido. A intimidade, aqui, pensada como aquilo que se apresenta como resguardado ante os outros. E que participa da constituição subjetiva por aproximar o estranho do conhecido.

A língua em comum trazia ao adolescente a opção da escolha. A nova modalidade de catarse advinda do modelo tecnológico de comunicação proporcionava segurança ao paciente. Otávio lia para a analista a troca de mensagens no celular. Mensagens trocadas com colegas na língua do país e em inglês (a do colégio).

O paciente passou a construir, em transferência, uma língua possível, a partir da língua materna, que garantisse sua inserção na chamada "língua da rua". Já que não se havia separado de sua cultura de maneira satisfatória, buscava transformar o estranho no mais familiar possível. Estávamos diante do que se escreve em psicanálise e da psicanálise.

É importante ressaltar que o estranho pode ser temerário e, ao mesmo tempo, familiar. A migração para aquele país, o fato de o irmão não viajar por já estar cursando faculdade, a não possibilidade de escolha foram, entre outros, fatores determinantes na eclosão da primeira crise. Crise advinda da confrontação com algo nada familiar e ao mesmo tempo muito familiar.

O cotidiano com outras línguas foi responsável também pela construção da chamada demanda de análise. E essa construção possibilitou a atualização de conflitos. De palavras não ditas. Do afeto preso, do novo e do estranho. Se, diante da imposição do pai, o paciente não havia tido a chance de responder, era naquele espaço que buscaria tratar do afeto inominável: Otávio era quem escolhia a forma de falar, era quem escolhia a língua.

A língua portuguesa, a sua, funcionava como uma espécie de refúgio. Refúgio no qual a analista estava incluída. O trabalho transcorreu como uma busca do "lugar estrangeiro" dentro do sujeito. As músicas escutadas, a partir do trabalho analítico, começaram a ser em espanhol.

Se é a partir do laço que nos constituímos, Otávio criou, a partir daquela primeira crise que o trouxera ao tratamento, uma forma de expressar seu sofrimento. Escrevia longos textos em espanhol, no celular, descrevendo sua rotina no colégio. O paciente "se relatava" na nova língua, mas "se compreendia" em sua língua materna. Aquilo que era inassimilável, que carecia de sentido, foi tomando nova forma mediante a modalidade criada, na transferência, de transitar pelos três idiomas. E, portanto, de dar origem a certa autonomia do sujeito.

Em meu trabalho, o tempo exerce uma função determinante. Alguém deve viajar primeiro, o que pode ocasionar a troca para o atendimento virtual (por Skype). No caso de Otávio, a família retornou ao Brasil. Continuamos virtualmente.

O paciente voltou à pátria e foi inscrito em um colégio na vizinhança. As sessões, agora não mais presenciais, se fizeram sentir. Seis meses após seu regresso, a família decidiu substituir o analista do filho por aquele que pudesse garantir presença real. Não tive mais notícias do caso. Nem todo tratamento se adapta ao enquadre virtual, certamente.

O *setting* analítico é o guardião do trabalho. Guardião no sentido de ser o protetor da palavra, em terreno seguro. Em psicanálise, não há caminhos predeterminados, eles se constroem ao andar.

Naquele que seria o penúltimo ano de meu percurso em terras de fronteira, me procurou a brasileira Sara. Já havia alguns anos residindo no país estrangeiro, se queixava dos inúmeros tropeços com tratamentos anteriores. No primeiro encontro dizia: "É tão bom saber que aqui vou poder falar sobre o último capítulo da novela também!". Tanto eu como a paciente tínhamos acesso à Sky por antena parabólica. O expatriado se encontrava novamente com a pátria.

Sara trazia, por meio de uma personagem da novela, questões muito antigas. Segundo ela, aquilo causava angústia justamente porque estava ali "fazia muito tempo". Casada havia mais de trinta anos e com filhos "criados", contava que os seis anos naquela capital tinham trazido o retorno de uma angústia que estava escondida, e que parecia ter retornado no confronto com "o estrangeiro". Estávamos diante do estranho que nos habita.

Ela trazia uma questão que girava em torno do "laço conjugal". Entre o familiar e o não familiar. A personagem da novela e seus desdobramentos também foram dando voz à sua angústia. Pode-se dizer que o desamparo que sentia a paciente quando não podia "dar voz" à sua própria "personagem", nos tratamentos anteriores, possibilitou a construção do laço no encontro comigo. Tratava-se de um encontro com sua própria cultura. Curiosamente, iniciado o trabalho, dizia que havia sido recebida sempre com muita "hospitalidade" nas experiências anteriores, mas, também, que "não havia muita sintonia" entre as partes. Hospitalidade não é identidade. Hospitalidade supõe acolhida, mas a identidade se relaciona com algo anterior, que já estava, já fazia parte. É esse "estado de intimidade" que a psicanálise propicia. Como dito anteriormente, do estranho ao familiar.

Em tempos de mal-estar da civilização, a depressão, pode-se dizer, esteve presente em toda a história da humanidade, bem como as tentativas de combatê-la. Carlos, 35 anos, brasileiro, consultava naquele ano em que me encontrava em uma cidade da Europa após nova mudança, por problemas no trabalho e no relacionamento com a companheira. Dizia-se deprimido e sem forças para continuar qualquer empreendimento.

No primeiro mês de trabalho armou a seguinte pergunta: "E se eu tomar um remédio que me faça esquecer quem eu sou?". Na realidade, queria que seu sofrimento psíquico deixasse de ser um drama subjetivo e passasse a ser um problema médico. Daí a busca anterior por tratamentos médicos.

À medida que o tratamento transcorria, o paciente podia reescrever seu discurso. Dizia "eu tenho a ver com aquilo do qual me queixo". Era como se a partir da ida para o estrangeiro aquilo que causava angústia, por estar escondido e portanto esquecido, retornasse no encontro com a outra língua. A experiência migratória havia atualizado sua relação com o pai. Ele havia estado "hipnotizado" nos três primeiros anos naquele país. Viera do Brasil com a condição de continuar com a prescrição médica de um antidepressivo. Finalmente, após uma promoção no trabalho, foi gradativamente deixando a medicação. Nesse período conheceu a namorada, também brasileira. Quando iniciou o trabalho comigo, dizia que "os sintomas haviam retornado". Os "sintomas", naquele ponto, seriam tomados como signos do sujeito. Não como algo a ser eliminado.

Carlos havia construído uma convivência possível, que durava pouco mais de um ano. E a namorada queria "ser mãe". Ele dizia que "não estava preparado para assumir a paternidade". Sentia, ademais, que o relacionamento estava ameaçado. Por outro lado, no ambiente de trabalho escutava "você tem cara de pai!".

Quando o paciente decidiu deixar seu país em busca de sucesso pessoal e profissional, seu pai encerrava uma luta de alguns anos contra uma doença grave. Segundo ele, havia sido "criado pela mãe". Era ela quem representava a lei em sua casa. O fato de encontrar analista que pudesse acolher suas duas línguas não era pouca coisa.

O uso prolongado da medicação naquele caso tinha uma função específica: anestesiar o desejo. Carlos não se enxergava como protagonista do adoecimento. E esse estado o acompanhou até o momento em que voltar a ser sujeito de sua própria dor seria igual a "poder ser pai". Havia sido justamente quando, abandonada a medicação, se deu conta de que, para fazer laço, era preciso reconstruir sua própria história.

O exílio, contava o paciente, havia rompido a cotidianidade e o havia lançado na estranheza do não familiar, próximo ao traumático. Inclusive já não falava português com a namorada. Como haviam se conhecido em um contexto local, falavam a língua local. Fiz notar a uma certa altura que toda vez que se referia ao pai, voltava o português ao seu relato. Dali em diante as sessões se transformaram. Fazia questão de saber quais eram as gírias do momento na sua língua materna, como se tentasse "costurar" presente com passado. A "volta" ao português naquele contexto permitiu uma caminhada mais leve.

A figura do estrangeiro como aquele que não pertence, que não conhece e que não tem as mesmas regras e leis do novo país atualiza a questão do sujeito dividido. O estrangeiro é um sobrevivente. Além disso, foi por meio de sua posição discursiva, da narrativa em português de sua viagem, que se construiu o laço que uniu sua ancestralidade ao desejo de ser pai – o expatriado em busca de uma nova pátria. Um encontro com um "ex-pai". Da alienação subjetiva possibilitada pela medicação ao despertar de um sujeito. Da tutela da empresa que o trouxera com promessa de promoção e bem-estar à responsabilidade individual.

A experiência analítica transporta o sujeito, pode-se dizer, de significante em significante a um lugar de pertencimento. O que nos consola e dá sentido ao viver é o pertencimento. Algo que a psicanálise nos ensina é que se trata sempre de buscar um lugar ao sol.

No ano de 1997, em um país da parte central da América do Sul, minha experiência foi com adolescentes em situação de vulnerabilidade. Em uma instituição de formação profissional técnica, sem fins lucrativos, moravam jovens órfãos, abandonados ou de baixos recursos econômicos. O centro albergava meninos com idades entre 12 e 18 anos que recebiam o que chamavam de formação "técnico-humanística". Naqueles dois anos em que lá estive aquele grupo conheceu uma nova forma de ser escutado.

Durante o dia estudavam, cada um deles no curso profissionalizante escolhido, e duas vezes por semana tínhamos uma "dinâmica de grupo", da qual todos participavam. O consultório também funcionava como "ponto de apoio" para os acolhimentos individuais.

Era naquele espaço que traziam fragmentos de sua história, respaldados pelo enquadre possível.

Marco foi o primeiro a chegar. Contava com entusiasmo sobre seu segundo ano na carreira técnica de mecânica industrial na instituição. Havia sido adotado por duas famílias diferentes. Ambas o devolveriam algum tempo depois. Triste e calado nos primeiros seis meses do centro, contava que havia sido o vínculo com o gato que o fizera ficar. Dizia-se bom contador de histórias. Abandonado ainda pequeno nas ruas da capital, relatava a presença de um senhor que, também sem ter onde morar, transformava a rua em seu palco pessoal. Surpreendia-se que pudesse ser escutado. Acreditava que nunca seria adotado outra vez. Os dois "arrependimentos" haviam marcado sua trajetória. Nada surpreendente.

A angústia suscitada pelas repetidas recusas reforçava a sensação de estar no mundo "à deriva". Além disso, não tinha uma boa relação com o coordenador do centro. Marco contava os dias para terminar sua formação técnica e encontrar um lugar de trabalho para poder construir a tão desejada família.

Convocado a construir uma fala sobre seu sofrimento, o paciente foi por fim resgatando sua singularidade. Foi inclusive construindo uma familiaridade com seu próprio discurso, à medida que foi perdendo o medo de falar para a analista. Fez uma viagem de ônibus, acompanhado de outros dois colegas, em busca de um irmão mais velho. Encontraram-se. Marco voltou contando que a condição de seu coração havia mudado. Passara de "machucado a apaziguado". O jovem estudante finalizou o curso e deixou o centro. Foi contratado por uma importante companhia de construção.

O mal-estar na cultura determina impactos, indubitavelmente. O trabalho baseado na ética do sujeito permitiu construir um dispositivo dentro daquela instituição. Não contra ela nem apesar dela. Simplesmente a partir dela no sentido de aproximar o "estranho" ao "mais familiar".

A clínica psicanalítica contemporânea permitiu e permite a aproximação do sujeito a uma satisfação possível dentro da lei do desejo. Viaja culturas, rompe esquemas. E, nesse sentido, é revolucionária.

Meu papel, por meio da psicanálise, consiste em ajudar na simbolização daquilo que não encontrou lugar. Daquilo que não pôde ser significado; as línguas nessa trajetória foram meus "sapatos". Andei e fiz andar. E, se as línguas foram os sapatos, a nacionalidade foi a ponte.

Referências

Freud, S. (1974). O estranho. In S. Freud, *Edição standard brasileira das obras completas de Sigmund Freud* (Vol. XVII). Rio de Janeiro: Imago. (Publicado originalmente em 1919).

Goldenberg, R. (2013). Crônica: Entrevista de Ricardo Goldenberg a María Elena Ángeles. In E. Duvidovich (Org.), *Diálogos sobre formação e transmissão em psicanálise*. São Paulo: Zagodoni.

Jorge, M. A. C. (2007). *Lacan e a formação do psicanalista*. Rio de Janeiro: Contra Capa.

Zuberman, J. (2014). *A clínica psicanalítica. Seminários na Clínica-Escola*. Porto Alegre: Evangraf.

Análise é feita na língua do amor

Priscylla Costa

I

Pesquisar sobre o amor não é especificidade da psicanálise, embora Lacan afirme que numa análise não se faz outra coisa senão falar de amor. Tema que atravessa os séculos, capaz de gerar felicidade, angústia, trazer a paz ou promover guerras entre os sujeitos, o amor, apesar de sustentado por uma fantasia, não cabe em um ideal de completude.

Pelos descompassos dos encontros amorosos, os seres falantes claudicam naquele vão entre o que se espera e o que se encontra em uma relação. Segundo Freud, em *Introdução ao narcisismo* (1914/1969a), em última análise, devemos amar para não adoecer, sendo esse sentimento, de modo paradoxal, também uma fonte de sofrimento. Dessa forma, amamos para não adoecer, porém sofremos porque amamos.

Sob a ótica da psicanálise, podemos entender o amor como primordial para que uma análise aconteça. Gloria Sadala, em *Uma clínica entre amor e ódio* (2012), afirma que amar o inconsciente é convite implícito a cada análise e a ele o analisante responde com o amor de transferência.

Ao longo deste capítulo traçaremos um percurso em que linguagem, análise e amor se entrelaçam. Esse tema surgiu a partir da pergunta sobre em qual língua se faz análise, fazendo-me pensar na hipótese de que a análise é feita na língua do amor. Esse texto é um desdobramento dessa hipótese, resultado de reflexões acerca de vivência pessoal e escuta clínica na cidade de Nova York, nos Estados Unidos, no ano de 2018.

Lacan, no "Seminário 20: Mais, ainda" (1972-1973/1985a), afirma que o amor é um dizer como acontecimento, e que esse amor se dirige ao saber que é inconsciente, no nó do saber. Com o nascimento da psicanálise, Freud se depara justamente com o amor. Uma forma própria do laço que se estabelece entre analisante e analista, nomeada amor de transferência – sem a qual nenhuma análise é possível.

Quando um sujeito procura uma análise é porque credita àquele psicanalista escolhido, ou à própria psicanálise, a detenção de algum saber sobre o sofrimento que o acomete. É um amor endereçado ao saber que ele supõe. A experiência analítica se funda na suposição de saber depositada no analista, no entanto é ancorada numa experiência paradoxal para o sujeito: de um saber não--sabido por ele, porém pelo qual é responsável. Assim funciona a aposta freudiana para que o paciente retorne e diga mais do que supõe saber sobre si mesmo; ou seja, há em si um saber que ele próprio desconhece.

Em *O saber do psicanalista*, Lacan afirma sobre esse lugar ocupado pelo analista, nomeado de sujeito suposto saber: "O que a psicanálise revela é um saber não-sabido por si mesmo, que se retira do próprio sujeito, ou seja, do analisante" (Lacan, 1967/2012, p. 17). E segue: "é do tropeço, da ação fracassada, do sonho, do trabalho do analisante que esse saber resulta, esse saber que não é suposto, ele é ... saber caduco, é isso o inconsciente" (Lacan, 1967/2012, p. 71).

Em *4+1 condições de análise*, Antonio Quinet (1991, p. 26) pontua que o sujeito suposto saber é determinado por Lacan no início do seu ensino como "aquele que é constituído pelo analisante na figura de seu analista". Em psicanálise, o saber se apresenta em enigma, que se faz presente no inconsciente.

Para Lacan, o inconsciente é estruturado como uma linguagem. Daí, então, o impossível de dizer tudo. Se por um lado é pela via da impossibilidade de uma completude que a psicanálise se caracteriza, por outro é justamente pela crença de uma completude e de alguém que possa responder a todas as suas questões que um sujeito busca uma análise.

Como citado, o amor não é especificidade da psicanálise. No entanto, é a partir dele que sua história se inicia e não é possível haver análise sem o amor transferencial. Freud, em "A dinâmica da transferência" (1912/1969b), fala do amor como reencontro e descreve a transferência como uma atualização das fantasias infantis, dessa vez direcionadas à figura do analista.

O sujeito em questão é um *falasser*, um ser de palavra, dividido pela linguagem e pelo inconsciente. Não manda e desmanda no pensamento, e a maior parte do que pensa, quer e faz não depende da sua vontade, mas é determinada por forças comumente ignoradas. É pela via do amor que o sujeito pode refletir sobre sua própria pequenez, tendo notícias do que se perde como ser quando se aliena ao outro.

Lacan, no "Seminário 11: Os quatro conceitos fundamentais da psicanálise" (1964/1985b), fala desse laço com o outro que constrói a moldura para a realidade e nos dá balizamento para sermos no mundo. O sujeito é causado pelo desejo do outro, ou seja, encontra-se alienado a ele.

A alienação está para todos os humanos, é própria do sujeito, inevitável e estrutural. Existe apenas uma escolha possível: entre o ser e o significante, só se pode escolher o significante, e fica-se amputado de ser. Com a perda do ser, o sujeito emerge de outro lugar e não de si próprio. Assujeitar-se ao outro implica na perda de si mesmo, por isso, para a psicanálise, o sujeito surge em sua falta-a-ser como efeito do significante.

Podemos constatar que a linguagem bordeja aquilo que somos e que sentimos, e que as palavras carregam muito mais do que seu significado literal. Estamos tratando de transmissões do Outro, marcas primevas sobre amores, sofrimentos, desejos e faltas, que dão sentido à forma de cada sujeito ver e estar no mundo ao seu redor.

Julia Kristeva, em seu livro *Meu alfabeto: ensaios de literatura, cultura e psicanálise*, questiona: "Eu achava que minha linguagem me era própria; ela se revela estrangeira, outro de mim em mim. Sou eu o autor ou o seu produto?" (Kristeva, 2017, p. 81). Seria o sujeito autor de sua própria linguagem, sendo ele constituído na relação com o Outro e carregando em si as marcas das significações deste? Seria ele produto, ainda que saibamos da particularidade de cada experiência e que cada sujeito significa o que lhe ocorre à sua maneira?

Segundo Luis Izcovich, em seminário proferido em Washington D.C., nos Estados Unidos, no ano de 2018, a questão da linguagem é a questão da experiência. Em uma análise, tratando-se de um empurrão à diferença e à singularidade, podemos destacar a vivência da experiência que reedita aquilo que ficou das transmissões, porém abre campo para uma forma própria de estar nos laços – cabendo ali o impossível de dizer tudo e as falhas estruturais da linguagem, que fazem a comunicação realizada por equívocos e mal-entendidos. Para ilustrar, vamos acompanhar um fragmento clínico a seguir.

II

X chega ao consultório com a demanda de fazer análise em português. Morando fora do Brasil há mais de quinze anos, com uma trajetória de intercâmbio durante a escola, faculdade, pós-graduação e trabalhos em diferentes empresas nos Estados Unidos, X diz não ter perspectiva ou desejo de voltar a morar em seu país de origem. Fala que sua carreira vai muito bem, apesar de não ter alcançado tudo que almeja nessa área. Alega que se sente despercebida na empresa e pouco escutada. Cita exemplos de reuniões em que outras pessoas – "com menos capacitação do que eu", diz X – falam e conseguem sustentar mais as suas ideias.

Vale ressaltar que X trabalha num mercado tradicionalmente masculino e diz gostar de ser uma mulher que entende de "coisas de homem". Durante as sessões, X conta das experiências que teve ao fazer terapia em inglês. A cidade que a paciente escolhe como moradia tem características muito específicas que cabem ser citadas aqui.

Nova York é conhecida como uma cidade de migrantes, um local onde se escutam as mais diferentes línguas. Há quem faça um comparativo com a passagem bíblica da Torre de Babel. A palavra "Babel" é de origem hebraica, vem de *balal* e significa confundir. A passagem diz respeito à comunicação entre os povos, relatada no capítulo 11 de Gênesis, primeiro livro da Bíblia e autoria atribuída a Moisés. De acordo com os escritos, após o Grande Dilúvio, toda a terra possuía um único idioma e seguia uma uniformidade. Posteriormente, o povo entrou em consenso para edificar uma cidade e uma torre cujo topo tocasse os céus. Observando essa decisão, Deus mistura suas vozes para que eles não mais possam entender uns aos outros, dando origem às diferentes línguas faladas pelo mundo, e os dispersa por distintos lugares.

Além dessa característica das linguagens que habitam um único lugar, Nova York é conhecida como *"the city that never sleeps"*, a cidade que nunca dorme. Essa ideia que se torna por vezes um imperativo é, em algum nível, colocada aos habitantes, sejam eles nativos ou aqueles que adotam (ou são adotados) pela cidade.

Muito se fala do ritmo acelerado de Nova York, mas uma cidade que nunca dorme e, consequentemente, nunca tem pausa pode ter ritmo? De acordo com os teóricos musicais, a música é constituída pela repetição. É a partir de um padrão de som e pausa que podemos pensar uma composição; e, sem ele, seriam apenas sons aleatórios e ruídos. Além disso, a música pode ser sempre dividida em tensão e relaxamento, tanto harmônica quanto ritmicamente. Assim, a pausa é essencial, pois auxilia no relaxamento e é o que determina cada ritmo, sem que a melodia fique maçante ou mesmo desinteressante.

No quesito saúde mental, durante o período que morei em Nova York, pude perceber priorização às terapias mais breves e com sentido voltado para o comportamento. Concluí isso a partir da ampla disseminação de propaganda nos espaços públicos, metrôs e restaurantes, de terapias com número de sessões já programado ou por aplicativo.

A psicanálise é uma subversão desde a sua invenção, e nesse território este ato se atualiza. Retornando ao caso, X relata suas experiências com terapias em inglês e traz um desejo de ali, naquele espaço e naquele momento de sua vida, se comunicar em português. Diz que deseja falar com alguém que a entenda, que saiba sua língua e que compartilhe sua experiência de migrar do país de origem para um lugar estranho.

Um detalhe curioso é que suas sessões se desenrolam numa mistura de português e inglês, sem X nunca questionar se a analista entende o que está sendo dito ou não.

Numa determinada sessão, X fala que sua questão, na verdade, é sua vida amorosa. Está em busca de um relacionamento sério, cita a idade como algo que pesa em sua escolha – deseja casar e ter filhos, e acha que o tempo está passando rápido demais. Afirma que sai em busca do que quer – vai a encontros, está em aplicativos para conhecer pessoas etc. –, mas na maioria das vezes tudo ocorre de forma "desastrosa".

Segundo X, tudo vai bem até que eles começam a se comunicar um pouco mais, e é aí que existem equívocos. X se descreve como uma mulher engraçada e extrovertida, que se utiliza de humor, inclusive para seduzir alguém; a maioria dos homens com quem X se relaciona são estrangeiros, com diferentes relações com o humor, e, ao não entenderem suas brincadeiras ou piadas, instala-se um mal-estar. X se questiona se realmente existe mal-estar ou se fica estranho apenas para ela, pois é um território muito novo ser destituída do lugar de "mulher engraçada".

Certa sessão, reflete que os homens "gringos" devem ser diferentes, pois sempre se considerou entendida de coisas de homens. Afirma saber que homens gostam de mulher engraçada e divertida – lugar que sempre julgou ocupar no desejo de seus parceiros – e questiona como eles, os "gringos", não gostam. Nesse momento, X aborda suas tentativas de um laço amoroso e se questiona sobre o lugar que ocupa como mulher desejada, se deparando com os desencontros do encontro, em qualquer idioma que seja. X vê escancarado o equívoco da linguagem, travestido em sua queixa de algo relacionado ao idioma.

Em outra sessão, fala de seu desejo de encontrar alguém que "fale a sua língua", apostando num entendimento *perfeito e sem falhas* do casal. Ao ser questionada pela analista se seria possível esse encontro de entendimento perfeito e sem falhas, X reflete que talvez só exista em contos da Disney.

Numa análise, o sujeito circunda a questão do seu lugar no amor do outro, que pode ser traduzida em "Che Vuoi?" (Lacan, 1966) – que queres? Que quer esse outro, e os tantos outros que por vezes encarnam esse lugar, de mim? Que lugar me foi ofertado em seu desejo?

> *Na busca do amor do Outro, o sujeito é irremediavelmente remetido à frustração – o falante se depara com a evidência da castração. No nível inconsciente irrompe a constatação de que o Outro não poderá dotá-lo(a) de algo que o faça sentir-se todo. ... Mas o sujeito persevera: a instauração da evidência da castração faz com que o falante continue sua busca por algo que possa lhe completar em outros sujeitos. (Mello, 2012, p. 53)*

Como já dito, a linguagem se dá por mal-entendidos. Ainda que suponhamos ser claros na mensagem que passamos ou haver entendimento naquilo que recebemos, há uma porção que é indizível e não é significável. Há que considerar, portanto, o impossível de dizer e compreender tudo. Comunicar-se com outro, em qualquer idioma, é também lidar com uma espécie de língua estrangeira.

III

Esta foi a descoberta de Freud; entre o homem e a mulher, mas também entre o analista e o analisante, a sombra dos objetos primordiais se perfila. É também o que o sujeito por vezes percebe quando experimenta que, ao sabor dos encontros dos mais improváveis, verifica-se repetitivamente para ele essa diabólica coerção que se nomeia destino. (Soler, 1998, p. 367)

Falar que a análise é feita na língua do amor seria dizer que ela transcende qualquer idioma. É um espaço de transmissão de significantes, que inclui a relação de estranhamento do outro e de si mesmo. É a partir do deslizamento significante e da retificação subjetiva que é possível uma ressignificação daquilo que foi recalcado, propiciando o encontro de um lugar outro nos laços para o analisante.

Fazendo menção ao recorte clínico citado, X supõe que seus desencontros nos laços amorosos se dão por uma diferença linguística – por meio da diferença de entendimento de humor, sustentada no idioma. O que X não inclui nessa suposição é que esse estranhamento, no caso a diferença de humor, poderia ocorrer, inclusive, entre seres nativos de mesmo idioma. Indo além, que toda relação é permeada pela diferença e pelo (des)encontro. Mesmo sem saber, X toca numa questão estrutural ao inconsciente: não há relação sexual e não há equivalência entre os sexos.

Segundo Lacan, "eles não falam a mesma língua". Essa dissimetria entre os gozos masculino e feminino pode ser traduzida como ausência de algo na linguagem que dê conta do encontro amoroso.

> *Não há relação sexual porque o gozo do Outro, tomado como corpo, é sempre inadequado – perverso de um lado no que o Outro se reduz ao objeto a – e do outro eu direi louco, enigmático. Não é do defrontamento com esse impasse, com essa impossibilidade de onde se define um real, que é posto à prova o amor? (Lacan, 1972-1973/1985a, p. 155)*

Apesar de o amor ser uma aspiração a fazer um com outro, ainda não se viu 1 + 1 = 1. Dessa forma, podemos pensar a relação como uma coexistência que abarca equívocos e semblantes e, justamente por meio destes, permite enlaces. A partir da não relação sexual podemos nos lançar às contingências do amor. Ao buscar no outro o objeto em si da fantasia, o sujeito obtura qualquer possibilidade que não seja pela repetição exata daquilo que nunca teve – já que vale lembrar que o objeto é para sempre perdido, irrecuperável por estrutura; e a linguagem é falha e equivocada também estruturalmente. O que é possível alcançar são deslizamentos metonímicos dele, ou seja, algo que satisfaça não completamente.

Ao procurar uma análise, é preciso, num primeiro momento, acreditar que o analista detém algum saber sobre aquele sofrimento. É necessário supor entendimento, compreensão e completude de forma especular. De mesmo modo, ao procurar um amor, é preciso acreditar que a relação é compartilhada para que possa haver endereçamento e enlace, também de forma especular.

No entanto, a relação não se sustenta a partir dessas suposições – nem a de análise, nem a amorosa. É preciso que falte algo. Espera-se que uma análise tenha efeitos sobre a forma de amar do sujeito; bem como na forma de contar sua história. Seja por intermédio dos contos, encontros e desencontros, a aposta é o sujeito canalizar esses objetos sombrios em energia de vida, ainda que a satisfação seja sempre parcial.

Assim, o analista ocupa um lugar de objeto *a*, objeto causa de desejo, proporcionando ao sujeito um re-encontro dele consigo mesmo, pela via do desencontro, da incompletude. A cada re--encontro há uma porção de repetição mas que traz algo novo, é também uma atualização que comporta algo de criação. Seria recuperar o amor por si, por intermédio de um outro – pela língua do amor – que se ama, que ora é estrangeira fora ou dentro de si próprio. É um amor ligado à castração, do modo como ele é: incompleto. Que se sustenta, permitindo cair a questão da satisfação total, da completude e da compreensão absoluta.

O amor, ainda que vivido entre duas ou mais pessoas, é experiência individual. No livro *Elogio ao amor*, Alain Badiou desenvolve sobre a possibilidade de o sujeito relacionar-se além do narcisismo das relações imaginárias. O amor se configuraria como algo da ordem da dissimetria, e não da identificação.

> *O amor é então uma contraexperiência. . . . Ele nos conduz ao campo de uma experiência fundamental daquilo que é a diferença e, no fundo, à ideia de que é possível experimentar o mundo a partir da diferença (Badiou & Troung, 2009/2013, p. 17).*

Badiou faz grandes associações com a teoria de Lacan, e, seguindo com suas explanações, o amor seria um evento contingencial, que nasce do encontro da diferença; não apenas da forma de um sujeito relacionar-se com o seu amado, mas também do modo como esses dois delinearão sua relação com o mundo.

Para o autor, a tese lacaniana da não existência da relação sexual nos lembra que, na sexualidade, cada um está preocupado com sua própria história: há uma mediação do corpo do outro, porém, no fim das contas, o gozo em jogo será sempre o nosso próprio gozo.

Ainda que fazer a relação sexual existir seja impossível, os seres falantes continuam acreditando e buscando experimentar a sua existência. É por via de uma construção imaginária que o objeto de amor se constituirá, na intenção de preencher uma falta estrutural – na falha tentativa de remediar a inexistência da equivalência entre os sexos.

Apesar disso, mas não sem isso, cada sujeito só pode buscar sua satisfação não-toda a partir do seu enquadramento da realidade, dos seus significantes, do próprio corpo, da sua fantasia, do seu narcisismo e do seu modo de gozar. Podemos compreender o amor, então, como experiência que, apesar de compartilhada, é vivida em sua singularidade a cada sujeito; seu compartilhamento reserva uma porção de suposição daquilo que se coloca como miragem em dividir com o outro – outro que não cessa de dar notícias de sua alteridade.

Em psicanálise entendemos que aquele sujeito que elegemos, entre todos os outros para amar, traz consigo um oceano de enigmas e desencontros – ainda que sejam feitas juras de entregas das mais desveladas. Daí o desenrolar de tantas questões acerca do amor que escutamos vida afora e na clínica.

Enlaçar-se ao outro requer suportar uma dose extra de vazio produzido pela diferença entre pessoas que, mediante uma lógica desconhecida na consciência, esculpem um amor. Amor no qual seja possível suportar contornos e formas para que se mantenham o desejo e, portanto, a falta. Como nos ensina Lacan: "fazer amor, como o nome indica, é poesia" (1972-1973, p. 98).

Referências

Badiou, A., & Troung, N. (2013). *Elogio ao amor*. São Paulo: Martins Fontes. (Publicado originalmente em 2009).

Freud, S. (1969a). Introdução ao narcisismo. In S. Freud, *Edição standard brasileira das obras completas de Sigmund Freud* (Vol. XIV). Rio de Janeiro: Imago. (Publicado originalmente em 1914).

Freud, S. (1969b). A dinâmica da transferência. In: S. Freud, *Edição standard brasileira das obras completas de Sigmund Freud* (Vol. XII). Rio de Janeiro: Imago. (Publicado originalmente em 1912).

Izcovich, L. (2018). From the Name-of-the-Father to the Necessary Symptom. In *Lacanian Forum of Washington D.C. International Analysts Series*. Washington D.C.

Kristeva, J. (2017). *Meu alfabeto: ensaios de literatura, cultura e psicanálise*. São Paulo: Edições Sesc.

Lacan, J. (1966). *Escritos*. Rio de Janeiro: Jorge Zahar.

Lacan, J. (1985a). *O seminário, livro 20: Mais, ainda*. Rio de Janeiro: Jorge Zahar. (Publicado originalmente em 1972-1973).

Lacan, J. (1985b). *O seminário, livro 11: Os quatro conceitos fundamentais da psicanálise*. Rio de Janeiro: Jorge Zahar. (Publicado originalmente em 1964).

Lacan, J. (2012). O saber do psicanalista. In J. Lacan, *O seminário, livro 19: ... Ou pior*. Rio de Janeiro: Jorge Zahar. (Publicado originalmente em 1967).

Mello, R. (2012). O amor, uma interpretação. In A. Quinet, J. S. D. Lima, S. T. Junqueira, & T. Saffi (Orgs.), *O amor e o divã: estudos psicanalíticos*. Joinville: Letradágua.

Quinet, A. (1991). *4 + 1 condições de análise*. Rio de Janeiro: Jorge Zahar.

Sadala, G. (2012). Uma clínica entre amor e ódio. In A. Quinet, J. S. D. Lima, S. T. Junqueira, & T. Saffi (Orgs.), *O amor e o divã: estudos psicanalíticos*. Joinville: Letradágua.

Soler, C. (1998). *A psicanálise na civilização*. Rio de Janeiro: Contra Capa.

Soler, C. (2016). *O que faz laço?* São Paulo: Escuta.

Psicanálise aflora: estilhaços de encontros estrangeiros[1]

Manoel Luce Madeira

Rue Montorgueil

Aquele *quartier* estava impregnado de lembranças cortantes. Rue Tiquetonne, Rue Dussoubs. A ele eu voltava insistentemente. No terraço de um café da Rue Montorgueil, me encontro com Robson e Lúcia Pereira. Conto sobre morar fora, sobre um latente desespero. A vida apartada da embriaguez da cidade. Eles me falam de uma janta mais tarde. Acompanho-os. Sento-me à frente de Robert Lévy, que eu não conhecia. Era baixo, atarracado. Falava firme em sentenças de chumbo. Naqueles dias, ele estava saindo de um emprego no qual havia trabalhado trinta anos. Ou mais. Atendia crianças e adolescentes. Era uma sigla – CMPP.[2] "Te interessa?", me perguntou, denso. Foi como chegar a Paris de

---

1 Alguns dados dos pacientes citados neste texto foram alterados para garantir a confidencialidade dos atendimentos.
2 *Centre médico-psycho-pédagogique*, em português, centro médico-psicopedagógico.

novo. Talvez o migrante chegue a uma cidade algumas vezes ao longo dos anos. Torne-se aos poucos menos estrangeiro. Ou mais. Por poder ser estrangeiro. No CMPP, fui acolhido. Como em lugar algum até então. Nas minhas palavras e diferenças. Durante anos, trabalhamos sério e rimos muito. Romain, Sabine, Bennoit, Josie, Camille, Anna, Ségolène, Élodie, Pierrette, Hélène. Os nomes de uma trama encharcada de afetos. Hoje, morando no Brasil, sonho repetidamente que volto ao CMPP. A vida embriagada pela cidade.

Psicanálise aflora

Porto Alegre, 2003. Eu começava meu estágio em psicopatologia no Hospital Psiquiátrico São Pedro. Cruzo a porta de entrada e percebo Raimundo na outra extremidade do corredor. Pardo, a pele castigada pelo sol, os cabelos duros, seu sorriso estranho. Na ensimesmada Porto Alegre, eu situava aquele sujeito como alguém *estrangeiro* já no primeiro pousar de olhos sobre seu corpo. O que ele imaginou naquele jovem estagiário branco? Sei que caminhou em minha direção com leveza e urgência: "Doutor, não funciona". "É mesmo?", respondo, surpreso. "Eu tentei... Com a Iara...", disse ele. "E, com ela, não funcionou?", afirmei, perguntando. Ele assentiu.

Raimundo havia vindo do Maranhão ao Rio Grande do Sul – *a pé*. Havia anos caminhava pelas estradas. A angústia o transbordava sem estancar. Durante os dois meses em que conversamos, ele escreveu fábulas, "documentos", listas de leis e de funcionamento do mundo. Aos poucos, foi abrandando seu sofrimento, retecendo suas histórias, seus discursos. Das esponjas aos mamíferos, Raimundo criou uma evolução urológica do reino animal, distribuindo aos seres vaginas, pênis e ausências, pois a esponjas não são, segundo seu invento, dotadas de órgãos sexuais. E, em sua solução delirante, situou-se como "elemento único de uma espécie superior". O *"Um"*, que unia em um só corpo a vagina e o pênis, as "potências" masculinas e femininas. "Mundi-o", se proclamava.

Tenho-o como meu primeiro paciente. Eu hesitava, na época, sobre quais estudos seguir. As conversas com Raimundo davam corpo e consistência às cadeiras de Psicanálise da Universidade. Inventavam um chão possível aos passos. A tessitura de seu delírio e os efeitos operados – abrandamento da angústia e notória costura de coerência discursiva – se tornaram, para mim, fontes de enigma e encantamento. Varei anos escrevendo sobre Raimundo: na dissertação de mestrado, na tese de doutorado, em diferentes artigos (ver notadamente Madeira, 2015a). Sendo o ponto primeiro do meu percurso clínico, Raimundo me fez experienciar de modo radical a estrangeiridade daquele exercício. Tanto por sua diferença geográfica quanto pela *estranheza* ou *Unheimlichkeit* (ver Freud, 1919/2010) do seu delírio psicótico. "Paciência, homem! Paciência!", me dizia ele, quando eu tentava entender, estancar minha ignorância em relação àquilo que ele contava. Na tese de doutorado na França (cujo título traduzido é *Tessituras psicóticas em transferência*, Madeira, 2015b), defendida doze anos depois, estudei o caso de Raimundo e de outros quatro pacientes do CMPP. Cinco encontros em que a estrangeiridade – psíquica, histórica, geográfica – suspendeu saberes e fomentou a invenção de novos escritos, novas perguntas.

"Teu francês não é como o meu" – encontros de migrantes

Recebi Séraphine, Jean-Michel, Luizel e Gustave entre uma e duas vezes por semana durante quatro anos – são os quatro pacientes que escolhi para integrar com Raimundo a tese de doutorado.

Quatro negros cujos pais eram migrantes africanos na França – *migrações forçadas* por guerras em seus países de origem. Angola, Senegal, Mali, República Democrática do Congo. Países que eu não conhecia, nunca havia estudado suas histórias no colégio. Os quatro representavam a maioria dos pacientes atendidos naquele CMPP da periferia parisiense: crianças e adolescentes filhos de migrantes. Assim, colocava-se de entrada uma *dupla estrangeiridade*: "Teu francês não é como o meu", me apontou, já nas primeiras frases trocadas, um pequeno paciente de 7 anos.

Nota-se que a primeira consulta das crianças e adolescentes acolhidos no CMPP era quase sempre realizada junto com as mães.[3] Tratava-se de um serviço de forte orientação psicanalítica, que atravessava a lógica dos fazeres de toda a equipe, incluindo a secretária, a diretora, a assistente social, as psicomotricistas e fonoaudiólogas que discutiam coletivamente todos os casos clínicos com as *psis*. Ainda imersos numa cultura fortemente marcada pela psicanálise, seja ela nomeada ou não, esse contexto talvez catalisasse no imaginário das mães um desconcerto inicial: a fantasia de uma revelação indesejada, a assombração de verem questionada a pertinência de seus fazeres com as filhas, o receio da emergência de afetos que se acreditava melhor sufocar (sobre esse contexto, ver Mannoni, 1979/2004).

Era frequentemente por esses terrenos que transitavam seus sentimentos quando se assentavam nas cadeiras à frente do branco *Monsieur* que lhes proferia um estranho *bom-dia*. Marcado nos primeiros dizeres, meu sotaque parecia se entrelaçar ao conteúdo das palavras, produzindo amiúde algumas caretas e dificuldades de compreensão. Era corrente na equipe, por exemplo, o uso da

---

3 Propomos neste texto variar o emprego do gênero, não utilizando sistematicamente o gênero masculino como supostamente neutro.

expressão "investir a criança", no sentido afetivo. Porém, na primeira vez que a utilizei, em relação a um menino que sofria de uma severa encoprese, recebi de sua mãe a resposta: "Senhor, não *sei o que quer dizer com isso*, mas eu pago todas as contas do meu filho!". Saliento aqui essa asserção preliminar, "não sei o que quer dizer com isso", pois havia no uso da língua certa *partilha de sentidos* que parecia ali ficar sempre *a fazer*. Por um lado, se isso acarretava dificuldades, por outro facilitava, justamente, os deslizamentos dos sentidos previamente estabelecidos. Até porque, se imaginariamente me atribuíam ignorâncias, ao mesmo tempo aparentavam supor em mim um potencial saber *outro*, diferente daquele estabelecido nas suas culturas. Um saber *estrangeiro*.

Ressalto ainda que essa condição de escuta *entre migrantes* fazia com que se atenuasse nos pais certa imposição que eles poderiam sofrer da *cultura francesa* no cuidado dos filhos. Imaginariamente, insisto, não seria eu mais um francês a lhes impor regras. "Se eu estivesse no Mali, já teria resolvido isso na porrada. Mas, se digo isso a um francês, eles entregam meu filho ao Conselho Tutelar", me disse certa feita M. Traore, o pai de um paciente. A palavra silenciada poderia ver suas possibilidades de transformação trancadas. A partir disso, M. Traore pôde falar das amarras que a migração produzia em seus dizeres e fazeres – do apagamento de seus modos de ser espontâneos para, supostamente, parecer mais francês, mais civilizado.[4] Pôde falar de suas fantasias de liberdade e potência na terra natal abandonada desde a infância. Um terreno fantástico, até então destinado a nunca mais ser visitado.

---

4 Vale notar que a atribuição *não civilizatória* se estende aos negros, de modo geral. A depreciação de crenças religiosas afrodescendentes, a animalização e a sexualização histórica dos corpos negros são exemplos dessa atribuição (ver Sousa, 1983).

Tal acesso à palavra, que se deu em diversas sessões ao longo de quatro anos, possibilitou pouco a pouco certa ressubjetivação de sua condição, opondo-se ao ato fisicamente agressivo, à exposição do filho ao *desamparo* (*Hilflosigkeit*) de sua fragilidade infantil. Segue um trecho da *Carta ao Pai*, de Franz Kafka:

> *"Faça o que quiser; por mim você está livre; você é maior de idade; não tenho conselhos para lhe dar"* – *e tudo naquela inflexão terrível e rouca de ira e da completa condenação, diante da qual eu hoje só tremo menos que na infância porque o sentimento de culpa exclusivo da criança foi em parte substituído pela compreensão do nosso* comum desamparo. *(Kafka, 1919/1997, p. 21, grifos meus)*

Kafka articulou de modo magistralmente perturbador a condição estrangeira ao desamparo em obras monumentais como *O processo* (Josef K., estrangeiro à lei que o condenava), *O castelo* (K., estrangeiro à cidade), ou *A metamorfose* (Gregor Samsa, estrangeiro em sua família). Na *Carta ao pai*, vê-se um narrador estrangeiro às expectativas, aos desejos e às tradições paternos. Um narrador que imagina o pai deitado sobre os espaços do mundo oferecendo-lhe apenas míseras brechas. Porém, nessa passagem, assim como em alguns outros excertos furtivos, não é só o filho, mas também o pai que se fragiliza – há um *comum desamparo* compartilhado entre eles. Desamparo que habita tais personagens (Josef K., Gregor Samsa, K.), de modo, ao mesmo tempo, singular e fundamentalmente coletivo. Talvez seja algo da ordem desse desamparo que pôde ser expresso por M. Traore. Que pôde ser estendido subjetivamente no olhar que endereça ao seu filho. Que pôde, enfim, ser vislumbrado no outro – na França que, ao seu modo, o acolhe.

Dois anos após o início dos encontros, M. Traore decide levar o filho ao Mali – o filho que perguntava tanto de onde os pais haviam vindo. M. Traore é o pai de Gustave.

Luizel e as narrativas migrantes

Luizel contava 12 anos quando buscou atendimento no CMPP após o falecimento do avô paterno, em Angola, país natal de sua mãe e de seu pai.[5] Perguntei a Luiza Zambèze, mãe de Luizel, um pouco sobre a história dela, sua relação com seus próprios pais. Ela me contou que nasceu perto do início da Guerra Civil Angolana (1975-2002). Sra. Zambèze afirmou que aos *4 anos*, foi obrigada a fugir aos desesperos de Angola com uma tia de 14 – *a pé*. (A imagem do corpo sem máquinas, sozinho na imensidão da estrada, me remetia a Raimundo.) Caminharam, segundo relatou, durante dias e dias sem fim, de Luanda até Kinshasa, na República Democrática do Congo, cerca de 800 quilômetros mais longe. Desse modo, Sra. Zambèze tinha para si o francês como língua de origem – o português quedando como uma mágica e esquecida língua da primeira infância. Aos 20 anos, Sra. Zambèze retornou a Luanda buscando reencontrar os pais e descobriu que haviam morrido durante a guerra – o pai de doença, a mãe em um "acidente".

Sra. Zambèze tecia sua história com poucos detalhes, e, mesmo assim, sua costura parecia beirar os limites do compartilhável. Perguntei se ela já havia contado sua história aos filhos – "Nunca, tenho medo de traumatizá-los. Mas Luizel me pergunta muito sobre a minha infância, com quem eu cresci, como era em Angola", disse. Quando o filho lhe questionava sobre os avós, ela lhe afirmava que

---

5 Pode-se encontrar uma descrição mais detalhada do caso em artigo publicado junto com a professora Simone Moschen (ver Madeira & Moschen, 2017).

"um dia, eles vão vir". Angustiada, Sra. Zambèze se comunicava por ligações telefônicas com uma irmã e fingia aos filhos que se tratava dos pais. "Em que língua vocês falam?", perguntei. Ela sorriu, não sabia responder.

Nota-se que, após o nascimento do quarto e último filho do casal, quando Luizel tinha 2 anos, ela revelou que sofreu um "acidente" – significante articulado à morte de sua mãe. Interroguei sobre o acontecido, e ela contou que não houve nenhum evento específico, mas que foi acometida de uma "paralisia nas pernas" que a deixou acamada durante alguns anos e impossibilitada de cuidar dos filhos. Penso que, naquele momento de sua vida, a identificação produzida com sua mãe (impulsionada por *tornar-se mãe* novamente) pode ter-se dado pelo significante mortífero "acidente". Curioso efeito: paralisar as pernas; pernas fantasticamente ativas em sua caminhada forçada para longe da mãe, da família, de Angola quando era pequena. "E como você se curou dessa paralisia?", questionei. "Não sei. Consultei muitos médicos, fiz exames e nada. Mais tarde *nos mudamos* para Montgeron [*cidade em que estávamos*] e eu me curei", relata.

Já o pai de Luizel, Raphaël Zambèze – que chamarei aqui de Raphaël, para facilitar a leitura –, tem uma história de infância parecida com a da esposa. Tanto que ambos, por vezes, as misturavam durante as sessões, o que eu escutava menos como uma confusão psíquica, por assim dizer, e mais como efeito do caráter eminentemente coletivo daquelas narrativas. Diferentemente da sra. Zambèze, no entanto, os pais de Raphaël não haviam morrido durante a guerra e ele pôde com eles restabelecer contato quando retornou a Angola. Porém, o conflito ainda vigorava no país, e Raphaël declara que foi compelido a voltar à República Democrática do Congo. Lá, sofreu uma grande desilusão estudantil. Segundo ele, seu nome foi fraudulentamente apagado da lista de aprovados no *baccalauréat* (vestibular),[6] e ele viu barrado seu acesso à universidade. "Era por causa da corrupção. Quem tem um lugar na universidade são as pessoas das famílias do governo. Eles pagam suas aprovações se não são admitidos no concurso. Então, se fazem novas listas de aprovados, e outros saem", afirmou. Raphaël viveu sem rumo durante dois anos, disse ter apagado esse tempo da memória. Lembrava de estilhaços – de por vezes dormir na rua. Até que decidiu migrar para a Europa, onde conheceu Luiza.

Raphaël conseguiu manter relações a distância com o pai e com ele falava "pela *webcam*", como repetia, quando chegava do trabalho – todos os dias. Fiz a mesma pergunta, "em qual língua conversavam?". E, a exemplo da esposa, Raphaël não sabia dizer. Riu, fez um gesto com a mão, abanando os ares para cima, como que dizendo *a gente se virava*. Quando seu pai morreu, Raphaël quedou transtornado (*bouleversé*), segundo as palavras de Sra. Zambèze.

Após o falecimento, Luizel também se angustiava. Vislumbrava uma cabeça pairando insistentemente sobre ele, controlando seu trabalho na escola. Quando chegou ao atendimento, havia suspendido a frequentação ao colégio, onde já se projetava (com precipitação) sua exclusão da turma de origem para uma Classe de Inclusão Escolar. O menino via a imagem do avô por toda parte. Questionava os pais sobre aquele acontecimento – *e eles não sabiam lhe contar*. Luizel insistia: "meu avô pode voltar?", "por que ele morreu?", "como ele morreu?", "podemos vê-lo?". Sem respostas, os pais mostraram um suposto vídeo do enterro. Em sessão, Luizel perguntou: "mas, se meu avô está no caixão, *como pode seu retrato estar na parede da minha casa? Ele está lá! Eu sei que é ele, eu o vi* pela *webcam*".

---

6   Na França, há diferenças significativas entre o *baccalauréat* e o vestibular. No entanto, respeitando o relato de Raphaël, ambos parecem se aproximar no contexto universitário da República Democrática do Congo.

Saliento aqui a ruptura da cadeia narrativa entre gerações que impede a transmissão de uma ficção possível sobre a morte – ficção aqui entendida no sentido lacaniano como *estrutura da verdade* (ver Lacan, 1956-1957/1995). Vemos que a violência da guerra, da migração forçada, produz a impossibilidade de tessitura fantasmática que se tornará flagrante tanto naquelas que passaram por tal processo – e que, amiúde, dele contam pouco – quanto nas filhas que reclamam às mães suas histórias pregressas e que sofrem arcaicamente dos apagamentos provocados pela guerra. Em texto intitulado "Imigração forçada: a dimensão sócio-política do sofrimento e a transmissão da história", Miriam Debieux Rosa (2013, p. 87) trabalha sobre a "situação do imigrante que, tendo vivido traumas, é forçado a sair de seu país por situações de guerra, violências. Como superá-las? O que transmitir aos filhos? Que verdade está em jogo na guerra?", pergunta-se. Segue a autora: "A violência do outro/semelhante promove um abalo narcísico que lança o sujeito à angústia e ao desamparo, que desarticula seu lugar na história, sua ficção de si mesmo e promove um sem-lugar no discurso" (Rosa, 2013, p. 90). Alhures, sobre os *não ditos* na clínica psicanalítica com crianças e adolescentes, a autora sublinha que

> *os pais também estão paralisados pelo não dizer, que os transcende. Acham que podem destruir o filho, a relação deste com eles. . . . Evitam falar aos filhos sobre a sua história como forma de evitar o enfrentamento com a ferida narcísica e a angústia que tais temas neles desencadeiam e que, supõem, desencadearão nos filhos. (Rosa, 2000, p. 20)*

Vale ressaltar aqui a proposição basal de Jacques Lacan sobre o desencadeamento psicótico: "o que é recusado na ordem simbólica ressurge no real" (Lacan, 1955-1956/2002, p. 22). Condensando o caso, proponho que Luizel tenha saído de uma condição de *pré--desencadeamento* a uma *tessitura (de)negativa*.[7] Conversamos concretamente sobre a morte, suas consequências, seus cortes de possibilidades. Ele participa de sessões escutando em silêncio o esforço dos pais em retraçar suas histórias. Ele rascunha, mesmo forcluídos, fragmentos de mitos sobre seu nascimento, seu nome, sua carteira de identidade angolana, a ausência psíquica da mãe quando era pequeno. Ele consome, por exemplo, algumas sessões pensando sobre o trágico evento da "queda das torres gêmeas", em Nova York. Em seguida, por um deslizamento significante, alcança o acidente da mãe. Utiliza-se da expressão francesa *tomber enceinte*, literalmente, *cair grávida*, para significar que ela caiu da escada quando estava grávida de gêmeos, estofando a narrativa de sua convalescência. Diante do medo da morte, da ausência dos outros que a assaltava sistematicamente, Luizel tricota, após uma sequência (de)negativa, o refrão "tu não vais me faltar", o qual endereça aos objetos e pessoas que lhe farão falta. "Tu não vais me faltar", frase que Luizel repetirá anos a fio em nossos encontros, como que buscando, sem cessar, escrever um *não* diante do desamparo.

A língua, o furo

Há um tipo de narrativa literária – ignoro se há algum nome específico – em que uma ausência fundamenta a trama. Há exemplos clássicos: de *Esperando Godot*, de Samuel Beckett, ao já citado *O processo*, de Franz Kafka. Há latino-americanos, como *Ninguém escreve ao coronel*, de Gabriel García Márquez – coronel que aguarda a confirmação de sua aposentadoria pelo correio, mas sempre

---

7   Sobre a proposição teórica da possibilidade de *tessitura (de)negativa* como possibilidade estabilizadora nas psicoses, ver Madeira, Lepoutre e Vanier (2016).

encontra no lugar da missiva a sua falta. Há contemporâneos, como o espanhol Javier Cercas, em *Soldados de Salamina*, cujo protagonista é cativado por um enigma da Guerra Civil Espanhola (1936-1939) que se obceca em decifrar. Há algo em comum entre eles: as narrativas não são tecidas para *preencher* a ausência que os inspira. Sem ela, dão a impressão de excesso: se desenlaçariam moles, os fios soltos. A ausência, o furo, a lacuna parece ali arraigada como empuxo do que se conta: é dela que brotam as palavras.

Na análise, também há ausências fundantes que não estão destinadas a ser tamponadas. Há um perpétuo tensionamento entre saberes e ignorâncias que produz o arremesso das palavras. Como sublinhado sobre os atendimentos na França, havia com frequência, no início, um jogo imaginário em que os pacientes me situavam como alguém passível de, ao mesmo tempo, ignorar o óbvio e conhecer o inaudito. Esse jogo de (não) saberes constituía uma cena produtiva ao engate do trabalho analítico, inclusive no que concerne à própria língua.

Tendo aprendido o francês já adulto, aprazia-me ler as palavras com todas as suas letras, o que produzia não um saber etimológico, mas certa *literalidade* que, por mais evidente que fosse, poderia quedar inconsciente em uma francesa alienada em sua língua. Para mim, era por exemplo evidente que *maintenant* (agora, nesse momento) continha a interessante imagem de uma mão segurando algo – *main tenant*. Lembro da minha surpresa quando uma paciente adulta francesa me apontou, em tom de quase reprimenda, que a palavra *boneco* não tem gênero. "Sim! Um *bonhomme*", disse eu, lentamente, "não tem gênero!", ao passo que *bonhomme* sempre fora para mim uma clara formação entre *bon* (bom) e *homme* (homem), o que lhe possibilitou algumas associações.

Nesse contexto, ressalto um fragmento das minhas conversas com Jean-Michel, paciente cujo francês era assaz rebuscado.

Aprazia-lhe, por exemplo, contar histórias no passado simples, um tempo verbal inusual às falantes. Jogava Jean-Michel com minhas ignorâncias, inventando em composições rocambolescas palavras novas à língua, mas que poderiam ser deduzidas por alguém de francês mais acurado. Acredito que minha condição tornava possível um *furo de saber* que catalisava suas tentativas poéticas. Elemento frequente nas psicoses – produzir um furo no saber do outro, por vezes paradoxalmente a partir de palavras *vazias*, como o ritornelo, que convocam o sujeito a lhes atribuir sentido, fazendo operar certo exercício de *capitonagem* entre significante e significado (ver Lacan, 1955-1956/2002, p. 44).

Jean-Michel repetia gestos potencialmente suicidas, e a tessitura de narrativas da infância e migração de seus pais – a exemplo de Luizel – foi ao passar dos tempos se costurando. Porém os eventos suicidas permaneceram enigmáticos por um longo período, sem que algum sentido se produzisse. "C'est la *nature*", ele repetia sem cessar, palavra vazia, cuja vacuidade Jean-Michel apoiava, de certo modo, sobre meu déficit linguístico. "La nature, c'est la nature", insistia. Esse sem sentido do suicídio, está escrito, foi tecendo-se à sua história familiar: ao pai (*père*), que ele passou a chamar de perverso (*pervers* ou simplesmente *père-vers*). Certa feita, Jean-Michel afirmou que seus atos suicidas se deviam ao "efêmero", "c'est l'éphémère". Ao que respondo, "Sim, c'est l'effet-mère!", literalmente, o "efeito-mãe". Na sequência dos encontros, durante sessões a fio, Jean-Michel teceu um rascunho de romance familiar em que seu *père-vers* e sua *effet-mère* engendravam sua existência, sua história. E essa tessitura lhe permitiu habitar o mundo de modo menos angustiado, menos autodestrutivo – e estrangeiro.

Séraphine se expressava por meio de uma voz metálica, robótica, quase inumana. Tentava caçar nos olhos dos outros quem visse nela algum sinal de loucura. Era marcada, entre outros, por sua irmã mais velha, que nunca conseguiu articular uma palavra sequer. Os encontros com Séraphine foram marcados por uma transformação curiosa: da voz metálica, ela passou a falar com mais espontaneidade, substituindo, no entanto, o fonema *f* pelo *ʃ*, ou seja, *grosso modo*, trocava o som da letra *f* pelo do *ch*. Assim, dizia "chenetre" ou "chaire" em lugar de "*fenêtre*" (janela) e "*faire*" (fazer). "A letra *f* te faz pensar no quê?", perguntei-lhe um dia. "Em *fille folle!*", respondeu de pronto (a saber, "menina louca"). Como se o apagamento do *f* tomasse agora o lugar da voz metálica, buscando suprimir no olhar do outro o registro de sua loucura.

Séraphine perguntava muito sobre mim – onde vivia, quantos anos tinha, com quem morava, se cultivava amores. Sempre lhe repetia que era mais importante conversarmos sobre ela, mas aquela indicação lhe soava vaga como o vento, não se inscrevia. Até que em uma sessão banal, brincando com nossos sotaques, comecei a falar com ela substituindo o *f* pelo *ch*. Séraphine passou, então, a pronunciar o fonema *f* durante a brincadeira, sem perceber. Naquela noite, em casa, deitou-se na cama e foi acometida de um riso irrefreável durante o qual repetia a si mesma: "C'est pas vous, c'est moi!" – "Não é você, sou eu". Dado que utiliza o modo formal (*vous*), poderia ser traduzido por "não é o senhor, sou eu". Ela me contou esse evento na sessão seguinte: "Agora entendi o que senhor me falava. *Não* é o senhor, sou eu. Estamos aqui para falar de mim". Se "a fronteira é sempre nomeada na língua do Outro", como propõe Caterina Koltai (2000, p. 21), pergunto-me em qual língua Séraphine nomeou a nossa. Após aquele jogo de sotaques trocados, o roubo de sua *letra ausente* sulcou um período diferencial nas nossas conversas. Tempo em que Séraphine não passou a falar corretamente, claro, mas a falar mais diretamente dela – de suas *loucuras*. A falar de alguém que poderia (se) contar.

Passagem – há fora (bastante modificada)

> ... como se o ex de Liz Norton só existisse em seus so-
> nhos, até que o francês [Pelletier], mais agudo que o
> espanhol, compreendeu que essa peroração inconscien-
> te, esse rol interminável de injúrias obedecia mais que
> nada ao desejo de castigo que Liz Norton se infligia,
> envergonhada talvez por ter se apaixonado e casado
> com semelhante imbecil. Claro, Pelletier se equivocava.
>
> Bolaño (2004/2010, p. 50, grifos meus)

Entre saberes e ignorâncias há, na condição de analistas, a necessidade de manter certa incompreensão. Não compreender cedo
demais, não compreender a ponto de mortificar a escuta reduzida
a um saber *a priori*: "Uma das coisas que mais devemos evitar é
compreender muito" (Lacan, 1953-1954/1986, p. 90). Ali onde se
finca uma condição de entendimento, um "nós nos entendemos",
se tece a mortalha da análise.

Nesse sentido, vale ressaltar que os dois primeiros seminários
de Lacan aos quais temos acesso são justamente aqueles em que se
indica com insistência a importância de certo apagamento egoico
da analista, o que produz o efeito fundante da proposta. Culminando na composição do *Esquema L* como estrutura da clínica
psicanalítica, em que o eixo imaginário (a – a') e o eixo simbólico (A – $) se cruzam, esses seminários iniciais operam viradas
em relação à técnica analítica, ao conceito de transferência e de
direção da cura que se calcam notadamente na oposição de um
final de análise balizado pela identificação à analista (ver Lacan,
1958/2003). Lacan indica o eixo imaginário como fonte das resistências: o muro da linguagem que impede a emergência das *palavras plenas* articuladas pelo eixo simbólico. Para tal emergência, é

fundamental a abdicação de condição egoica da analista – o que não significa seu apagamento subjetivo –, que esmaeça a relação imaginária com a paciente e que permita fazer florescerem as tessituras de enlace do sujeito ao outro. Tal possibilidade da analista de produzir certa *ausência* implica que, na clínica psicanalítica, haja possíveis ignorâncias férteis e conhecimentos estéreis.

A partir dessa consideração basal, indico a possível *armadilha* da condição imaginária de potência advinda do fato de voltar a escutar as pessoas em língua materna, de supostamente conhecer suas referências – a esquina, o bar, o programa de televisão –, bem como compreender seus usos inusitados do português – gírias, regionalismos, *composições rocambolescas*. Nosso compatriotismo não me *garante* condições de escuta mais acuradas. Certo, há no uso da língua materna potências e legitimidades que me privam de fazer alguns contornos e curvas prejudiciais ao trabalho analítico – que me permitem escutar mais detalhes, pequenas nuances, e realizar intervenções e cortes amiúde mais precisos. Porém, há sempre o desafio de fazer operar uma *escuta estrangeira*, sem a qual o trabalho analítico padeceria.

Porto Alegre, 2020. Vivemos no Brasil em um contexto sociopolítico *estranho* – *Unheimlich*. No momento em que este livro é elaborado, passamos pela pandemia de covid-19. Vivemos as insanidades de um presidente de tendências estranhamente genocidas, que esvazia as vidas da população empurrando os mais vulneráveis a uma guerra de trincheiras pela suposta saúde do mercado – uma estratégia suicida, cujas consequências, inclusive econômicas, se vislumbram trágicas. "Vamos todos morrer um dia", afirma. Seu governo se desmantela, os escândalos de corrupção e violência se empilham, e tentam ser paradoxalmente abafados pelos movimentos políticos mais obscenos.

É curioso. Eu imaginava que havia se passado em um aeroporto, no asfalto, entre os aviões, um *não lugar*. Dando-me conta, criei uma cena onírica daquele acontecimento que vira na imprensa: um *migrante haitiano*, um estrangeiro, falando com o presidente. Não era um aeroporto, era na frente do Palácio da Alvorada, naquele mesmo cercadinho de sempre, onde tantas atrocidades são ditas – palhaços do PIB, "cara de homossexual terrível", "E daí?" aos milhares de mortos, por aí afora. Era em meados de março. Em tempos de dias longos e tensos, parece que faz uma eternidade. A quarentena começava. O presidente diz: "Não entendo, não entendo o que você diz". E o estrangeiro, em seu português precário, tatibitate, crava: "Entende, sim. Falo brasileiro". De fato, seus dizeres são claríssimos, cortantes. "Você está espalhando o vírus, vai matar os brasileiros". Alguns, no entanto, soam estranhos. Já é noite. E aquele lugar ultimamente tão cotidiano, tão concreto e cinza, vai ganhando com suas palavras uma neblina onírica de incompreensão. "O seu celular", "os seus filhos" – ora, do que fala? Há uma tensão súbita que paira. Até que uma última frase irrompe: "Bolsonaro, acabou". A voz do presidente é, então, sufocada. Ele diz alguma coisa, mas já não se ouve. Não há legenda. Algumas pessoas gritam "o que é isso?!". Um novo absurdo babando violência, agora emudecido. Como no umbigo do sonho, a voz da morte, o limite do que suportamos escutar.

Pergunto-me se a fala do haitiano não é um exemplo eloquente, palpável, de uma possível intervenção analítica. Dizendo-nos o que ali já está, antes de ser visto. Sem doutas dissertações preliminares, demonstrações de saber. Sem um perfeito domínio da língua. Uma voz estrangeira – *acabou*. Acabou, de fato. Há uma ruptura. Um rasgo social irremendável. Acabou, já não há presidente – o que temos? O que estamos vivendo? Acabou, de fato. Mas o quê? Ainda não sabemos.

Sobre os autores

Alfredo Gil – Psicanalista membro da Association Lacanienne Internationale (Paris) e da Associação Psicanalítica de Porto Alegre (APPOA). Mestre em Psicologia pela Université de Paris VII. E-mail: alfredo.gil@wanadoo.fr

Carolina Moreirão – Psicanalista, pós-graduada em Psicologia Clínica pela Pontifícia Universidade Católica do Rio de Janeiro (PUC-Rio). Foi participante de formações clínicas do Campo Lacaniano do Rio de Janeiro, atualmente participa dos "Séminaire Théorie de la Clinique" e "Séminaire de lecture" em Bruxelas (Forum du Champ Lacanien du Brabant). E-mail: carolmoreirao@gmail.com

Daniela Escobari – Psicanalista em Nova York. Mestre em Psicologia Clínica pela Pontifícia Universidade Católica de São Paulo (PUC-SP). Mestre em Intercultural Relations pela Lesley University (Estados Unidos). Membro da Associação Psicanalítica de Porto Alegre (APPOA). Autora do livro *Quem da pátria sai a si mesmo escapa?* (Escuta, 2009). E-mail: daniela@escobari.com

Daniela Taulois – Psicanalista e psicóloga. Mestre em Psicopatologia e Psicologia Clínica pelo ISPA Portugal. Pós-graduada em Psicologia Clínica pela Pontifícia Universidade Católica do Rio de Janeiro (PUC-Rio). Colaboradora na pesquisa "Metodologia IRDI [Indicadores de Risco para Desenvolvimento Infantil] nas creches: uma proposta de intervenção orientada pela psicanálise", da Fundação de Amparo à Pesquisa do Estado de São Paulo e da Universidade de São Paulo (Fapesp/USP). Mantém sua formação no Fórum do Campo Lacaniano de São Paulo. E-mail: danielataulois@gmail.com

Eliana dos Reis Betancourt – Psicanalista e psicóloga em Nova York, membro fundador da Associação Psicanalítica de Porto Alegre (APPOA). Membro da Association Lacanienne Internationale (Paris). Mestre em Psicologia Clínica. Doutora em Estudos sobre a Violência. Autora do livro *Prostituição: o eterno feminino* (Escuta, 2005). E-mail: eliana.drb@gmail.com

Elis Cristina Davila Fernandez – Psicóloga e psicanalista em Nova York. Pós-graduada pela Escola de Psiquiatria da Universidade de São Paulo (USP). Mestre em International Affairs pela Columbia University, NY. Doutora pela Tavistock Institute/UEL em Londres. E-mail: crichas@yahoo.com

Érica Raquel Rocha de Oliveira – Psicóloga formada na Universidad de Palermo. Psicanalista, concluindo o mestrado em Psicanálise na Universidad de Buenos Aires. E-mail: erioliv79@gmail.com

Gabriela Gomes Costardi – Psicóloga e psicanalista. Mestre em Educação pela Unicamp. Doutora em Psicologia pela Universidade de São Paulo (USP). Membro do Fórum do Campo Lacaniano da Califórnia. Coorganizadora com Paulo Endo e André Costa do livro *Psicanálise e teoria política contemporânea* (Annablume, 2018). E-mail: gabicostardi@hotmail.com

Inês Catão – Psicanalista, membro da Escola Letra Freudiana (RJ), psiquiatra da infância e adolescência, pós-doutora em Psicopatologia Clínica (Universidade de Nice, França), doutora em Psicologia Clínica e Ciências da Educação (Universidade de Coimbra, Portugal), autora do livro *O bebê nasce pela boca: voz, sujeito e clínica do autismo* (Instituto Langage, 2009). E-mail: cataoines@gmail.com

Manoel Luce Madeira – Psicólogo, psicanalista e escritor. Mestre em Antropologia (EHESS – Paris). Mestre e doutor em Psicanálise e Psicopatologia (Université Paris Diderot). Autor do romance *Ausentes* (Diadorim, 2018). E-mail: mlucemadeira@gmail.com

Maria Fernanda Schneider – Psicóloga e psicanalista. Mestre em Psicologia Clínica pela Universidad Nacional de Buenos Aires (Argentina). Especialista em aprendizagem pelo Instituto Universitário Cediiap (Uruguai). E-mail: mananda1967@gmail.com

Maria Roneide Cardoso – Psicóloga e psicanalista. Membro da Association Lacanienne Internationale (Paris). Corresponsável do ciclo de conferências na Maison de l'Amérique latine (Paris). Mestre em Psicopatologia e Psicanálise (Paris XIII). Mestre em Letras – Literatura Brasileira pela Universidade Federal do Rio Grande do Sul (UFRGS). E-mail: mrcardosogil@free.fr

Mariana Rodrigues Anconi – Psicóloga e psicanalista. Mestre em Psicologia pelo Instituto de Psicologia da Universidade de São Paulo (USP). Pós-graduada em Psicopatologia e Saúde Pública pela Faculdade de Saúde Pública da Universidade de São Paulo (FSP/USP). E-mail: contact@anconimariana.com

Mauricio Lessa – Psicanalista. Membro da Escola Letra Freudiana. E-mail: mauricioLessa2@gmail.com

Priscylla Costa – Psicóloga e psicanalista. Membro da Internacional dos Fóruns (IF), da Escola de Psicanálise dos Fóruns do Campo Lacaniano (EPFCL) e Fórum do Campo Lacaniano de Niterói (FCLN). Pós-graduada em Psicologia Clínica pela Pontifícia Universidade Católica do Rio de Janeiro (PUC-Rio). E-mail: priscylla.costa@gmail.com

Renata Volich Eisenbruch – Psicóloga e psicanalista com formação em São Paulo e Paris. Doutora pela Universidade Paris VII Diderot e autora dos livros *O sintoma somático e a angústia* e *La pathologie organique: mal enigmatique face a la jouissance et au desir de la mere – une clinique de l'angoisse*. E-mail: renata@volich.net

Roberta Mazzilli – Psicóloga e psicanalista. Mestre em Psicanálise e Pesquisas Interdisciplinares pela Université Paris Diderot. Especialista em Psicologia Hospitalar (Pediatria) pelo Instituto da Criança do Hospital das Clínicas da Faculdade de Medicina da Universidade de São Paulo (USP). E-mail: robimazzilli@gmail.com

Stephania A. R. Batista Geraldini – Psicóloga clínica, psicanalista e assistente social. Pós-graduada em Psicologia da Infância pela Universidade Federal de São Paulo (Unifesp) e em Psicanálise com Crianças e em Relação Pais-Bebê: da Observação à Intervenção pelo Instituto Sedes Sapientiae. Mestre em Early Years Development – Infant Mental Health (Tavistock Clinic/UEL). Doutora pelo Departamento de Psicologia Escolar e Desenvolvimento Humano do Instituto de Psicologia da Universidade de São Paulo (IPUSP). Filiada ao Instituto Durval Marcondes da Sociedade Brasileira de Psicanálise de São Paulo (SBPSP). E-mail: stebatistag@gmail.com